Lehr- und Forschungstexte Psychologie

Band 1: I. Borg, Anwendungsorientierte Multidimensionale Skalierung. VI, 553 Seiten. 1981.

Band 2: F. Rösler, Hirnelektrische Korrelate Kognitiver Prozesse. XI, 471 Seiten. 1982.

Band 3: F. Rohrmeier, Langzeiterfolge Psychosomatischer Therapien. XII, 289 Seiten. 1982.

Band 4: H. Rochel, Planung und Auswertung von Untersuchungen im Rahmen des allgemeinen linearen Modells. VI, 262 Seiten. 1983.

Band 5: Fortschritte der Experimentalpsychologie. Herausgegeben von K. Pawlik. VII, 71 Seiten. 1984.

Band 6: G. Strube, Assoziation. XII, 324 Seiten. 1984.

Band 7: U. Schmidt-Denter, Die soziale Umwelt des Kindes. VII, 223 Seiten. 1984.

Band 8: E.M. Steinmeyer, Depression und gelernte Hilflosigkeit. V, 198 Seiten. 1984.

Band 9: H. Colonius, Stochastische Theorien individuellen Wahlverhaltens. XIV, 162 Seiten. 1984.

Band 10: Psychologische Aspekte des Verstehens. Herausgegeben von J. Engelkamp. VIII, 254 Seiten. 1984.

Band 11: J. Beckmann, Kognitive Dissonanz. VIII, 165 Seiten. 1984.

Band 12: G. Haubensak, Absolutes und vergleichendes Urteil. XI, 198 Seiten. 1985.

Band 13: W. W. Wittmann, Evaluationsforschung. XI, 547 Seiten. 1985.

Band 14: G. Lehmann, Modell- und rekursionstheoretische Grundlagen psychologischer Theorienbildung. XXII, 297 Seiten. 1985.

Band 15: Perspektiven der Kognitionspsychologie. Herausgegeben von O. Neumann. III, 276 Seiten. 1985.

Band 16: G. Winneke, Blei in der Umwelt. IV, 192 Seiten. 1985.

Band 17: K. Westhoff, Erwartungen und Entscheidungen. II, 197 Seiten. 1985.

Band 18: J. Funke, Komplexes Problemlösen. VI, 145 Seiten. 1986.

Band 19: W. Nährer, Schnelligkeit und Güte als Dimensionen kognitiver Leistung. XII, 179 Seiten. 1986.

Band 20: H.W. Bierhoff, Personenwahrnehmung. VIII, 548 Seiten. 1986.

Band 21: W. Aufsattler, Simple Modelle für komplexe Diagnoseprobleme? VII, 154 Seiten. 1986.

Band 22: R. Bisping, Der Schrei des Neugeborenen: Struktur und Wirkung. VIII, 172 Seiten. 1986.

Band 23: A.D. Friederici, Kognitive Strukturen des Sprachverstehens. VII, 178 Seiten. 1987.

Lehr- und Forschungstexte Psychologie 23

Herausgegeben von
D. Albert, K. Pawlik, K.-H. Stapf und W. Stroebe

Angela D. Friederici

Kognitive Strukturen des Sprachverstehens

Autor

Angela D. Friederici
Max-Planck-Institut für Psycholinguistik
Wundtlaan 1, NL-6525 XD Nijmegen

ISBN-13:978-3-540-17796-8 e-ISBN-13:978-3-642-72657-6
DOI:10.1007/978-3-642-72657-6

Vorwort

Die Erforschung menschlicher Sprachverarbeitungsprozesse bildet heute einen der Schwerpunkte der Sprachpsychologie. Zentrales Anliegen hierbei ist es, die zugrundeliegenden Strukturen und Mechanismen der Sprachverarbeitung aufzudecken und zu beschreiben. Im Mittelpunkt der jüngsten Diskussion um die Sprachverstehensprozesse steht die Frage nach der Modularität kognitiver Systeme. Die vorliegende Arbeit versteht sich als ein Beitrag zu dieser Diskussion.

Die Arbeit entstand während meiner Zeit als wissenschaftliche Mitarbeiterin am Max-Planck-Insitut für Psycholinguistik. Meinen Kollegen, die im Laufe der Jahre, in denen die hier berichteten Untersuchungen entstanden, meinen Blick immer wieder durch fruchtbare Diskussionen schärften, sei an dieser Stelle gedankt, insbesondere: Colin Brown, Ino Flores d'Arcais, William Marslen-Wilson und Pienie Zwitzerlood, die das Manuskript sichteten, so wie vor allem Willem Levelt, der diese Arbeit in allen Phasen unterstützte und förderte. Mit Dank verbunden bin ich darüberhinaus zwei anonymen Gutachtern, sowie J. Engelkamp, K. Scherer und A. Spitznagel, die wertvolle Kommentare zu einer früheren Version des Manuskriptes gaben. Edith Sjoerdsma, die mit Geduld dem Manuskipt zu seiner jetzigen From verhalf und Inge Tarim, die die Zeichnungen anfertigte, danke ich herzlich.

Nijmegen, im Dezember 1986

Inhaltsverzeichnis

Einleitung

Der Mensch als soziales Wesen verfügt über eine Vielzahl von Mitteln, mit anderen Menschen zu kommunizieren. Das Kommunikationsmittel, das im Gegensatz zu dem anderer höherer Lebewesen vorrangig ausgebildet ist, ist die Sprache. Die Möglichkeit der Ausformung dieses Kommunikationsmittels ist biologisch verankert. Offen ist bis heute die Frage, ob nur die Möglichkeit zur Ausformung dieser Fähigkeit biologisch prädisponiert ist, oder ob vielmehr die zugrundeliegenden Strukturen der Sprachverwendung selbst vorprogrammiert sind.

In jüngster Zeit häufen sich Befunde, die dafür sprechen, daß die zugrundeliegenden Strukturen der Sprachverwendung dem Menschen als spezifisches biologisches Attribut mitgegeben sind. Unter der Annahme, daß dies in der Tat der Fall ist, versucht diese Monographie einige dieser zugrundeliegenden Strukturen freizulegen und zu beschreiben. Ich gehe dabei davon aus, daß die Sprachverarbeitung auf einem Sprachsystem basiert, das als kognitives Subsystem relativ unabhängig vom generellen kognitiven System arbeitet.

Mögliche Einsichten in die komplexen Prozesse der Sprachverarbeitung bieten hierbei zum einen die Beobachtungen systematischer Sprachabweichungen im Spracherwerb, die experimentellen Untersuchungen beim informationsverarbeitenden Erwachsenen, sowie die Studie von neurologisch bedingten selektiven Sprachausfällen. Alle diese Vorgehensweisen erlauben es, einzelne Strukturen und Prozesse aus dem komplexen Zusammenspiel zu isolieren und so ihre Bedeutung für den Gesamtprozeß zu definieren.

Die vorliegende Arbeit, die einen Beitrag zur Beschreibung des natürlichen Sprachverstehens liefern will, hat diese verschiedenen Vorgehensweisen als Möglichkeit genutzt, Einsichten in die zugrundeliegenden Strukturen des Sprachverstehens zu nehmen. Daten aus den Bereichen des Spracherwerbs, der normalen Sprachverarbeitung und der pathologischen Sprachstörungen bilden die Mosaiksteine, aus denen letztlich ein Bild des gesamten Verstehensprozesses entsteht.

Nach einigen grundlegenden Ausführungen über den Zusammenhang zwischen den generellen kognitiven Strukturen und denen der Sprache, werden im zweiten Hauptteil des Buches die theoretischen Grundlagen gelegt. Zunächst werden die unterschiedlichen Modelle des Sprachverstehens dargestellt und diskutiert. Als Arbeitshypothese wird ein Modell vorgestellt, das erstens ein gemeinsames Sprachsystem für das Produzieren und Verstehen von Sprache annimmt, und das zweitens davon ausgeht, daß den unabhängigen Subkomponenten des Sprachsystems auch autonome Prozeßebenen zugewiesen werden können.

Danach werden diejenigen Spracherwerbstheorien dargestellt, die für die Annahme eines modularen Sprachsystems wesentlich sind. Es wird gezeigt, daß die Beibehaltung dieser Hypothese unabhängig davon ist, ob ein solch modulares System angeboren ist. Die Modularität mag sich erst im Laufe der Entwicklung herausbilden.

Sodann werden kurz die neurologischen Grundlagen der Sprachverwendung aufgezeigt. Die zwei klassischen Sprachstörungen Broca-aphasie und Wernicke-aphasie werden zunächst bezüglich ihres klinischen Bildes dargestellt. Sodann wird verdeutlicht, inwieweit diese Sprachstörungen Aufschlüsse über den Ablauf normaler Verarbeitungsprozesse liefern können.

Im Folgenden werden zwei Aspekte der Sprachverarbeitung diskutiert. Es wird hierbei eine Unterscheidung zwischen den automatisierten zugrundeliegenden Prozessen autonomer Subkomponenten des Sprachsystems selbst und den vom kognitiven System angewendeten Interpretationsstrategien gemacht. Dieser Unterschied wird hinsichtlich des Spracherwerbs, des normalen Sprachverstehens und der Defizite im Sprachverstehen als grundlegend entwickelt.

Der dritte Hauptteil liefert empirische Evidenz für das als Arbeitshypothese vorgestellte Modell. Es wird versucht, die Unterscheidung zwischen autonomen, automatischen Prozessen des Sprachsystems und den strategischen Prozessen methodisch zunächst an zwei unterschiedlichen Paradigmen festzumachen. Es wird angenommen, daß autonome Subkomponenten automatisch und unbeeinflußt von anderen Faktoren ihre Arbeit tun, sobald sie genügend Input bekommen haben. Diese Prozesse, die per definitionem wenig kognitives Arbeitspotential benötigen und deshalb sehr schnell sind, können am ehesten mit Echtzeit-Messungen (on-line) erfaßt werden. Zwar können auch strategische Prozesse einen relativ hohen Automatisierungsgrad erreichen, jedoch sind diese Prozesse nicht autonom, sondern durch andere linguistische und kognitive Faktoren beeinflußbar. Die experimentelle Variation solcher Faktoren sollte sich demnach in Echtzeit-Messungen nachweisen lassen. Zeitungebundene Messungen (off-line) erfassen dagegen eher Reaktionen, die sowohl die zugrundeliegenden Prozesse selbst wie auch linguistische und extra-linguistische Aktivitäten des generellen kognitiven Systems widerspiegeln. Letztere Aktivitäten können je nach Aufgabenstellung die zugrundeliegenden Prozesse teilweise oder ganz überlagern. Diese Prozesse werden im Hinblick auf die im Sprachsystem definierten autonomen Subkomponenten beschrieben. Es wird gezeigt, daß lexikalisch-semantische Information (meist von Elementen der offenen Klasse getragen) und syntaktische Information (meist von Elementen der geschlossenen Klasse getragen) in der Tat unterschiedlich verarbeitet werden. Die Aphasiedaten liefern zusätzliche Evidenz dafür, daß lexikalisch-semantische und syntaktische Informationen selbst dann unterschiedlich verarbeitet werden, wenn sie von ein und demselben Wort getragen werden. Es wird deutlich, daß die Verarbeitung der syntaktischen Information im Satz beim Erwachsenen autonom und unabhängig von anderen linguistischen Faktoren geschieht. Die Daten aus dem Spracherwerb zeigen, daß sich diese Autonomie der syntaktischen Verarbeitungsprozesse erst langsam herausbildet.

Es wird diskutiert, inwieweit jene strategischen Prozesse, die parallel zu den automatischen linguistischen Prozessen ablaufen, benutzt werden können, um unvollständige linguistische Repräsentationen zu reparieren. Es wird deutlich werden, daß zwar einige, jedoch nicht alle Unzulänglichkeiten der primären Verarbeitung durch die Anwendung von Strategien kompensiert werden können.

Kapitel acht schließlich, behandelt die Frage, ob die unterschiedlichen Strukturen verschiedener Sprachen einen Einfluß auf die Ausformung des Sprachsystems haben, oder ob die beobachteten Verarbeitungsstrukturen unabhängig von der jeweiligen Sprache, d.h. universal sind. Es wird gezeigt, daß die Verarbeitungsstrategien nicht sprachunabhängig sind; die Frage, ob die zugrundeliegenden Prozesse selbst sprachspezifisch sind, muß jedoch unbeantwortet bleiben.

Der vierte und letzte Teil beschreibt ein auf den vorgestellten Daten basierendes Modell des Sprachverstehens. Dieses Modell - das Parallel-Interface-Modell genannt - nimmt parallele Verarbeitung der sprachlichen Information innerhalb eines automatisch arbeitenden Sprachsystems autonomer Komponenten und gleichzeitig strategische Interpretationsprozesse im generellen kognitiven Systems an. Ein Interface zwischen diesen beiden Systemen erlaubt einen Informationsfluß vom Sprachsystem zum generellen kognitiven System - nicht jedoch umgekehrt. Zugriff zum Weltwissen hat somit nur letzteres System.

I. Kognitives System und Sprachrepräsentation

In dem Bemühen um das Verständnis von Sprachverarbeitungsprozessen hat sich die Forschung in den letzten Jahren mehr und mehr auf die Frage nach dem Zusammenhang zwischen der Repräsentation der Sprache und dem generellen kognitiven System konzentriert. In der Beschreibung dieses Zusammenhangs lassen sich zwei Positionen unterscheiden. Dem Ansatz Chomskys (1980) zufolge ist die Grammatik ein kognitives Subsystem, das in seiner Struktur und seinen Operationen von dem generellen kognitiven System unabhängig ist. Die kognitiven Strukturen der Sprache sind in diesem Sinne bereichsspezifisch und nicht allgemeiner Art. Die Theorie der Grammatik stellt somit zugleich auch den theoretischen Rahmen für denjenigen Teilbereich der kognitiven Psychologie bereit, der die Struktur der Sprache erklären will.

Im Gegensatz hierzu steht eine Sichtweise, bei der die Grammatik nicht als theoretischer Rahmen in der Erklärung um die Struktur der Sprache dient, sondern bei der sich die Struktur der Sprache aus generellen kognitiven Prinzipien erklären läßt. Gemäß diesem Ansatz sind die kognitiven Strukturen der Sprache nicht spezifisch für den Bereich Sprache sondern allgemeiner Natur. Die Grammatik ist in diesem Zusammenhang nur Beschreibungsmöglichkeit nicht jedoch Erklärungsansatz.

Diese beiden hier aufgezeigten Positionen haben notwendigerweise unterschiedliche Forschungsstrategien zur Folge. Falls die Struktur der Sprache nur eine mögliche Ausformung der generellen zugrundeliegenden kognitiven Strukturen ist, so gilt es, strukturelle Gemeinsamkeiten zwischen der Sprache und anderen kognitiven Bereichen aufzudecken. Dieses Forschungsvorgehen würde allerdings notwendigerweise ein relativ solides Wissen über die Struktur und die Verarbeitungsprinzipien des generellen kognitiven Systems voraussetzen. Eine Voraussetzung, die jedoch der jetzige Stand der Forschung nicht erfüllen kann.

Unter der Annahme, daß die Grammatik selbst Erklärung für die Struktur der Sprache und ihrer Repräsentation ist, scheint es eine sinnvolle Strategie, zu untersuchen, wie eben diese Repräsentationen während des Sprachgebrauchs verwendet werden. Eine Grammatik, die unabhängige Subkomponenten im Sprachsystem definiert, könnte als ihre Reflexion in der Sprachverwendung zum Beispiel in Form unabhängiger Prozesse finden. Die Beziehung zwischen Sprachstruktur und Sprachprozeß unterliegt wechselseitig strikten Beschränkungen. Falls die Grammatik in der Tat festlegt, wie sprachliche Äußerungen verarbeitet werden, so ist klar, daß die Struktur der Grammatik gleichzeitig die Art der Verarbeitungsprozesse beeinflußt. Andererseits üben auch die Prozesse selbst einen wesentlichen Einfluß auf die Form der Grammatik aus, insofern als ihre Strukturen repräsentierbar und verarbeitbar sein müssen.

Falls der Mensch am Anfang seiner Entwicklungsgeschichte nicht schon mit der bestimmten Form einer Grammatik ausgestattet war, so ist es plausibel anzunehmen, daß die physiologischen Bedingungen, denen der Mensch unterliegt, die

Form der Grammatik mitbestimmt haben. Größe und Struktur des Gehirns sowie dessen Neuronenaktivität wären nur als eine denkbare Einflußvariable zu nennen.

Wenn ich in diesem Buch die letztere Position beziehe, so liegt der Hauptgrund darin, daß diese Position die Formulierung strikter Hypothesen erlaubt, die leicht falsifizierbar sind. Dabei wird die Sprachstruktur als ein unabhängiges Subsystem innerhalb des generellen kognitiven Systems gesehen. Ich gehe allerdings davon aus, daß nur die zugrundeliegenden Sprachstrukturen und die unmittelbaren Operationen mit diesen ein unabhängiges Subsystem bilden. Der gesamte Prozeß des Sprachverstehens läßt sich nur als die Integration von zugrundeliegenden sprachlichen Prozessen und einer Reihe von nicht-sprachlichen Prozessen beschreiben, wobei lediglich die ersteren von der Form der Grammatik abhängig sind; letztere unterliegen Bedingungen des generellen kognitiven Systems.

Kognitive Prozesse sprachlicher oder auch nicht-sprachlicher Art bilden sich im Laufe der Entwicklung gemäß eines vorgegebenen Musters zu automatischen Prozessen aus, die - einmal automatisiert - wenig kognitive Kapazität benötigen. Solche automatisierten Prozesse werden reflexartig in Gang gesetzt, sind extrem schnell und sie entziehen sich dem Einfluß zentraler kognitiver Prozesse. Ein Hörer kann - sofern der sprachliche Input gesichert ist - zum Beispiel nicht umhin, eine sprachliche Äußerung als Sprache zu verstehen. Sprache wird im zentralen Nervensystem ebenso wie andere perzeptive Reize verarbeitet, sobald der Eingabe-Reiz das zuständige Sinnesorgan erreicht hat.

Neben diesen autonomen Prozessen gibt es eine Reihe von sogenannten kontrollierten Verarbeitungsprozessen, die strategischen Modifikationen zugänglich sind. Die Definitionen von automatischen / nicht-automatischen Prozessen einerseits und nicht-kontrollierten / kontrollierten Prozessen andererseits werden gegenwärtig in der kognitiven Psychologie erneut diskutiert. Shiffrin und Schneider (1977), die den Unterschied zwischen automatischen und kontrollierten Prozessen etablierten, unterschieden innerhalb der Klasse der kontrollierten Prozessen noch einmal zwischen bewußt und unbewußt kontrollierten Prozessen, wobei die unbewußt kontrollierten Prozesse schneller ablaufen als die bewußt kontrollierten Prozesse und weniger Prozeßkapazität benötigen als diese.

Fodor (1983) brachte den Aspekt der Autonomie von Prozessen in die Diskussion ein. Seiner Definition nach sind autonome Prozesse dadurch gekennzeichnet, daß sie schnell und unbeeinflußt von anderen Informationen ablaufen. Inwieweit Automatizität notwendige Bedingung für die Autonomie von Prozessen ist, bleibt jedoch in seiner Definition offen.

Für den Verlauf dieses Buches soll bezüglich der Sprachverarbeitungsprozesse nachfolgende Unterscheidung gelten. Die primären sprachlichen Verarbeitungsprozesse sind autonome Prozesse, die unwillkürlich und unbeeinflußt von anderen Informationen, nach einem vorgegebenen Muster ablaufen. Normalerweise sind diese Prozesse schnell. Schnelligkeit ist jedoch weder notwendige und schon gar nicht hinreichende Bedingung für den Status der Autonomie eines Prozesses. Nicht-autonome Prozesse können zum Beispiel im Laufe der menschlichen Entwicklung sehr schnell werden und automatisch ablaufen, problematisch ist jedoch, daß sie stets durch andere Informationen beeinflußbar bleiben (Schwartz und

Schwartz, 1984). Andererseits verlieren, wie wir sehen werden, Prozesse ihren autonomen Status nicht notwendigerweise dadurch, daß sie langsam werden. Somit gilt das Kriterium der kognitiven Unbeeinflußbarkeit als das zentrale für die Definition der Autonomie von Verarbeitungsprozessen (Pylyshyn, 1981).

Diese autonomen und normalerweise automatisch ablaufenden Prozesse werden von denjenigen unterschieden, die einer strategischen Kontrolle zugänglich sind. Strategien sind bewußt oder unbewußt zielorientiert. Diese Strategien basieren auf einer Reihe von Verarbeitungsvorgängen, deren Ziel eine adäquate Satzinterpretation ist. Die verschiedenen Verarbeitungsvorgänge basieren zum Teil auf Informationen, die das Sprachverarbeitungssystem bereitstellt aber großteils auch auf generellem kognitivem Wissen. Beide Informationsquellen werden zum Zwecke der Satzinterpretation benutzt. Es ist hierbei durchaus möglich, daß das Interpretationssystem trotz unterschiedlicher Ausgangsinformationen mittels unterschiedlicher strategischer Vorgehensweisen zum gleichen Ziel gelangt, oder aber, daß die Verwendung unterschiedlicher Strategien bei gleicher Ausgangsinformation zu unterschiedlichen Ergebnissen gelangt. Während des Sprachverstehens laufen beide Verarbeitungsmodi in quasi paralleler Weise. Die strategische Verarbeitung läuft dabei insofern mit einer kurzen Verzögerung ab, als sie zunächst auf minimalen sprachlichen Input angewiesen ist. Diese Art der Informationsverarbeitung hat man in Analogie zum Verlauf eines Flusses, der über verschiedene Ebenen herabfließt, "kaskadenartig" genannt. Die zugrundeliegenden Prozesse verarbeiten die hereinkommende sprachliche Information zunächst ungefragt und unabhängig von anderen Informationen. Jede sprachliche Verarbeitungskomponente gibt ihre Information sobald wie möglich an das generelle kognitive System, wo dann erst nach der primären sprachlichen Verarbeitung andere kognitive Variablen für mögliche Interpretationen zum Tragen kommen.

II. Sprachsystem und Sprachverarbeitung

Jede Theorie der Sprachverarbeitung, die den Anspruch erhebt, das menschliche Sprachverarbeitungssystem zu beschreiben, ist vor die Aufgabe gestellt, sowohl jene Prozesse zu definieren, die in einem Sprecher oder Hörer ablaufen, wenn er einen Satz produziert oder versteht, als auch zu spezifizieren, wie jenes Wissen repräsentiert ist, das diesen Prozessen zugrundeliegt. Zur Beschreibung der zugrundeliegenden Struktur des sprachlichen Wissens wurden in den ersten fünfzehn Jahren psycholinguistischer Forschung linguistische Theorien - vor allem die Syntax-Theorie Chomskys (1957, 1965) herangezogen. Chomsky selbst wollte seine Theorie als eine Beschreibung der idealisierten linguistischen Kompetenz eines Sprachbenutzers verstanden wissen, allerdings konnte dies nicht verhindern, daß eine Reihe von Psycholinguisten ihre Aufgabe darin sahen, die psychologische Realität der formalen Strukturen dieser linguistischen Theorie zu beweisen. Es wurde versucht, den formalen Strukturen der linguistischen Theorie spezifische Entitäten in einem psychologischen Sprachverarbeitungsmodell direkt zuzuordnen. Dieses Vorgehen war allerdings nicht oft von Erfolg gekrönt, waren doch die Ziele der linguistischen Theoriebildung und der psychologischen Modellbildung zu verschieden. Während die linguistische Theorie versucht, die Sprache in ihrer Struktur zu beschreiben, versucht der Psychologe, die dynamischen und komplexen Prozesse zu beschreiben, die mit diesem Wissen umgehen.

Zwar hat es sich als fruchtbar erwiesen, die linguistische Struktur in die modelltheoretischen Überlegungen der Sprachverarbeitung mit einzubeziehen, jedoch nur insofern, als die Beziehung zwischen linguistischer Struktur und psychologischem Prozeß nicht als eine 1:1 Abbildung verstanden wird. Das Wissen um eine bestimmte Struktur sagt nur bedingt etwas über die Operationen innerhalb dieser Struktur aus, denn während die Struktur als ein statisch - wie auch immer - geordnetes Gebilde verstanden werden muß, unterliegen die dynamischen Prozesse strikten zeitlichen Bedingungen.

Bei der Übertragung der linguistischen Modelle auf die psychologischen wurden den in der formalen Grammatik beschriebenen Komponenten verschiedene autonome Verarbeitungsebenen zugewiesen. Einige dieser psycholinguistischen Modelle sehen diese Verarbeitungsebenen als seriell angeordnet. Das bedeutet, daß die Verarbeitung innerhalb einer Ebene erst abgeschlossen sein muß, bevor die Information an die nächste Verarbeitungsebene weitergegeben werden kann. Der Informationsfluß läuft also immer in eine Richtung, Kommunikation zwischen den einzelnen Verarbeitungsebenen findet nicht statt.

Dieser Ansatz hat sowohl in Modellen der Sprachproduktion wie des Sprachverstehens seine Manifestation gefunden. Es hat sich gezeigt, daß diejenigen Sprachproduktionsmodelle, die serielle oder kaskadenartige Verarbeitungsmodi annehmen (Fromkin, 1973; Garrett, 1975, 1980; Kempen und Huijbers, 1982; Levelt, 1983) weitgehend in der Lage sind, Daten der natürlichen Sprachproduktion zu beschreiben (vgl. Bock, 1982; Dell, 1983; Herrmann, 1982). Anders jedoch im Bereich Sprachverständnis, hier blieb der serielle Ansatz (z.B. Fodor, Bever und

Garrett, 1974; Forster, 1978) nicht unwidersprochen (z.B. Morton und Long, 1976; Marslen-Wilson, 1975; Marslen-Wilson und Tyler, 1980). Als Alternative zu einer seriellen Organisation der Sprachverarbeitungsprozesse wurde die Annahme formuliert, daß die verschiedenen Komponenten parallel aktiviert werden und miteinander in Interaktion stehen.

Diese unterschiedlichen Ansätze in der Konstruktion von Modellen des Sprachverstehens sollen im Folgenden dargestellt und diskutiert werden.

1. Modelle des Sprachverstehens

Für die Interpretation einer gesprochenen Äußerung stehen dem Hörer hypothetisch vier Wissensquellen zur Verfügung: die akustisch-phonetische, die syntaktische, die semantische und die pragmatische. Die letztliche Repräsentation eines Satzes resultiert aus dem Zusammenspiel dieser Wissensquellen. Jedes Modell, das den Sprachverstehensprozeß adäquat beschreiben will, wird diskutieren müssen, wie dieses Zusammenspiel im einzelnen aussieht. Es wird die einzelnen Prozeßschritte definieren müssen, die beginnen, wenn ein Hörer akustisch einen Laut wahrnimmt bis zu dem Augenblick, in dem er über eine inhaltliche Repräsentation einer Äußerung verfügt. Die bis zum heutigen Zeitpunkt vorgelegten Modelle, die diese Prozesse abbilden wollen, lassen sich grob in drei Gruppen einteilen: in solche, die innerhalb der Theorie der generativen Grammatik definiert wurden, sowie in jene, die die Verarbeitungsschritte als serielle und/oder autonome Prozesse ansehen und jene, die eine parallele Verarbeitung auf den Prozeßebenen und Interaktionen zwischen ihnen zulassen.

1.1 Sprachverstehensmodelle und die Generative Grammatik

Jene psycholinguistischen Satzverarbeitungsmodelle, die sich eng an eine vorgegebene linguistische Theorie anlehnten, wählten Anfang der siebziger Jahre als theoretischen Hintergrund zumeist Chomskys Generative Transformations-Grammatik (Chomsky, 1957, 1965). Obwohl die linguistische Theorie selbst keinen Anspruch auf die Beschreibung der Sprachverarbeitung, sondern vielmehr der Sprachstruktur legte, glaubten viele Psycholinguisten, die verschiedenen Komponenten der Grammatik direkt im Sprachverhalten beobachten zu können. Die Generative Transformations- Grammatik definiert die Phonologie, das Lexikon, die Syntax und die Semantik als autonome Subkomponenten des Gesamtsystems. Es wird angenommen, daß sich diese Subkomponenten im Sprachverarbeitungssystem als unabhängige Prozeßebenen widerspiegeln. Die einzelnen Ebenen sind seriell angeordnet und zwar insofern, als sie ihr Endprodukt erst an die nächst höhere Verarbeitungsebene weitergeben, wenn der Verarbeitungsprozeß auf einer Ebene abgeschlossen ist. Die Information fließt also stets in eine Richtung, Informationen können nicht an untere Verarbeitungsebenen, sondern nur an höhere Verarbeitungsebenen gegeben werden. Diese Art der Verarbeitung wurde mit dem Terminus *bottom-up*-Prozeß - also ein Prozeß, der in einzelnen Schritten den Weg von der untersten zur höchsten Verarbeitungsebene durchläuft - belegt.

Heute erscheint die allzu enge Anlehnung an die Theorie der Generativen Transformations-Grammatik in den frühen seriellen Verstehensmodellen etwas übertrieben (z.B. Fodor, Bever und Garrett, 1974; Forster, 1974); der Grundgedanke der seriellen Verarbeitung findet sich jedoch in späteren Modellen in angewandter Form wieder (z.B. Frazier und Fodor, 1978; Forster, 1979, 1981).

Die frühesten seriellen Modelle (Miller, 1962),vor dem Hintergrund derGenerativen Transformations-Grammatik entstanden, konzentrierten sich zunächst auf eines der zentralen Konzepte dieser Theorie, nämlich das der Transformationen selbst.

Die linguistische Theorie nahm an, daß die phonologische Komponente zunächst eine Analyse des auditorischen Inputs vornimmt und so eine phonologische Repräsentation bereitstellt, die dann als Input in das Lexikon weitergeleitet wird. Das Lexikon wiederum gibt seine Information an die Ebene der syntaktischen Verarbeitung weiter, welche sodann der semantischen Komponente als Input dient. Auf der Ebene der syntaktischen Verarbeitung wird zuerst eine Repräsentation in Form der Oberflächenstruktur *(surface structure)*, d.h. der phonologischen Form erstellt, die dann in eine sogenannte Tiefenstruktur-Repräsentation *(deep structure)* überführt wird, in der die grammatischen Relationen, die thematischen Rollen sowie die lexikalischen Kategorien festgelegt sind und die die semantische Interpretation der Sätze determiniert. Die Überführung von der einen Repräsentationsform in die andere geschieht mittels der Transformationsregeln. So sind zum Beispiel Aktivsatz und Passivsatz auf der Ebene der Tiefenstruktur in identischer Weise repräsentiert. Bei der Transformation von der Tiefenstruktur in die Oberflächenstruktur wird für die Überführung in die Passivform gegenüber der in die Aktivform eine zusätzliche Transformation angenommen. Ebenso verlangen Überführungen in den Fragemodus oder die Negation die Anwendung zusätzlicher Transformationsregeln. Die psychologische Realität eben dieser grammatischen Transformationen galt es zu beweisen. Obwohl dieses Modell zunächst empirische Unterstützung fand (z.B. Miller und McKean, 1964; Mehler, 1963), sollte sich bald zeigen, daß die angenommenen Transformationen sich nicht - zumindest nicht direkt - in der Verarbeitung widerspiegelten (z.B. Slobin, 1966; Bever und Mehler, 1967). So hatte man zum Beispiel erwartet, daß die Verarbeitungszeit für gegebene Sätze mit der Anzahl der theoretisch angenommenen Transformationen ansteigen würde. Diese Erwartung konnte jedoch durch die experimentellen Ergebnisse nicht gestützt werden. Dies hatte zur Folge, daß sich der Forschungsschwerpunkt innerhalb des Problembereiches des Zusammenhangs von linguistischer Struktur und psychologischem Prozeß änderte. Es trat die Frage nach der Autonomie der syntaktischen Komponente in den Vordergrund.

1.1.1 Die starke Korrespondenzhypothese

Die starke Version derjenigen seriellen Modelle, die sich auf Chomskys linguistische Theorie beziehen (Fodor, Bever und Garrett, 1974), jedoch keine direkte Widerspiegelung der Transformationen im Sprachverhalten erwarten, halten jedoch zwei der wesentlichen Annahmen der linguistischen Theorie als psychologische Realität aufrecht: erstens, daß die syntaktische Komponente der semantischen Komponente die verarbeitete Information in Form der Tiefenstruktur weitergibt, und damit verbunden zweitens, daß die syntaktische Komponente streng autonom arbeitet. In ihrem Modell geben Fodor, Bever und Garrett (1974) zwar nicht an, wie die Oberflächenstruktur im einzelnen in die Tiefenstruktur überführt wird, jedoch nehmen sie an, daß die Tiefenstruktur erst dann erstellt werden kann, wenn die eine Konstituente, d.h. der natürliche Teil eines Satzes, ein ganzer Satz oder Nebensatz vorliegt. Die Verarbeitungseinheit in diesem Sprachwahrnehmungsmodell ist somit die Konstituente. Da die syntaktische Komponente autonom arbeitet, können semantische Prozesse erst wirksam werden, nachdem die syntaktische Struktur einer Konstituente festgelegt ist. Forster (1974) beschreibt diesen Vorgang wie folgt: die semantische Verarbeitung wird hinausgezögert, bis intakte Einheiten der Tiefenstruktur isoliert worden sind, semantische Aspekte können auf die syntaktische Verarbeitung keinen Einfluß nehmen.

Die Idee, daß die Konstituente die vornehmliche Verarbeitungseinheit beim Sprachverstehen sei, konnte auf einer Reihe von empirischen Daten aufbauen, die mittels eines speziellen Paradigmas erhoben worden waren, das als die *click*-Experimente in die Literatur einging (Fodor und Bever, 1965; Garrett, Bever und Fodor, 1966; Bever, Lackner und Kirk, 1969). Diese Experimente benutzten ein Paradigma, bei dem ein *click*-Laut, der experimentell an verschiedene Orte in einen gesprochenen Satz gebracht wurde, von der Versuchsperson geortet werden mußte. Die Aufgabe der Versuchsperson bestand darin, zu berichten, an welcher Stelle im Satz sie den *click*-Laut gehört habe. Waren die *click*-Laute kurz vor oder nach der Konstituentengrenze lokalisiert, so berichteten die Hörer, den *click*-Laut genau an der Stelle der Konstituentengrenze gehört zu haben. Diese Ergebnisse wurden als Unterstützung für die Hypothese gewertet, daß die zugrundeliegende Wahrnehmungs- und Verarbeitungseinheit die Konstituente sei. Diese Interpretation der experimentellen Ergebnisse, sowie die Methodologie der Experimente ist verschiedentlich kritisiert worden (z.B. Levelt, 1978). So wurden in den Experimenten meist mehrere Variablen konfundiert; oft ist zum Beispiel nicht eindeutig auszumachen, ob die beobachteten Ergebnisse auf die Tiefenstruktur selbst oder auf die Wahrnehmung bestimmter Intonationsmuster zurückzuführen sind. Die Konfundierung dieser und anderer möglicher Variablen verbietet daher eindeutige Schlüsse. Neben der möglichen Konfundierung verschiedener Variablen birgt die in diesen Experimenten verwendete Methode ein weiteres Problem: Da die Reaktion des Hörers bei diesem Paradigma erst am Ende des gesamten Satzes erfordert ist, erlauben die Ergebnisse eigentlich keine Aussagen über den unmittelbaren Wahrnehmungs- und Verarbeitungsvorgang. Es ist durchaus vorstellbar, daß die Verarbeitungsprozesse, die in der Echtzeit ablaufen, auf Einheiten basieren, die mit denen durch dieses Paradigma gemessenen Repräsentationen im Gedächtnis wenig zu tun haben.

Dieser Kritik halten jene Experimente stand, die den möglichen Einfluß der Gedächtniskomponente ausschließen, indem sie versuchen, die Wahrnehmungsprozesse relativ direkt zu messen. In Abwandlung des ursprünglichen *click*-Paradigmas besteht die Aufgabe der Versuchsperson bei dem modifizierten Paradigma darin, noch während der Wahrnehmung des Satzes, also unmittelbar dann, wenn der *click*-Laut gehört wird, einen Reaktionszeitknopf zu betätigen, (z.B. Abrams und Bever, 1969; Holmes und Forster, 1970). Unter der Annahme, daß Reaktionszeiten generell die Verarbeitungsbelastungen des Systems messen, wurde vorausgesagt, daß Reaktionszeiten dann am längsten sein würden, wenn das System unter der größten Verarbeitungsbelastung steht, also am Ende der jeweiligen Konstituente. Die Ergebnisse der verschiedenen Experimente, die sich dieses Paradigmas bedienten, sind jedoch weniger eindeutig als die Hypothese von der Konstitutente-für-Konstituente-Verarbeitung erwarten läßt.

Abrams und Bever (1969) fanden zwar, wie erwartet, daß die Reaktionszeiten vor der Konstituentengrenze länger waren als nach der Konstituentengrenze, jedoch bestanden unerwarteterweise keine signifikanten Unterschiede weder bezüglich der Reaktionen vor und innerhalb der Konstituentengrenze, noch bezüglich der Reaktionen innerhalb und nach der Konstituentengrenze. Holmes und Forster (1970) dagegen berichten Ergebnisse, bei denen die Reaktionszeiten innerhalb der Konstituentengrenze schneller sind als die vor oder nach der Konstituentengrenze. Diese Ergebnisse scheinen die angenommene Hypothese zu stützen. Allerdings zeigte sich, daß diese Unterschiede nur dann beobachtet werden konnten, wenn die *click*-Laute in der ersten Hälfte der Konstituente auftraten. Als Erklärung für diese Ergebnisse räumen die Autoren ein, daß der Hörer bei langen Konstituenten schon vor der Konstituentengrenze eine innere perzeptuelle Analyse beginnen kann. Sie geben damit die strikte Konstituente-für-Konstituente Verarbeitungshypothese auf und nehmen eine schwächere Form der Hypothese an.

Andere Studien, die versuchten, die starke Version dieser Hypothese mit Hilfe anderer Paradigmen zu unterstützen, lassen nur indirekte Schlüsse über die unmittelbaren Verarbeitungsprozesse zu. Jarvella (1971) präsentierte Hörern kurze Texte, die in unvorhersehbaren Abständen unterbrochen wurden und gab die Instruktion, das soeben gehörte Material möglichst wörtlich wiederzugeben. Es zeigte sich, daß Hörern die wörtliche Wiedergabe generell nur schlecht gelang, mit Ausnahme des zuletzt gehörten Satzes. Zwar wurde dies aufgrund der Konstituente-für-Konstituente Verarbeitungshypothese vorausgesagt, jedoch ist zu bedenken, daß auch bei diesem Paradigma das Gedächtnis mit seinen Strukturen zwischen den eigentlichen Verarbeitungsprozeß und die Messung tritt. Die Ergebnisse bieten somit keine direkte Evidenz für die angenommene Hypothese. Auch ein von Caplan (1972) benutztes Paradigma läßt lediglich nur indirekte Aussagen über den unmittelbaren Verarbeitungsprozeß zu. In diesem Paradigma wurde den Versuchspersonen ein Satz mit Haupt- und Nebensatz dargeboten. Am Ende des Satzes sollten sie entscheiden, ob ein ihnen zuvor spezifiziertes Wort in dem präsentierten Satz vorkam oder nicht. Die Entscheidungszeiten waren langsamer, wenn das Wort aus dem ersten Teilsatz stammte. Wörter aus dem zweiten Teilsatz wurden schneller erkannt, obwohl die Position des Wortes in der Sequenz bezüglich der Anzahl der vorausgehenden und folgenden Wörter dieselbe war. Es wurde der Schluß gezogen, daß der erste Teilsatz in seiner ursprünglichen Form schwerer abzurufen sei als der letzte Teilsatz. Dies mag als Hinweis dafür gelten, daß die Form der Repräsentation des ersten Teilsatzes eine andere ist als die des zweiten; nur Hinweise auf die Verarbeitungsprozesse, die stattfinden, während ein Hörer einen Satz wahrnimmt, geben diese Ergebnisse nicht.

Diejenigen Experimente, die nicht die Gedächtniskomponente, sondern eher die Echtzeitverarbeitung messen, weisen insgesamt darauf hin, daß nicht alle Verarbeitungsschritte bis zum Ende der Konstituente aufgeschoben werden. Ein Befund, der die Konstituente-für-Konstituente Verarbeitungshypothese in ihrer starken Form wenig plausibel erscheinen läßt.

1.1.2 Die schwache Korrespondenzhypothese

Die schwache Version dieser Hypothese sieht vor, daß der Hörer mit der Verarbeitung nicht warten muß bis er der ganze Konstituente wahrgenommen hat. Dieser Hypothese zufolge nimmt der Hörer zunächst eine phonetische Analyse des Inputs vor, sodann kann er im Lexikon Informationen über bestimmte mit diesem

Wort verbundene, strukturelle Beschränkungen abrufen. Aufgrund dieser erstellt er nun verschiedene mögliche Tiefenstrukturen des Inputs, von denen er allerdings erst an der Konstituentengrenze eine, nämlich die adäquate Struktur auswählt (Bever, 1970; Bever, Garrett und Hurtig, 1973; Caroll und Bever, 1976).

Die wichtigsten Befunde, die dieses Modell unterstützen, entstammen Experimenten, die die Verarbeitung von strukturellen Ambiguitäten, d.h. Sätzen, die bezüglich ihrer Struktur mehrdeutig sind, untersuchen. Bever, Garrett und Hurtig (1973) boten Versuchspersonen visuell eine Reihe von Satzfragmenten dar, die entweder mit einer vollständigen oder einer unvollständigen Konstituente endeten, die es jeweils zu ergänzen galt. Satzergänzungen wurden schneller für diejenigen unvollständigen Konstituenten gegeben, die hinsichtlich ihrer Tiefenstruktur eindeutig waren als für diejenigen, die strukturell mehrdeutig waren. Dieser Unterschied wurde bei vollständigen Konstituenten nicht beobachtet. Im Gegensatz dazu wurde kein Unterschied für Sätze gefunden, die hinsichtlich der Oberflächenstruktur entweder mehrdeutig oder eindeutig waren, weder für unvollständige noch für vollständige Teilsätze. Diese und ähnliche Befunde (Hurtig, 1978) wurden als Evidenz dafür gewertet, daß der Hörer zunächst beide syntaktischen Tiefenstrukturen erstellt und sich erst am Ende des jeweiligen Teilsatzes für eine der Strukturen entscheidet. Die syntaktische Verarbeitung erscheint demnach autonom, und sie scheint der interpretativen Verarbeitung vorauszugehen.

1.2 Neuere Modelle des Sprachverstehens

Die Aufgabe einer strikten Korrespondenz zwischen Grammatik und Sprachverarbeitung hat die Formulierung neuerer Verstehensmodelle zur Folge, die einen mehr oder weniger engen Zusammenhang zwischen Grammatik und Verarbeitungsprozeß annehmen, diesen jedoch nicht mehr als eine direkte Abbildung der Struktur auf den Prozeß sehen. Innerhalb dieser Entwicklung lassen sich vor allem zwei Ansätze unterscheiden: derjenige, der von seriell arbeitenden Prozeßebenen ausgeht, und derjenige, der eine Interaktion der verschiedenen Verarbeitungskomponenten während des Verstehensprozesses annimmt.

1.2.1 Serielle Modelle

So schlägt Forster (1979) ein Sprachverstehensmodell vor, das zwar einen systematischen Zusammenhang zwischen den in der Grammatik definierten Komponenten und dem Sprachprozeß annimmt, diesen jedoch nicht als eine direkte Abbildung sieht. Für die einzelnen in der Grammatik definierten Bereiche postuliert er jeweils unabhängige und seriell arbeitende Prozeßebenen. Er unterscheidet zunächst ein sprachliches und nicht-sprachliches Subsystem. Die eigentliche sprachliche Verarbeitung geschieht auf drei voneinander unabhängigen Prozeßebenen. Das nicht-sprachliche System, er nennt es *general problem solver* (GPS), hat auf die eigentliche Sprachverarbeitung keinen Einfluß, es kann nicht direkt mit den sprachlichen Systemen konferieren. Der GPS hat Zugriff zum konzeptuellen Wissen, jedoch nicht zum Lexikon. Die drei sprachlichen Subkomponenten benutzen die Information des Lexikons, sie selbst haben jedoch keinen Zugriff zum generellen konzeptuellen Wissen.

Die sprachlichen Subsysteme sehen im einzelnen wie folgt aus. Der lexikalische Prozessor akzeptiert gegebenen Input vom peripheren Wahrnehmungssystem und zwar in Form von Merkmallisten. Diese Merkmallisten ermöglichen eine entsprechende Zuordnung im Lexikon. Dieser Prozessor besteht aus einer Reihe von Zugriffslisten, in denen die Wörter nach phonologischen, orthographischen, semantischen und syntaktischen Merkmalen geordnet sind, was die Ortung des lexikalischen Eintrags erleichtert. Nachdem der lexikalische Eintrag geortet ist, wird die Information an den syntaktischen Prozessor weitergegeben. Dieser benutzt die im jeweiligen Item enthaltene syntaktische Information, um dem gehörten Satz eine adäquate Struktur zuzuordnen. Sobald genügend lexikalische Einträge geortet sind, kann die syntaktische Verarbeitung beginnen. Diese syntaktische Repräsentationsform wird an den nächsten Prozessor weitergegeben. Diesen Prozessor beschreibt Forster nur vage:

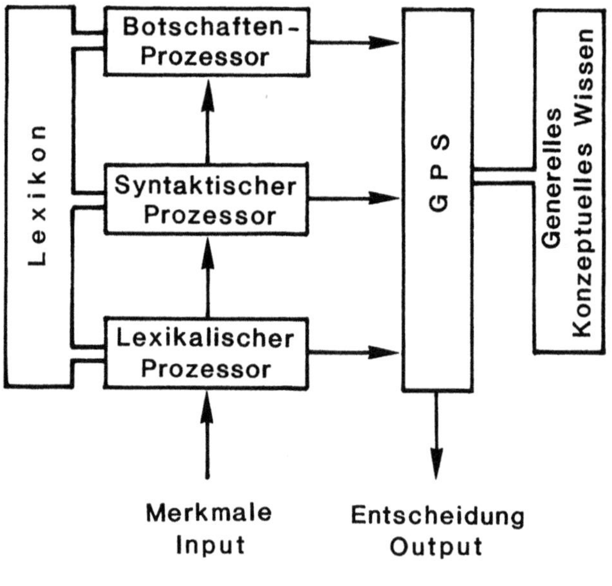

Bild 1. Sprachverarbeitungssystem nach Forster (1979)

er beinhalte verschiedene Verarbeitungsprozeduren, die linguistische Repräsentationen in konzeptuelle Repräsentationen umwandeln. Zu seinen Funktionen gehört z.B. Identifizierung von Referenten sowie Auffinden von Mehrdeutigkeiten.

Jeder dieser Prozessoren akzeptiert nur Informationen von der nächst niedrigeren Prozeßebene. Die Prozeßebenen sind in diesem Sinne autonom. Der GPS hat Zugang zu dem Output jeder dieser Prozeßebenen. Der GPS, der auch Zugang zum generellen kognitiven System hat, arbeitet mit dem Output der autonomen Prozeßebenen und erstellt so eine Interpretation.

In diesem Modell werden autonome linguistische Verarbeitungsebenen definiert und ihre Anordnung seriell gesehen. Durch die Existenz des GPS verliert jedoch die serielle Anordnung für die eigentliche Verarbeitung in dem Maße an Bedeutung, in dem die zu verarbeitenden Einheiten kleiner werden. Je kleiner die Einheiten, die die nächste Verarbeitungsebene als Input akzeptiert, desto weniger unterscheiden sich die Voraussagen, die dieses serielle Modell oder ein Modell, das parallele Verarbeitungsprozesse annimmt, trifft (Norris, 1982).

1.2.2 Interaktive Modelle

Interaktive Modelle der Sprachverarbeitung unterliegen weniger strikten Beschränkungen bezüglich der Richtung des Informationsflusses als serielle Modelle. Einige der interaktiven Modelle basieren auf einem Verarbeitungsprinzip, das erlaubt, daß während des Analyseprozesses zu jedem Zeitpunkt jede Information mit jeder anderen interagiert (z.B. McClelland und Rumelhart, 1981; Rumelhart und McClelland, 1982). Andere spezifizieren, zu welchem Zeitpunkt während des Prozesses Worterkennung die verschiedenen Informationen miteinander in Kontakt treten. In der Klasse dieser Modelle lassen sich zwei Ansätze unterscheiden: der eine geht davon aus, daß Informationen anderer Prozeßebenen schon vor der Wahrnehmung des akustisch-phonetischen Inputs zum Tragen kommen, indem kontextadäquate Wortkandidaten voraktiviert bzw. vorselektiert werden (Morton und Long, 1976; Grosjean, 1980). Ein anderer Ansatz (Marslen-Wilson und Tyler, 1975, 1980) geht davon aus, daß bei der Analyse des akustisch-phonetischen Inputs zunächst alle Wörter, die die gleichen Anfangslaute haben, kontextunabhängig als potentielle Kandidaten im Lexikon aufgerufen werden. Diese Phase des lexikalischen Abrufs ist also von Informationen anderer Prozeßebenen unbeeinflußt. Sodann wird jedoch die Anzahl der Wortkandidaten zunehmend verringert, indem der hereinkommende sensorische Input zum einen permanent, gegen die ausgewählten potentiellen Wortkandidaten getestet wird, zum anderen werden die Wortkandidaten gleichzeitig auf Kontextadäquatheit überprüft, und zwar solange, bis nur noch ein Wortkandidat übrig bleibt. In dieser Phase erlaubt das Modell also, daß Informationen höherer Repräsentationsebenen Einfluß auf eine der unteren Verarbeitungsebenen nehmen.

In einer Serie von Experimenten untersuchten Marslen-Wilson und Mitarbeiter, das Zusammenspiel der einzelnen Prozeßkomponenten während des Sprachverständnisses. In den ersten Experimenten (Marslen-Wilson, 1973, 1975, 1976) wurde eine Methode verwendet, die als *speech shadowing* bezeichnet wird. Die Aufgabe einer Versuchsperson besteht hierbei darin, einen auditorisch wahrgenommenen Text mit geringstmöglicher Verzögerung nachzusprechen. Marslen-Wilson fand, daß einige Versuchspersonen den Text mit einer minimalen Verzögerung von 250 Millisekunden nachsprechen konnten. Innerhalb dieser kurzen Zeitspanne müssen diese Versuchspersonen also die sprachlichen Äußerungen wahrgenommen, verstanden, das Verstandene außerdem wieder kodiert und in ein artikulorisches Motorprogramm umgesetzt haben. Daß die Versuchspersonen diese Prozeßschritte bei dieser Aufgabe tatsächlich durchlaufen haben und nicht nur den gehörten Text "ohne Verständnis" nachgesprochen haben, läßt sich durch zwei Befunde belegen: zum einen waren diejenigen Abweichungen vom Originaltext, die

die Versuchspersonen produzierten, jeweils bezüglich des vorausgehenden Kontexts syntaktisch und semantisch adäquat. Zum anderen zeigte sich, daß Fehler auf der phonetischen Ebene, die experimentell in den Originaltext eingebracht worden waren (Marslen-Wilson, 1975), zum großen Teil von der Versuchsperson unbewußt repariert wurden - allerdings nur, wenn sich der phonetische Fehler am Ende des Wortes befand, d.h. wenn der Anfang des Wortes somit mit dem vorausgehenden Kontext kompatibel war. Diese Ergebnisse wurden als Beleg dafür interpretiert, daß der vorausgehende syntaktische und semantische Kontext schon während der Worterkennung seinen Einfluß ausübt.

In einem weiteren Experiment (Marslen-Wilson und Tyler, 1975, 1980) sollte genauer untersucht werden, wie und wann syntaktische und semantische Kontextinformation den Worterkennungsprozeß beeinflußt. In diesem Experiment wurde ein Wortwiedererkennungsparadigma *(word monitoring)* verwendet. Die Aufgabe der Versuchsperson besteht bei diesem Paradigma darin, ein vorher spezifiziertes Wort in einem auditorisch wahrgenommenen Satz so schnell wie möglich aufzufinden. Das experimentelle Design des erwähnten Experimentes sah vor, daß dem Zielwort jeweils drei verschiedene linguistische Kontextarten vorausgehen konnten: syntaktisch und semantisch adäquater Kontext (normale Prosa), syntaktisch korrekter aber semantisch inadäquater Kontext (syntaktische Prosa), sowie eine syntaktisch wie semantisch inadäquate Anordnung von Wörtern (zufällige Wortordnung). Um die Wortverarbeitung auf verschiedenen Prozeßebenen messen zu können, sollten drei unterschiedliche Monitoring-Aufgaben gelöst werden: (1) das Zielwort stimmte exakt mit dem vorher spezifizierten Wort überein *(identical monitoring)*, z.B. *lead (Blei)*, (2) das Zielwort reimte sich auf das zuvor angegebene Wort *(rhyme monitoring)*, z.B. *bread (Brot)*, oder es wurde (3) lediglich die semantische Kategorie des Zielwortes angegeben *(category monitoring)*, z.B. eine Art Metall.

Falls der Hörer eine semantische Analyse schon von Beginn des Satzes an vornimmt, so wurde erwartet, daß die Reaktionszeiten für das Auffinden des Zielwortes bei normalem Kontext im Gegensatz zur syntaktischen Prosa wie auch zur zufälligen Wortordnung verkürzt sind. Je nachdem, wann der Hörer eine semantische Repräsentation aufbaut, kann dies schon relativ früh oder erst später im Satz geschehen. Die Verarbeitung der syntaktischen Information wurde im Vergleich des Worterkennens bei syntaktischer Prosa gegenüber der zufälligen Wortordnung gemessen. Strukturelle Kontextinformation sollte dabei - laut Annahme - die Wortverarbeitung gegenüber unstrukturiertem Kontext erleichtern.

Die Ergebnisse bestätigen diese Voraussagen. Sowohl syntaktischer Kontext allein, wie zusätzliche semantische Kontextinformation erleichterten das Worterkennen. Beide Kontextarten zeigten mit zunehmender Satzlänge stärkere Effekte im Gegensatz zum unstrukturierten Kontext der zufälligen Wortfolge. Den Unterschied zwischen normalem und syntaktischem Kontext interpretieren die Autoren als Evidenz für die psychologische Realität einer Komponente, die für die "nicht-semantische" Analyse, also die syntaktische Analyse, zuständig ist. Im Gegensatz zu der traditionellen Unterscheidung von verschiedenen Wissensquellen unterscheiden die Autoren in ihrem Modell nicht zwischen syntaktischem, semantischem und interpretativem Wissen, sondern nehmen nur eine Unterscheidung zwischen der Ebene der nicht-semantischen und der semantisch-interpretativen Repräsentation an. Wortbedeutungen werden danach nicht primär auf der Basis einer rein semantischen Analyse erstellt, die unabhängig vom Weltwissen agiert, sondern es wird angenommen, daß Wörter unmittelbar im Hinblick auf dieses Weltwissen verarbeitet werden. Psychologisch real bleiben in diesem Modell drei Komponenten: die lexikalische, die strukturelle und die interpretative. Um optimal effizient zu sein, arbeiten alle drei Komponenten fast ständig zusammen. Außer in der allerersten Phase der Worterkennung, wo allein die hereinkommenden Daten und nicht der Kontext die Verarbeitung bestimmen, unterliegt die Worterkennung dem Einfluß höherer kognitiver Ebenen.

Im Gegensatz zu Marslen-Wilson und Tyler (1980) nimmt Grosjean (1980) an, daß der Kontext seinen Einfluß schon ausüben kann, ***bevor*** der Hörer über den sensorischen Input verfügt. Die hohe Voraussagbarkeit, die ein Wort in manch einem Kontext hat, hat zur Folge, daß die Liste der Wortkandidaten von Anfang an oft schon relativ beschränkt ist. Grosjean hatte zur empirischen Unterstützung seiner Hypothese ein Paradigma verwendet, das als *gating* bezeichnet wird. Bei dieser Aufgabe wird der Versuchsperson ein Wortfragment mit vorausgehendem Kontext dargeboten. Die Versuchsperson ist angehalten, ein Wortfragment (d.h. 30, 60 oder 90 Millisekunden eines Zielwortes, z.B. *KA, KAP, KAPIT, KAPITÄ*, für das Zielwort *KAPITÄN*) nach bestem Wissen zu ergänzen (vgl. Tyler und Wessels, 1985). Obwohl diese Methode mit der Absicht verwendet wurde, Wortverarbeitungsprozesse in ihrem Zeitverlauf zu messen, scheint sie doch eher den Gebrauch von Vorhersagestrategien zu evozieren. Es stellt sich hierbei die Frage, ob solche Strategien im natürlichen Sprachverarbeitungsprozeß angewendet werden, um die Anzahl der möglichen Wortkandidaten von vornherein zu verringern, oder ob das Verarbeitungssystem nicht besser, d.h. sicherer arbeitet, wenn es zunächst auf die Inputinformation wartet und so mögliche falsche Voraussagen vermeidet.

Was die bislang dargestellten Experimente im Rahmen des Interaktiven Ansatzes zeigen, ist zusammengefaßt folgendes: lexikalische Elemente werden schneller erkannt, wenn ihnen ein semantischer Kontext vorausgeht, als wenn der Kontext nur syntaktisch informativ ist; beide Kontextbedingungen erleichtern das Worterkennen im Gegensatz zu einem unstrukturierten oder nicht vorhandenen Kontext. Die meisten Experimente können jedoch keine Aussage darüber treffen, ob die primäre Worterkennung schon durch den vorausgehenden Satzkontext beeinflußt wird, oder ob die beobachteten Effekte nicht vielmehr auf einer anderen Prozeßebene, z.B. der lexikalischen, als intralexikalische Effekte zu erklären sind.

Die Frage, ob die einzelnen Prozeßebenen in der Tat autonom sind und seriell oder parallel arbeiten, oder aber miteinander interagieren, läßt sich letztlich auf die Frage zurückführen, wann - das heißt, zu welchem Zeitpunkt ***während*** der Verarbeitung - die Kontextinformationen höherer Verarbeitungsebenen ins Spiel kommen.

1.3 Module und Prozesse

Angesichts dieser Ergebnisse stellt sich die Frage, inwieweit ein Modell, das unabhängige seriell angeordnete Subkomponenten im Sprachsystem annimmt, valide ist. Es scheint, als könnten die höheren kognitiven Ebenen die niederen kognitiven Ebenen während der Satzverarbeitung beeinflussen. An der von Marslen-Wilson und Tyler (1980) vorgebrachten Interpretation ihrer Daten als Evidenz gegen einen autonomen und in der seriellen Anordnung der Prozeßebenen unabhängigen Worterkennungsprozeß ist allerdings inzwischen mehrfach Kritik geübt worden (Cowart, 1982; Fodor, 1983; Tanenhaus, Carlson und Seidenberg, 1984). Angesichts der Ergebnisse, die der interaktive Ansatz hervorbrachte, sahen sich die Vertreter strikt serieller Modelle jedoch zu Modifikationen ihrer Modelle gezwungen, zeigten die Daten doch eindeutig, daß die Informationen höherer kognitiver Ebenen auf untere Ebene noch während der Satzverarbeitung Einfluß nehmen können. Diejenigen Autoren, die einst strikt seriell dachten, mußten nun in ihren Modellen zulassen, daß die Integration verschiedener Informationen bereits ***während*** der Satzwahrnehmung passiert.

Die Hypothese von einer gewissen Korrespondenz zwischen Sprachstruktur und Sprachprozeß wird nun modifiziert: das Prinzip der seriellen Anordnung einzelner Prozeßebenen ist nicht mehr notwendiger Bestandteil der Theorie, sondern sie wird auf das Postulat der Autonomie der einzelnen Prozeßebenen reduziert. Die meisten Sprachverstehensmodelle stimmen darin überein, daß vorausgehende Kontextinformation einen Einfluß auf die Verarbeitung des Wortes hat. Uneinigkeit besteht allerdings darüber, ***wann welche*** der Kontextinformationen zum Tragen kommen. Die Modelle, die autonome Verarbeitungsebenen annehmen, sagen voraus, daß die Kontextinformation, sofern sie nicht rein lexikalischer Art ist, erst ***nach*** der Wahrnehmung des Wortes ihren Einfluß ausübt. Modelle des interaktiven Ansatzes erlauben Kontexteinflüsse bereits ***vor*** oder ***während*** der Worterkennung.

Wenn der Satzkontext seinen Einfluß erst nach der Worterkennung geltend machen kann, so müßte ein Wort, das zwei Bedeutungen hat, zum Zeitpunkt der Worterkennung beide Bedeutungen aktiviert haben, und das System würde erst danach aufgrund der vorausgehenden Kontextinformation eine der Bedeutungen verwerfen. Dies wurde in der Tat in mehreren Studien demonstriert (Swinney, 1979; Tanenhaus, Leiman und Seidenberg, 1979; Onifer und Swinney, 1981; Seidenberg et al., 1982). Swinney (1979) benutzt den Fall der linguistischen Mehrdeutigkeit als Prüfstein für einen autonom arbeitenden Worterkennungsmechanismus. Er zeigte, daß bei der Erkennung homophoner Wörter - also Wörter, die eine Form, aber zwei unterschiedliche Bedeutungen haben, jeweils beide Wortbedeutungen im Erkennungsprozeß aktiviert werden, selbst wenn der vorausgehende Kontext nur eine der Bedeutungen plausibel macht. Beide Bedeutungen sind für einen kurzen Zeitraum nach der Darbietung des Wortes zugänglich, und erst nach etwa 1.5 msek nach der eigentlichen Wahrnehmung bedingt der vorausgehende Kontext, daß eine der Bedeutungen weiterhin aktiviert bleibt, während die andere Bedeutung desaktiviert wird. Der Autor wertet diese Ergebnisse als Evidenz für einen autonomen Worterkennungsmechanismus.

Allerdings - und das sei angemerkt - könnte es sein, daß das experimentelle Paradigma, mit dem diese Daten erhoben wurden, selbst einen Prozeß induziert hat, der bei der normalen Sprachverarbeitung nicht stattfindet. Der Autor benutzte in dem Experiment eine Methode, die als "cross-model-priming" in der Literatur bekannt ist. Bei dieser Methode wird jeweils auditorisch ein Satzfragment bis zu dem Zielwort, das zwei Bedeutungen hat, gegeben. Zum Beispiel hat das englische Wort "bug" zwei Bedeutungen: $Lesart_1$ = "Insekt" und $Lesart_2$ = "Abhörgerät". Das dem Zielwort vorausgehende Satzfragment erfordert nun entweder $Lesart_2$ des Zielwortes oder war bezüglich der Lesart des Zielwortes neutral.

(1) $Lesart_1$ *Rumor had it that, for years, the government building had been plagued with problems. The man was not surprised when he found several spiders, roaches, and other bugs in the corner of his room.*

(2) $Lesart_2$ *Rumor had it that, for years, the government building had been plagued with problems. The man was not surprised when he found several bugs in the corner of his room.*

Unmittelbar nach dem Zielwort wird ein Wort, *ant (Ameise)*, das entweder der $Lesart_1$ = *Insekt* oder *spy (Spion)*, das mit der $Lesart_2$ = *Abhörgerät* semantisch verwandt ist, visuell präsentiert und mit den zugehörigen Satzfragmenten gekreuzt. Die Versuchsperson ist aufgefordert zu entscheiden, ob die visuell präsentierte Buchstabenfolge ein Wort ihrer Sprache ist oder nicht. Da vorausgehende Studien gezeigt haben, daß die Entscheidung, ob ein Wort Teil des jeweiligen Lexikons ist, schneller getroffen werden kann, wenn ein semantisch verwandtes Wort vorausgeht (z.B. Meyer & Schvaneveldt, 1971), sollte in Swinney's Experiment auch dasjenige Wort schneller erkannt werden, das zur jeweiligen Bedeutung der jeweiligen Lesart in semantischer Beziehung stand. Swinney fand jedoch, daß jeweils beide semantisch verwandten Wörter unabhängig von der durch das Satzfragment determinierten Lesart gleich schnell erkannt wurden, und schloß daraus die Unabhängigkeit des Worterkennungsprozesses. In einem weiteren Experiment konnte gezeigt werden, wann der vorausgehende Kontext seinen Einfluß auf das Worterkennen ausübt (Onifer und Swinney, 1981). Werden die jeweiligen semantisch verwandten Wörter erst 1.5 Millisekunden nach dem Wortende präsentiert, so wird nur noch das Erkennen desjenigen Wortes erleichtert, das mit der kontextadäquaten Lesart in enger semantischer Beziehung steht. Dieser postlexikalische Kontexteffekt deutet darauf hin, daß die Worterkennung autonom ist.

In anderen Studien wurden jedoch Kontexteffekte gefunden, die nicht post-lexikalischer Natur sind: dies trifft vor allem für Untersuchungen von semantischen Kontexteffekten zu. Unter dem kontextuellen Einfluß eines isolierten Wortes war das Erkennen von einem Wort *(nurse)* deutlich leichter, wenn diesem ein Assoziationswort vorausging *(doctor - nurse)*, im Gegensatz zu dem Fall, wo ihm ein neutrales Wort *(chair - nurse)* vorausging (Meyer und Schvaneveldt, 1971). Solche Effekte verletzen die Autonomiehypothese nicht, da die beobachteten Kontexteffekte als intra-lexikal, d.h. zwischen zwei lexikalischen Elementen innerhalb einer Verarbeitungsebene auftretend, erklärt werden können. Die Autonomiehypothese ist erst dann in Frage gestellt, wenn nicht-lexikalische, d.h. syntaktische oder interpretative Kontextinformationen den lexikalischen Prozeß beeinflussen.

Eine Reihe von Studien berichtet über solche syntaktische Kontexteffekte beim Worterkennen (Goodman, McClelland und Gibbs, 1981; Lukatela et al., 1983).

Goodman und Mitarbeiter (1981) sehen als eine mögliche Interpretation der unterschiedlichen Ergebnisse, daß Kontexteffekte generell durch verschiedene Mechanismen hervorgerufen werden können. Sie nehmen an, daß Kontexteffekte sowohl durch automatische Prozesse zustande kommen können, z.B. durch sich automatisch ausbreitende Erregungsniveaus, als auch durch bewußte, strategiegeleitete Prozesse. Im Gegensatz zu semantischen Kontexteffekten, die nachgewiesenermaßen durch zwei unterschiedliche Prozesse - durch automatische Aktivationsprozesse sowie durch kontrollierte Prozesse - zustande kommen (Neely, 1977), sollen Goodman und Mitarbeitern zufolge syntaktische Kontexteffekte vornehmlich durch strategie-geleitete post-lexikalische Prozesse zustande kommen.

Fischler und Blooms (1979) Ergebnisse können ebenfalls im Rahmen eines Modells erklärt werden, das automatische und nicht-automatische Prozesse unterscheidet. In einem Experiment, in dem semantische Kontexteffekte untersucht werden und bei dem die Versuchsperson eine lexikalische Entscheidung über das letzte Wort im Satz treffen mußte, zeigte sich, daß diese Entscheidung nur dann vom vorausgehenden Kontext positiv beeinflußt wurde, wenn es sich um Wörter handelte, die von hoher Voraussagbarkeit waren. Diesen Kontexteffekt, der meist nur für wenige Ergänzungen beobachtet wurde, führten Fischler und Bloom auf einen automatischen Prozeß zurück, bei dem eine Reihe von semantisch eng verwandten Wörtern voraktiviert werden. Der eigentliche Satzkontexteffekt ist dagegen ein langsam ablaufender Prozeß, der strategischer Führung unterliegt. Dieser Effekt sollte dann zu beobachten sein, wenn die Verarbeitung durch verzögerten oder unvollständigen Input beeinträchtigt wird. Falls dieser Kontexteffekt auf einen langsam ablaufenden strategischen Prozeß zurückzuführen ist, so sollte nicht nur die Erkennung von semantisch adäquaten Ergänzungen erleichtert sein, sondern es ist zu erwarten, daß gleichzeitig das Erkennen von nicht-adäquaten Ergänzungen erschwert ist. Ein Ergebnis, das von Schubert und Eimas (1977) berichtet wird.

Dieses Ergebnis wurde von West und Stanovich (1978) nicht beobachtet. Im Gegensatz zu den oben genannten Experimenten, die eine lexikalische Entscheidungsaufgabe verwendeten, benutzten West und Stanovich eine lexikalische Benennungsaufgabe. Aufgrund von Daten, die zeigen, daß Wörter schneller benannt, d.h. laut gelesen werden als aussprechbare Pseudowörter (Forster und Chambers, 1973), wird das Benennen (Lautlesen) von Wörtern als Indikator für den Prozeß des lexikalischen Abrufs einschließlich aller möglichen Teilprozesse gesehen. West und Stanovich (1978) berichten erleichternde Kontexteffekte für semantisch adäquate Ergänzungen, aber keinen erschwerenden Effekt für unerwartete Ergänzungen sofern die Zielwörter in ihrer Form vollständig sind. Das von Schubert und Eimas (1977) berichtete Ergebnis von erleichternden Kontekteffekten einerseits und erschwerenden Kontexteffekten andererseits wird beim Benennen dann beobachtet, wenn Zielwörter in ihrer Form unvollständig *(degraded)* sind. Dieser Befund unterstützt die Annahme, daß der Einfluß höherer Verarbeitungsebenen vornehmlich dann zum Tragen kommt, wenn die primäre Verarbeitung auf unteren Ebenen nicht optimal ist.

Cairns, Cowart und Jablon (1981) lokalisieren die bei der Worterkennung beobachtbaren semantischen Kontexteffekte auf einer höheren Verarbeitungsebene und sehen den lexikalischen Prozessor selbst als eine autonome Komponente an. Diese Annahme versuchen sie mit drei unterschiedlichen Experimenten zu belegen. In einem Experiment messen sie die Zeit, die zum Verstehen eines Satzes notwendig ist. In einem zweiten verwenden sie eine *phonem-monitoring*-Aufgabe, bei der die Versuchsperson einen vorher spezifizierten Laut im Satz wiedererkennen soll. In einem dritten Experiment präsentieren sie nach der Darbietung eines Satzes ein Wort, das entweder im dargebotenen Satz vorgekommen ist oder nicht. Die Versuchsperson muß entscheiden, ob das Wort im Satz enthalten war oder nicht. Das linguistische Material, das in allen drei Experimenten verwendet wurde, bestand aus Sätzen, bei denen die dem Zielwort vorausgehende Information entweder Voraussagen auf das Zielwort erlaubte oder nicht. Während in den ersten beiden Experimenten der prädiktive Kontext die Reaktionszeiten verkürzte, war es im dritten Experiment umgekehrt. Hier waren die Reaktionszeiten länger für diejenigen Wörter, die in der prädiktiven Kontextkondition vorkamen. Die Autoren ziehen daraus den Schluß, daß Kontext den Integrationsprozeß erst auf einer höheren Ebene beeinflußt. Ein lexikalisches Item, das in einem nicht-prädiktiven Kontext wahrgenommen wird, kann demzufolge zunächst leichter erkannt werden, da es nicht in den vorausgehenden Kontext integriert werden muß.

Insgesamt zeigen diese Ergebnisse, daß Satzkontexteffekte nur in beschränktem Maße zu beobachten sind, und daß sie nicht unabhängig von dem jeweiligen experimentellen Paradigma sowie der Präsentationsmodalität (visuell/auditiv) zu beobachten sind. Lexikalische Kontexteffekte scheinen dagegen unabhängig von der experimentellen Aufgabe zu sein, sie treten sowohl bei lexikalischen Entscheidungsaufgaben wie auch beim Wortbenennen auf (z.B. Neely, 1977).

Es scheint, als sei das Worterkennen ein komplexer Prozeß und als könnten Kontexteffekte Teile dieses Prozesses beeinflussen, während andere Teile unbeeinflußt bleiben. Solange der Kontext nur jene Prozesse beeinflußt, die unmittelbar nach der eigentlichen Worterkennung ablaufen, kann die Hypothese von der Unabhängigkeit der einzelnen Prozeßkomponenten aufrecht erhalten werden. Diese post-lexikalischen Effekte beinhalten Entscheidungen über die Adäquatheit und mögliche Integration der lexikalischen Information in den vorausgegangenen Kontext. Diese Prozesse spiegeln sich in lexikalischen Entscheidungsaufgaben wider, während Wortbenennungsaufgaben eher die reine Identifikation des lexikalischen Elementes messen (West und Stanovich, 1982).

In einer Reihe von Experimenten versuchten Seidenberg et al. (1984) die Orte, an denen verschiedene Kontexte, d.h. assoziativer Kontext, lexikalisch-semantischer Kontext, sowie rückwärts gerichter assoziativer Kontext, ihren Einfluß im Worterkennungsprozeß ausüben, zu lokalisieren. Mit Hilfe unterschiedlicher Aufgaben gelang es ihnen, den Ort, an dem diese Kontexteffekte auftreten, zu diagnostizieren. Lexikalische Entscheidungsaufgaben sind durch post-lexikalische Effekte beeinflußt, nicht jedoch die Wortbenennung. Die Ergebnisse zeigten, daß lediglich lexikalisch-semantische und assoziative Kontexteffekte bei den Aufgaben zu beobachten sind, alle anderen Effekte wären demzufolge post-lexikal. Die post-lexikalischen Effekte wären demnach das Ergebnis von Prozessen, die Shiffrin und

Schneider (1977) folgend als unbewußt kontrollierte Prozesse bezeichnet werden können. Diese Befunde lassen sich gut mit einem Modell autonomer Verarbeitungsebenen in Einklang bringen. Alle post-lexikalischen Effekte schwächen die Autonomiehypothese nicht. Neuere Untersuchungen, die sich speziell syntaktischen Kontexteffekten widmen, weisen in der Mehrzahl darauf hin, daß diese Effekte post-lexikal sind (Goodman et al., 1981; Wright und Garrett, 1984). Goodman und Mitarbeiter (1981) führten die beobachteten syntaktischen Kontexteffekte auf bewußte post-lexikalische Effekte zurück. Wright und Garrett (1984) zeigten, daß der von ihnen berichtete syntaktische Kontexteffekt eine strukturelle Analyse der vorausgehenden Information voraussetzt, in die das wahrgenommene Wort postlexikal integriert wird.

Dem interaktiven Ansatz zufolge (Morton und Long, 1976; Marslen-Wilson und Tyler, 1980; McClelland und Rumelhart, 1981) müßten sich alle lexikalischen sowie Satzkontexteffekte schon vor oder während der Worterkennung manifestieren. Während einige Forscher (z.B. Grosjean, 1980; Morton und Long, 1976) annehmen, daß Kontext schon wirksam werden kann, bevor der sensorische Input wahrgenommen wird, vermuten Marslen-Wilson und Tyler (1980), daß der Kontext zum Tragen kommt, sobald der erste sensorische Input vorhanden ist. Mit zunehmendem Input wird die Liste derjenigen Wortkandidaten, die sowohl mit dem sensorischem Input wie dem Kontext kompatibel sind, reduziert. Die Diskriminierung des Zielwortes kann schon eindeutig vorgenommen werden, bevor das Wort ganz wahrgenommen wurde. Man würde diesem Modell zufolge erwarten, daß die Kontexteffekte nicht nur bei lexikalischen Entscheidungsaufgaben, sondern auch schon beim Wortbenennen zu beobachten sind.

In den Untersuchungen, die versuchten, den interaktiven Ansatz zu stützen, wurden bislang jedoch andere Paradigmen verwendet. In ihrer Studie von 1980 benutzten Marslen-Wilson und Tyler (1980) - wie oben beschrieben - eine *word-monitoring*-Aufgabe, bei der die Versuchsperson ein vorher spezifiziertes Wort in einem auditorisch dargebotenen Satz wiedererkennen sollte. Verschiedene Kontextbedingungen sollten den Einfluß der verschiedenen Kontextaspekte auf die Worterkennung isolieren. Der Unterschied zwischen normaler Prosa und syntaktischer Prosa sollte den semantischen Kontexteffekt isolieren, der Unterschied zwischen syntaktischer Prosa und völlig unstrukturierten Wortaneinanderreihungen sollte den Anteil des syntaktischen Kontextes beim Worterkennungsprozeß messen. Das von ihnen verwendete Material ließ jedoch eine genaue Trennung der semantischen und syntaktischen Aspekte nicht zu, da diese zum Teil konfundiert waren (Cowart, 1982; vergleiche jedoch Marslen-Wilson und Tyler, 1983).

Dieser Kritik wurde in einer erneuten Untersuchungsreihe Rechnung getragen. Brown, Marslen-Wilson und Tyler (1984) variierten in dieser Untersuchung semantische und syntaktische Aspekte, indem sie vier Arten von Sätzen testeten: (1) normale Prosa, (2) unplausible Sätze, (3) Sätze, die gegen Beschränkungen im semantisch-lexikalischen Bereich, sogenannte Selektionsbeschränkungen verstoßen und (4) solche, die gegen Beschränkungen im syntaktischen Bereich, sogenannte Subkategorisierungsbeschränkungen verstoßen. Die Ergebnisse zeigen unterschiedliche Reaktionen auf syntaktische und semantische Verstöße. Syntaktische Verstöße haben einen weitaus größeren Effekt als semantische Verstöße, wobei syntaktische Verstöße schneller (früher) erkannt werden als semantische Verstöße. Die Autoren räumen zwar ein, daß dies für die psychologische Realität der Unterscheidung von Syntax und Semantik spreche, halten aber an einem interaktiven Ansatz fest. Allerdings modifizieren sie aufgrund dieser Ergebnisse das ursprünglich vorgeschlagene Worterkennungsmodell (Marslen-Wilson, 1980, 1984). Dieses Modell - Kohorten-Theorie genannt - hatte angenommen, daß ein Wort bereits identifiziert werden kann, bevor es in seiner Gesamtheit wahrgenommen worden ist. Die Identifizierung des Wortes geschieht durch zwei Prozesse, zum einen wird aufgrund des hereinkommenden sensorischen Inputs eine Liste von Wortkandidaten erstellt, zum anderen erfolgt die Auswahl aus dieser Liste dadurch, daß diejenigen Wortkandidaten, die nicht mit dem vorausgehenden Kontext kompatibel sind, von der Liste gestrichen werden. Genaugenommen dürfte nach diesem Modell das System nicht in der Lage sein, semantisch oder syntaktisch inadäquate Worte zu erkennen. Die Ergebnisse von Brown, Marslen-Wilson und Tyler (1984) zeigen jedoch, daß das System sehr wohl dazu fähig ist.

Die neue Version des Modells sieht deshalb vor, daß ein Wort, um erkannt zu werden, ein gewisses Aktivationsniveau überschreiten muß. Jeder Wortkandidat, der aufgrund des sensorischen Inputs, aktiviert worden ist, verfügt über ein Eingangs-Erregungsniveau, das für jeden Wortkandidaten gleich ist. Im Laufe des Wortwahrnehmungsprozesses ändert sich dieses Aktivationsniveau, das sich sowohl aus dem sensorischen Input als auch aus der Kontextinformation ergibt. Je kontextadäquater der Wortkandidat, desto höher der Aktivationsgrad. Die Kontextinformation bewirkt laut diesem Modell jedoch nicht, daß inadäquate Kandidaten von der Liste gestrichen werden, sondern sie ist vielmehr Grund für den Anstieg des Aktivationsniveaus von bestimmten Wortkandidaten. Auf diese Weise verbleiben nun auch die inadäquaten Wortkandidaten in der Wortliste. Sensorische und kontextuelle Information haben lediglich Einfluß auf den Erregungsgrad. Tritt ein Wortkandidat eindeutig aus der Liste hervor, so wird der Erkennungsprozeß gestoppt. Bleibt aufgrund der Kontextinformation kein adäquater Kandidat mehr übrig, der mit dem sensorischen Input kompatibel ist, so fokussiert der Selektionsprozeß auf andere Wortmuster innerhalb der Ausgangsliste. Brown, Marslen-Wilson und Tyler (1984) glauben diese Beschreibung des Worterkennungsprozesses insofern mit dem Prinzip der Interaktion in Übereinstimmung, als der Kontext die Auswahl und das endgültige Erkennen des Wortkandidaten unter günstigen Bedingungen (adäquater Kontext) soweit beeinflussen kann, als diese Prozesse schon abgeschlossen werden können, bevor der sensorische Input vollständig eingegangen ist.

Es stellt sich allerdings die Frage, ob die von Marslen-Wilson und Mitarbeitern verwendeten Paradigmen normale Sprachverarbeitungsprozesse widerspiegeln, oder ob sie vielleicht die Anwendung von kontrollierten Strategien messen. Vor allem das von ihnen in einigen Experimenten verwendete Paradigma des *Gating*, bei dem eine Versuchsperson jeweils Fragmente eines Wortes ergänzen soll und sodann angeben soll, wie sicher sie ist, daß diese Ergänzungen richtig sind, könnte die Versuchsperson zu einer Ratestrategie veranlassen (vgl. jedoch Tyler und Wessels, 1985). Zwar mag die Ergänzung von der Versuchsperson ein Wort aus einer vorab erstellten Wortliste möglicher Kandidaten sein, jedoch muß diese zu diesem Zeitpunkt nicht die einzige noch verbliebene mögliche Ergänzung sein.

Sie ist mit relativ hoher Wahrscheinlichkeit der beste aber nicht der einzige Kandidat.

Zwitserlood (1985) zeigte, daß das Erkennen von Wörtern in der Initialphase unbeeinflußt vom Satzkontext bleibt, daß der Kontext jedoch seinen Einfluß ausübt, bevor dies allein aufgrund des sensorischen Inputs möglich ist. Ähnlich dem von Swinney verwendeten *cross-modal-priming*-Paradigma, in dem mehrdeutige Wörter getestet wurden, benutzte sie Wörter deren Beginn, d.h. die ersten Silben form-identisch waren, z.B. im Holländischen *KAPITEIN (Kapitän)* und *KAPITAAL (Kapital)*. Die Aktivation der beiden Wortbedeutungen wurde anhand der Erkennleistung semantisch verwandter Wörter (z.B.*Schiff* bzw. *Geld)* gemessen. Die kritischen Wörter *(Kapitein* bzw. *Kapitaal)* wurden verschiedenen Versuchspersonen in unterschiedlicher Komplettheit dargeboten, d.h. einige hörten nur den Beginn oder die Hälfte des Wortes und andere das ganze Wort. Es wurde deutlich, daß zu Beginn der Wahrnehmung beide Wortbedeutungen aktiviert waren das Erkennen des kontextadäquaten, semantisch verwandten Wortes mit zunehmendem Kontext immer kürzere Zeit in Anspruch nahm. Das Erkennen des kontextinadäquaten Wortes nahm jedoch nur bei einem längeren Kontext nicht aber bei einem kurzen Satzkontext im Gegensatz zur Ausgangserkennzeit (Baseline) dieser Wörter zu. Dieses Ergebnis ist vereinbar mit der Annahme, daß vorausgehender Satzkontext nicht die Streichung unplausibler Wortkandidaten von einer angenommenen Wortkandidatenliste zur Folge hat, sondern daß lediglich plausible Wortkandidaten leichter abrufbar werden.

Die zuletzt vorgeschlagene Version des Modells läßt zu, daß alle Wortkandidaten, auch die inadäquaten, in einer Arbeitsliste der Wortkandidaten verbleiben. Falls wir annehmen, daß alle Wortkandidaten mit einem gewissen Aktivationsniveau, das sich sowohl aus phonetischen wie auch aus lexikalisch-semantischen Informationen zusammensetzt, in diese Arbeitsliste eingehen, dann ist es auch möglich anzunehmen, daß dieser Eingangs-Aktivationswert bereits ausreicht, um bei einer mehrdeutigen Wortform den Abruf aller Wortbedeutungen zu erleichtern. Die Aktivation der phonetischen Aspekte reicht vielleicht bereits aus, um alle semantischen Aspekte des Wortes zu aktivieren.

Die Ergebnisse Swinney's (1979) fänden in einem solchen Modell ebenfalls ihre Erklärung. Das Experiment hatte gezeigt, daß beide Lesarten eines mehrdeutigen Wortes bei einer Worterkennungsaufgabe gleich schnell verfügbar waren. Allerdings müßte das hier vorgeschlagene Modell auch imstande sein zu erklären, wie es dazu kommt, daß 1.5 Sekunden nach der eigentlichen Wortwahrnehmung nur noch die kontextadäquate Lesart leicht abrufbar ist (Onifer und Swinney, 1981). Es könnte sein, daß nach der eigentlichen Worterkennung diejenigen Kandidaten und Lesarten verworfen werden, die mit dem vorausgehenden Kontext nicht kompatibel sind. So mag der Kontext erlauben, bestimmte Hypothesen über die neu hereinkommende Information zu bilden. Stimmt der sensorische Input in zunehmendem Maße mit den Hypothesen überein, so mag dies strategische (experimentell erzwungene) Entscheidungen erleichtern; das Verarbeitungssystem als Ganzes ist jedoch gut beraten, wenn es sich alle Möglichkeiten bei der Worterkennung solange offenhält, bis sich die hypothetische als richtig erweist. Falsche Zuweisung von Form und Bedeutung würde dem System erhebliche Kosten in Form von zusätzlichen Prozeßschritten einer Reanalyse des Input verursachen; die automatische Aktivierung aller Bedeutungen und die Aufrechterhaltung bis nach dem lexikalischen Zugriff scheint hier bei relativ geringem Kostenaufwand von relativ großem Nutzen.

Die zentrale Frage in der Diskussion zwischen seriell/autonomen und interaktiven Modellen ist, wie und wann die verschiedenen Informationsquellen im Verstehensprozeß gebraucht werden. Frazier und Mitarbeiter (Frazier und Rayner, 1982; Rayner, Carlson und Frazier, 1983) nehmen eine Position ein, die zwischen diesen beiden Ansätzen anzusiedeln ist. Semantische und pragmatische Informationen beeinflussen nicht die primäre syntaktische Analyse, so wie es auch ein Modell autonom arbeitender Prozeßkomponenten annehmen würde, jedoch nimmt der syntaktische Prozessor zunächst auch bei syntaktisch mehrdeutigen Sätzen nur eine - und zwar die im Sprachgebrauch am häufigsten vorkommende - strukturelle Analyse vor. Der thematische Prozessor evaluiert die alternativen thematischen Strukturen und wählt sodann die semantisch und pragmatisch plausibelste aus. Diskutiert wird von den Autoren nicht, wie der thematische Prozessor im Detail arbeitet. Postuliert wird lediglich die Unabhängigkeit der beiden Prozessoren. Der syntaktische Prozessor ist Teil der Grammatik und nicht beeinflußbar von anderen linguistischen oder nicht-linguistischen Variablen, der thematische Prozessor ist dagegen nicht Teil der Grammatik, sondern hat Zugriff oder ist Teil des Weltwissens.

Mit dieser Grundstruktur von Grammatik einerseits und generellem kognitivem System andererseits läßt sich ein Modell denken, in dem beide Systeme nicht seriell sondern simultan arbeiten.

1.4 Zur Architektur des Sprachverstehenssystems

Das Modell, das den in dieser Monographie dargestellten Experimenten zugrundeliegt und das wir Parallel-Interface Modell nennen wollen, läßt sich in diesem Sinne wie folgt beschreiben. Es wird mit Fodor (1983) angenommen, daß die kognitiven Strukturen der Sprache autonom und unabhängig von anderen kognitiven Strukturen sind. Die Grammatik definiert die wiederum autonomen Subkomponenten der Sprachstruktur, z.B. Phonetik, Phonologie, Lexikon, Syntax, Semantik. Diesen autonomen Subkomponenten sind jeweils moduläre Prozeßebenen im Sprachverarbeitungssystem zugeordnet. Diese Ebenen arbeiten autonom. Falls ihre Struktur überhaupt als seriell beschrieben werden kann, so sind die Verarbeitungseinheiten so klein, daß die auf einer Ebene verarbeitete Information schon relativ schnell an die nächst höhere Ebene weitergegeben wird. Die Verarbeitung auf den einzelnen Ebenen sowie die Weitergabe der Information von einer auf die nächste Ebene läuft obligatorisch und automatisch ab. Die einzelnen Ebenen geben ihren Output nicht nur an die nächst höhere Ebene sondern auch an einen generellen Prozessor weiter. Dieser Prozessor hat Zugriff zum Weltwissen und verfügt über ein Set von Verarbeitungsstrategien, die auf allgemeinen kognitiven Prinzipien basieren und nicht spezifisch linguistisch sind. Diese Verarbeitungsstrategien werden bewußt oder unbewußt eingesetzt. Die automatischen Sprachverarbeitungsprozesse laufen unabhängig von diesen kontrollierten Verarbeitungsstrategien ab. Die Strategien sind auf den Output der autonomen Sprachverarbeitungsebenen angewiesen. Die automatischen Verarbeitungsprozesse selbst arbeiten unabhängig und zwar insofern, als sie lediglich Informationen der nächst niedrigeren Ebene oder derselben Ebene für die Verarbeitung berücksichtigen. Die Verarbeitung auf einer Ebene kann also durch Kontextinformation, die auf eben dieser Ebene verarbeitet wurde, beeinflußt werden. Kontexteinflüsse innerhalb einer Ebene sind mit der Hypothese autonomer Verarbeitungskomponenten vereinbar.

Die Forschung, die sich mit dem Einfluß des Kontextes auf den Worterkennungsprozeß beschäftigt, beschränkt sich bei ihren Untersuchungen ausschließlich auf das Erkennen von Nomen, Verben und Adjektiven, also von Elementen der grammatischen Hauptkategorien, die referentielle Bedeutung tragen. Hier zeigt sich generell, daß sowohl semantischer Kontext wie - wenn auch in weitaus geringerem Maße - syntaktischer Kontext die Worterkennung erleichtern. Von den in diesen Experimenten verwendeten Wortkategorien wird jedoch auf die Worterkennung im allgemeinen geschlossen. Ein Vorgehen, das Kritik verdient; denn in einer Vielzahl von Untersuchungen aus anderen psycholinguistischen Bereichen wird deutlich, daß Elemente der grammatischen Hauptkategorien anders verarbeitet werden als Elemente der grammatischen Nebenkategorien, z.B. Artikel und Konjunktionen. Arbeiten aus dem Bereich des Spracherwerbs, der Aphasieforschung sowie der normalen Sprachproduktion lassen vermuten, daß die Elemente der grammatischen Hauptkategorien und die Elemente der grammatischen Nebenkategorien unterschiedlich verarbeitet werden. Die Klasse der grammatischen Hauptkategorien enthält Elemente, die vornehmlich semantisch-lexikalische Information tragen. Diese Klasse ist durch die Anwendung produktiver Wortbildungsregeln beliebig erweiterbar, sie kann daher als offene Klasse bezeichnet werden. Die Klasse der grammatischen Nebenkategorien enthält dagegen Elemente, die vornehmlich strukturelle Information tragen. Diese Klasse hat eine beschränkte, festgelegte Anzahl von Mitgliedern. Sie wird daher geschlossene Klasse genannt. Falls lexikalische und nicht-lexikalische Information im Lexikon getrennt repräsentiert sind, könnten auch unterschiedliche Kontexteffekte für die Verarbeitung von Wörtern der grammatischen Hauptkategorien und die der grammatischen Nebenkategorien vorausgesagt werden. Semantisch-lexikalischer Kontext sollte ausschließlich den Erkennungsprozeß für die lexikalische Information, die meist von den Wörtern der Hauptkategorien getragen wird, beeinflussen. Syntaktischer Kontext hingegen sollte die Worterkennung nur insofern erleichtern, als er möglicherweise erlaubt, Hypothesen über die Wortklasse oder vielleicht gar über die bestimmte Wortkategorie der neu hereinkommenden Information zu generieren. Dies mag zur Erstellung von temporären Wortklasse-spezifischen Zugriffslisten führen, die jedoch nur im Sinne einer Voraktivierung bestimmter Teile des Lexikons arbeiten sollten, wenn das System unerwarteten Informationen gegenüber nicht gänzlich unflexibel sein will.

Für eine bestimmte Klasse von Elementen wird allerdings beim erwachsenen Hörer eine permanent voraktivierte spezielle Zugriffsliste angenommen. In dieser Liste befinden sich alle diejenigen Elemente, die strukturelle, d.h. syntaktische Information tragen. Ein schneller Zugriff zu diesen Elementen böte dem Hörer die Möglichkeit, die hereinkommende Information schon früh zu strukturieren. Um den schnellen und störungsfreien Zugriff zur strukturellen Information zu gewährleisten, muß dieser Prozeß automatisch und unabhängig von anderen linguistischen Prozessen, d.h. autonom, ablaufen.

Bleibt zu spezifizieren, wann dieser spezielle Zugriffsmechanismus aktiviert wird. Ist er ständig aktiv, d.h. wird er jedesmal benutzt, wenn eine Äußerung - und sei es eine Ein-Wort-Äußerung - verarbeitet werden soll, oder wird dieser Mechanismus erst dann aktiv, wenn vorausgehende strukturelle Information die Aktivation nahelegt? Die Benutzung eines speziellen Zugriffsmechanismus zu den Elementen der geschlossenen Klasse wäre vor allem dann sinnvoll, wenn diese Elemente in ihrer eigentlichen Funktion, d.h. im Satz verwendet werden. Eine absolut autonome Worterkennungskomponente müßte ständig zwei unterschiedliche Verarbeitungsmodi für ein gegebenes Wort vorsehen, da das Inputsystem nicht wissen kann, welche Klassenzugehörigkeit das hereinkommende Wort haben wird. Diesen Prozeß könnte man wie folgt modellieren: trifft akustisch-phonetischer oder sprachlich-visueller Input auf das System, so wird die phonologische Form in einem generellen Lexikon aufgesucht. Zusammen mit dieser Form ist die jeweilige Bedeutung repräsentiert. Zugleich wird jedoch der sensorische Input mit den Elementen im speziellen Subvokabular, d.h. den Elementen der grammatischen Nebenkategorien, verglichen. Da dieses Subvokabular eine sehr beschränkte Anzahl von Mitgliedern hat, sind Suchprozesse in diesem schnell abgeschlossen. Ist eine eindeutige Zuordnung im speziellen Subvokabular erfolgt, wird auf der nächst höheren Ebene geprüft, ob diese mit dem vorangegangenen Kontext kompatibel ist. Wenn ja, dann hat der im generellen Lexikon automatisch ablaufende Suchprozeß keine weitere Bedeutung, wenn nein, dann liefert dieser Suchprozeß über kurz oder lang eine eindeutige Zuordnung - sofern das Wort nicht mehrdeutig ist. Diese Information wird dann ebenfalls an die nächst höhere Ebene weitergegeben. Auf dieser Ebene wird aufgrund des Outputs der vorangegangenen Ebene kontinuierlich eine syntaktische Repräsentation erstellt, d.h. einzelnen Elementen wird ein syntaktischer Status zugewiesen; mit dieser Struktur versehen gerät die Information auf die nächst höhere Ebene, auf der sodann eine semantische Repräsentation erstellt wird.

Die Verbindung, das sogenannte Interface zwischen linguistischem und kognitivem System läßt Informationen nur in einer Richtung vom linguistischen zum kognitiven System fließen. Beide Ebenen, sowohl die syntaktische als auch die semantische, geben ihren Output unmittelbar in den generellen Prozessor, der sogleich mit den ihm zur Verfügung stehenden Informationen arbeitet. Linguistisches und kognitives System arbeiten weitgehend parallel, wobei das kognitive System seine Arbeit erst mit einer gewissen Verzögerung aufnehmen kann, da es zunächst auf Input vom linguistischen System warten muß. Der generelle kognitive Prozessor, der sowohl über den Output der einzelnen linguistischen Ebenen wie über Zugriff zum Weltwissen verfügt, versucht seinerseits zu jedem Zeitpunkt während des Verarbeitungsprozesses mögliche Interpretationen bereitzuhalten. Zum einen mag dies die Integration neuer Informationen erleichtern, zum anderen kann auf diese Weise im Falle eines fehlerhaften oder gestörten Inputs fehlende Information kompensiert werden. Die rein sprachlichen Verarbeitungsprozesse laufen - sofern der Input gesichert und das System ungestört ist - davon unabhängig, obligatorisch nach vorgegebenem Schema ab. Läßt sich am Ende der letzten linguistischen Prozeßebene die generierte semantische Repräsentation innerhalb des generellen kognitiven Wissens integrieren, so ist die Verarbeitung hiermit beendet. Ist die von dem automatischen Sprachverarbeitungssystem generierte Repräsentation nicht mit der Interpretation des generellen Verarbeitungssystems kompatibel, so entscheidet der generelle Prozessor sich entweder für eine der möglichen Interpretationen aufgrund von Plausibilität oder anderen nicht-linguistischen Faktoren oder er entscheidet sich für eine Reanalyse des sensorischen Inputs - falls dieser noch im Gedächtnis verfügbar ist.

1.4.1 Sprachproduktion und Prozeßebene

Die Annahme, daß Sprachverstehen und Sprachproduktion die gleichen zugrundeliegenden Wissensquellen benutzen, begründet eine Forschungsstrategie, die Befunde der Sprachproduktion zum Ausgangspunkt von Hypothesen über die Struktur des Sprachsystems macht, das sowohl den Produktionsprozessen wie auch den Verstehensprozessen zugrundeliegt.

Vor diesem theoretischen Hintergrund hat Garrett (1978) Überlegungen zu einer möglichen Beschreibung der einzelnen Komponenten des Sprachsystems sowie deren Aktivation im Sprachverarbeitungsprozeß dargelegt.

Im Gegensatz zu anderen hat er sowohl das Sprachverstehen (Garrett, 1978) wie auch die Sprachproduktion untersucht. Geleitet von dem Gedanken, daß die zugrundeliegende Struktur zumindest die elementare linguistische Unterscheidung zwischen lexikalisch-semantischer und syntaktischer Information widerspiegelt, hat er ein Modell der Sprachproduktion erarbeitet, das diesem Unterschied hinsichtlich der Verarbeitungsmechanismen Rechnung trägt. Er nimmt an, daß die unterschiedlichen Informationen auf voneinander unabhängigen Prozeßebenen verarbeitet werden. Im einzelnen stellt er die Prozesse, die ablaufen, wenn eine Idee, d.h. eine Gedankenrepräsentation in eine sprachlichen Äußerung umgesetzt wird, wie folgt dar.

In seiner Beschreibung der Prozesse geht er nicht näher darauf ein, wie eine solche Gedankenrepräsentation zustande kommt, noch wie wir uns deren Struktur im einzelnen vorzustellen haben. Überlegungen zu diesen vorsprachlichen Ebenen sind unter anderem von Schlesinger (1977) sowie von Herrmann (1982) gemacht worden. Diejenigen Prozeßebenen, die im eigentlichen Formulierungsprozeß durchlaufen werden, beschreibt Garrett (1975) als drei autonome Ebenen der Satzrepräsentation: die "funktionale", die "positionale" sowie die "Lautebene". Eine erste Auswahl der lexikalischen Elemente, deren Inhalt betreffend, findet auf der funktionalen Ebene statt; auf dieser Ebene werden außerdem die grammatischen Beziehungen zwischen diesen Elementen festgelegt, das heißt es wird zum Beispiel festgelegt, welches Element Subjekt bzw. Objekt des Satzes ist. Auf der positionalen Ebene werden sodann die eigentlichen Satzrahmen mit ihren grammatischen Elementen bereitgestellt, in die nun auch die bereits phonologisch interpretierten lexikalischen Elemente eingefügt werden. Auf einer letzten Ebene werden sodann die phonetischen Details der Elemente beider Klassen ausgearbeitet. Die ersten beiden Ebenen, auf denen die Verarbeitung von semantischer und syntaktisch-phonologischer Information stattfindet, sind für unsere Betrachtungen von vornehmlichem Interesse.

Seine empirische Unterstützung erhält dieses Modell durch die Analyse einer großen Anzahl von Sprechfehlern, die bei normalen erwachsenen Sprechern registriert wurden. Diese Analyse kategorisiert die beobachteten Sprechfehler gemäß ihrer unterschiedlichen Struktur, um sie dann einzelnen, voneinander unabhängigen Verarbeitungsebenen, zuzuweisen. Fehler, die die lexikalischen Elemente betreffen, sind typischerweise Fehler, bei denen die Formen zweier Elemente, die ein und derselben grammatischen Kategorie angehören, vertauscht werden. Solche Vertauschungen können über Satz- und Teilsatzgrenzen hinweg stattfinden.

(1) *ich finde auf einer Worte drei; vier Seiten*

(2) *wo ist die Welt, die eine Brust sich erschuf*

Diese Art Vertauschungsfehler werden der funktionalen Ebene zugeschrieben.

Im Gegensatz hierzu werden Fehler, die hauptsächlich die Stellung von grammatischen Elementen betreffen, der positionalen Ebene zugeordnet.

(3) *ich werd'_* ihm morgen's sagen*

Diese Fehler, die meist als lokale Verwechslung in der Wortstellung beschrieben werden können, überschreiten fast nie die Satzgrenze. Als drittes werden Fehler beobachtet, die einzelne Lautelemente von Wörtern und Morphemen involvieren. Diese Fehler betreffen fast ausschließlich die Verarbeitung von lexikalischen Elementen auf der positionalen Ebene.

Das Ergebnis, daß lexikalische und grammatische Elemente bei der Sprachproduktion in unterschiedliche Fehlerarten verwickelt sind, wurde von Garrett dahingehend gedeutet, daß die Elemente der zwei verschiedenen grammatischen Klassen auf unterschiedlichen Ebenen der Satzrepräsentation verarbeitet werden. Nicht nur werden sie auf unterschiedlichen Ebenen verarbeitet, sondern auch die Mechanismen, die den Abruf der jeweiligen Elemente während des Produktionsprozesses sicherstellen, sind voneinander verschieden. Insgesamt werden drei Mechanismen, die für den Abruf der in den einzelnen Elementen enthaltenen unterschiedlichen Informationen zuständig sind, unterschieden; zunächst zwei, die mit dem Abruf von lexikalischen Elementen zu tun haben: ein Mechanismus, der den Abruf der ***lexikalischen Bedeutung*** für die Verarbeitung auf der funktionalen Ebene garantiert, und ein zweiter, der für den Abruf der jeweiligen ***lexikalischen Form*** und für deren Verarbeitung auf der positionalen Ebene zuständig ist. Ein dritter Mechanismus betrifft ausschließlich den Abruf der ***grammatischen Elemente***. Diese Elemente werden nicht durch spezielle Suchmechanismen, die etwa auf Bedeutung oder Form basieren, zugänglich gemacht, sondern sie erscheinen auf der positionalen Ebene bereits in ihrer spezifischen syntaktischen Funktion als Merkmal des gewählten Satzrahmens.

Die Theorie nimmt nun an, daß diesen Aspekten des Sprachproduktionsprozesses die zugrundeliegende Struktur des Lexikons selbst bereits Rechnung trägt und somit auch unterschiedliche Verarbeitungsmechanismen im Sprachverstehen festlegt. Das Lexikon wird angesehen als der Ort, an dem Informationen über die ***Bedeutung***, die ***Form*** und die ***grammatische Kategorie*** eines sprachlichen Elementes gespeichert sind. Die Analyse der Sprechfehler legt nahe, daß es unterschiedliche Zugriffsmechanismen zu zwei Subvokabularen des Lexikons gibt. Ein generelles Vokabular enthält Informationen über die Form aller Elemente sowie die Bedeutung derjenigen, die den grammatischen Hauptkategorien, das sind Nomen, Verben und Adjektive, angehören. Diese Klasse wird als ***offene Klasse*** bezeichnet, da sie durch die Anwendung produktiver Wortbildungsregeln beliebig erweiterbar ist. Ein spezielles Subvokabular enthält alle Elemente der grammatischen Nebenkategorien, als da sind Demonstrativa, Pronomina, Konjunktionen, Präpositionen u.s.w. - diese Klasse von Elementen wird als ***geschlossene Klasse*** bezeichnet. Der Zugriff zur offenen Klasse ist ein Mechanismus, der den Abruf von Form und Bedeutung erlaubt, der Zugriff zur geschlossenen Klasse ermöglicht den Zugriff zu der spezifischen syntaktischen Information, die diese Items tragen.

1.4.2 Wortklasse und Prozeßebene

Es hat einige Versuche gegeben, diese verarbeitungsrelevante Unterscheidung zwischen offener und geschlossener Klasse auf linguistische Prinzipen zu gründen. Ein Modell, das davon ausgeht, daß Sprachproduktion und Sprachverstehen auf der Basis desselben Sprachsystems operieren, sollte auch eine Beschreibung der Beziehung zwischen den Prozessen und der linguistischen Struktur beinhalten. In verschiedenen Ansätzen ist versucht worden, die beobachteten Verhaltensweisen bezüglich der Wörter der offenen Klasse und der geschlossenen Klasse durch strikte linguistische Prinzipien zu bestimmen. Es wurde versucht, die Unterscheidung auf semantische Kriterien, auf morphologisch-lexikalische Kriterien, auf syntaktische Kriterien sowie auf phonologische Kriterien zurückzuführen.

Der semantische Ansatz

Der semantische Erklärungsansatz (Klosek, 1979), dessen Hauptkriterium die Bedeutung eines sprachlichen Elementes ist, macht eine Unterscheidung zwischen den bedeutungstragenden Elementen der offenen Klasse und den bedeutungsleeren Elementen der geschlossenen Klasse. Dieser Ansatz hat jedoch Schwierigkeiten, solche Elemente, die der offenen Klasse zugehören, die aber im Gegensatz zu anderen Elementen dieser Klasse jedoch relativ bedeutungsleer sind (z.B. *das Ding, die Sache*), der Klasse der bedeutungstragenden Elemente zuzuordnen. Ebenso scheint es problematisch, diejenigen Elemente der geschlossenen Klasse, die eine eindeutige referentielle Bedeutung tragen, wie zum Beispiel Präpositionen des Ortes oder Pronomen, als Elemente der bedeutungsleeren Klasse zu kategorisieren.

Dies hat Flores d'Arcais (1983) veranlaßt, die Unterscheidung zwischen den Klassen zu verwerfen und die Elemente beider Klassen auf einem Kontinuum von bedeutungsleer nach bedeutungsvoll anzuordnen. Er versucht, diese Annahme empirisch zu belegen. Die Ergebnisse seiner Untersuchung sprechen jedoch nicht eindeutig für eine Aufhebung der Zwei-Vokabular-Annahme. In einem lexikalischen Entscheidungsexperiment zeigte sich, daß Kinder in einem Alter, in dem sie die Elemente beider Klassen im Satzkontext bereits fehlerfrei verarbeiten, noch besondere Schwierigkeiten bei der Verarbeitung isoliert dargebotener Elemente der geschlossenen Klasse haben. Kinder waren in diesem Experiment aufgefordert, Wörter beider Klassen mit unterschiedlichem Bedeutungsgehalt bezüglich des Wortstatus (Wort oder Nicht-Wort) zu beurteilen. Es wurde ein signifikanter Unterschied zwischen der Beurteilung von Wörtern der geschlossenen Klasse mit hohem Bedeutungsgehalt und niedrigem Bedeutungsgehalt gefunden. Dies führte zu dem Schluß, daß nicht die Wortklasse, sondern der Faktor des Bedeutungsgehaltes für unterschiedliche Verarbeitung relevant sei. Allerdings ist dies ein Schluß, den die vorliegenden Daten nicht ausnahmslos unterstützen, da der Faktor Bedeutungsgehalt zwar innerhalb der geschlossenen, nicht aber innerhalb der offenen Klasse einen signifikanten Einfluß auf die Verarbeitung der Elemente hatte. Die Ergebnisse zeigen vielmehr deutliche Verarbeitungsunterschiede zwischen den zwei Wortklassen; bei der Verarbeitung der Elemente der geschlossenen Klasse wird die Beurteilung durch den Grad der in ihnen enthaltenen semantisch-lexikalischen Information bestimmt, während die Elemente der offenen Klasse unabhängig davon verarbeitet werden, ob der Bedeutungsgehalt hoch oder niedrig ist.

In einer anderen Studie standen ebenfalls semantische Aspekte für die Unterscheidung der Wortklassen im Vordergrund. In dieser Arbeit wurde das Leseverhalten eines aphasischen Patienten (de Langen, 1983) mit einer besonderen Art der Lesestörung - der sogenannten Tiefenalexie - untersucht. Die Tiefenalexie von Marshall und Newcombe (1973) erstmalig als *deep dyslexia* beschrieben, ist von besonderer - für unsere Diskussion relevanter - Symptomatik. Die Symptome der Tiefenalexie, die zuerst mit einer bestimmten Form der Aphasie, der Broca-Aphasie (siehe Kapitel 3.) einhergeht, werden von Shallice und Warrington (1980) wie folgt zusammengefaßt: (1) Der Patient hat besondere Schwierigkeiten, graphemische Information in die phonologische Form umzusetzen, sofern es sich um Silben ohne Sinngehalt (Pseudowörter) handelt. (2) Beim Lesen von Wörtern werden Nomina besser gelesen als Adjektive und diese wiederum besser als Funktionswörter wie zum Beispiel Präpositionen, Konjunktionen usw. (3) Der Faktor der Bildhaftigkeit *(imageability/concreteness)* hat einen großen Einfluß auf die Leistung des Wörterlesens. (4) Der Patient macht beim Lesen visuelle Fehler (z.B. *through-rough*) und semantische Fehler (z.B. *liberty-freedom*).

De Langen (1983) untersuchte eine Gruppe von Broca-Aphasien mit Tiefenalexie in einem Wortleseexperiment. Verschiedene Wortkategorien der offenen Klasse (Nomina, Verben, Adjektive) und der geschlossenen Klasse (Präpositionen, Konjunktionen, Pronomina) dienten als linguistisches Material. Die Wörter der offenen Klasse wurden in diesem Experiment von den Patienten signifikant besser gelesen als die Wörter der geschlossenen Klasse. Der Autor unterteilt die Nomina sodann in zwei Subkategorien "gegenständlich" versus "nicht-gegenständlich", um sie einer getrennten Analyse zu unterziehen. Er findet einen signifikanten Unterschied dahingehend, daß gegenständliche Nomina besser gelesen werden als nicht-gegenständliche Nomina. Aufgrund dieser Ergebnisse wird nun der Faktor "Gegenständlichkeit" als Hauptkriterium für die unterschiedlichen Leseleistungen aller Wörter unabhängig von der Wortklasse interpretiert. Eine genaue Analyse des in diesem Experiment benutzten linguistischen Materials zeigt jedoch, daß das Material den Faktor der "Gegenständlichkeit" mit dem Faktor der "Worthäufigkeit" konfundiert: Nomina mit hohem Gegenständlichkeitswert liegen im hohen Wortfrequenzbereich (> 1000), Nomina mit niedrigem Gegenständlichkeitswert im niederen Frequenzbereich (< 1000). Die in dem referierten Experiment beobachteten Leseleistungen der Nomina können also ebensogut als Funktion der Wortfrequenz und nicht der Gegenständlichkeit beschrieben werden. Dieses Argument wird auch nicht durch den eventuellen Einwand entkräftet, daß diejenigen Wörter, die generell in einem hohen Frequenzbereich liegen - nämlich die Funktionswörter - nur sehr schlecht gelesen werden. Denn es ist durchaus möglich, daß sich offene und geschlossene Wortklasse im Leseverhalten bei Tiefenalexie gerade darin unterscheiden, daß der Faktor Wortfrequenz für das erfolgreiche Lesen von Inhaltswörtern eine Rolle spielt, während er für die Leseleistung der Funktionswörter keinen Einfluß hat, da diese durchweg sehr schlecht gelesen werden. Die Interpretation, daß die Wortfrequenz generell in der Tat eine wesentliche Rolle bei der Verarbeitung von Wörtern hat, ist in zahlreichen Untersuchungen zum normalen Worterkennen (z.B. Forster, 1976; Bradley, 1978) wie zum Worterkennen bei Aphasie (z.B. Bradley, Garrett und Zurif, 1980; Gordon und Caramazza, 1983) bewiesen worden. Die vorliegenden Arbeiten geben insgesamt keine Veranlassung, die Unterscheidung der Wortklasse auf die Unterscheidung zwischen bedeutungstragenden und bedeutungsleeren Elementen zurückzuführen.

Der lexikalische Ansatz

Der morphologische oder lexikalische Ansatz definiert die Wörter der grammatikalischen Hauptkategorien Nomen, Verben und Adjektive als die Wörter der offenen Klasse, da diese Klasse durch die Anwendung von produktiven Wortbildungsregeln beliebig erweiterbar ist. Diese Klasse enthält die relativ große Anzahl derjenigen Elemente, die referentielle Bedeutung tragen. Die grammatischen Nebenkategorien, d.h. Funktionswörter, sowie die gebundenen grammatischen Morpheme bilden die geschlossene Klasse. Diese Klasse hat eine kleine, festgeschriebene Anzahl von Mitgliedern, die alle relativ häufig vorkommen, z.B. Artikel, Konjunktionen, Präpositionen etc. Diese Beschreibung der Unterscheidungen der beiden Klassen ist nicht gebunden an eine bestimmte linguistische Theorie. Sie hat sich an mancher Stelle für die Beschreibung sprachlichen Verhaltens als nützlich erwiesen (Garrett, 1975; Bradley, 1978). Für einen Teilbereich der Sprache erweist sie sich jedoch als unzulänglich. Diese Beschreibung erlaubt nicht die Klassifizierung derjenigen Elemente der geschlossenen Klasse, die neben einer bestimmten syntaktischen Information auch referentielle Information tragen, wie zum Beispiel Präpositionen und Pronomen. Es konnte in der Tat gezeigt werden, daß diese Klasseneinteilung Sprachverhalten nicht eindeutig voraussagt (Friederici, 1982). Bleibt also lediglich das Kriterium der Anwendung von produktiven Wortbildungsregeln für die Unterscheidung von offener und geschlossenerKlasse.

Der syntaktische Ansatz

Ein syntaktischer Ansatz könnte im Rahmen einer Phrasenstrukturgrammatik (Chomsky, 1965) folgende Unterscheidung definieren: diejenigen Elemente, die

Kopf einer Phrase sind, bilden eine Klasse, alle anderen bilden eine andere Klasse. Laut dieser Unterscheidung gehören Nomen, Verben, Adjektive, aber auch Präpositionen in die erste Klasse, alle anderen Elemente in eine andere Klasse. Innerhalb dieser Beschreibung würde sich die Kategorie der Präpositionen auf zwei Klassen aufteilen, in diejenigen präpositionalen Elemente, die Kopf einer Phrase sind (meist lexikalische Präpositionen) und diejenigen, die es nicht sind (präpositionale Formen der Verbpartikel). Dies wäre kein Problem, sofern wir definieren, daß dieselben präpositionalen Formen sozusagen Homophone mit unterschiedlicher Funktion sind. Problematisch ist jedoch die Klassifizierung von sogenannten obligatorischen Präpositionen, das sind diejenigen Präpositionen, die in der syntaktischen Beschreibung als Kopf einer Phrase auftauchen, selbst jedoch keine lexikalische Bedeutung tragen *(z.B. [[Peter] [[hofft] [auf den Sommer]]])*. Neuere Untersuchungen haben gezeigt, daß lexikalische und obligatorische Präpositionen in der Tat unterschiedlich verarbeitet werden, obwohl sie den gleichen syntaktischen Status haben (Friederici, 1982). Erst kürzlich hat Grodzinsky (1984) versucht, dieses Problem im Rahmen einer neueren Syntaxtheorie (Chomsky, 1980) zu erklären. Dies soll in einem späteren Kapitel eingehend diskutiert werden.

Der phonologische Ansatz

Der phonologische Ansatz (Kean, 1979) gründet sich auf die Prinzipien der generativen Phonologie (Chomsky und Halle, 1968). Innerhalb dieses Ansatzes werden zwei Klassen von Elementen definiert: erstens, solche Elemente, die zu ihrer rechten und linken Seite über eine Wortgrenze verfügen und phonologisch eigenständige Wörter sind, z.B. #das #Haus#. Diese Klasse der nicht-klitischen Elemente beinhaltet alle Nomen, Verben, Adjektive, egal ob ein- oder zweisilbig. Die zweite Klasse bilden alle phonologisch klitischen Elemente, das sind alle grammatischen Nebenkategorien. Klitische Elemente können selbst nicht betont werden, Präpositionen und Pronomen bilden hier jedoch eine Ausnahme. Je nach Silbigkeit müssen Präpositionen verschiedenen Klassen zugeordnet werden; einsilbige Präpositionen sind wie andere Elemente der geschlossenen Klasse klitisch, zweisilbige Präpositionen müssen dagegen als nicht-klitische Elemente zusammen mit anderen Items der offenen Klasse gruppiert werden. Je nach Sprache müssen Pronomen als klitische oder nicht-klitische Elemente beschrieben werden. Das Französiche kennt sogar beides, phonologisch-klitische und nicht-klitische Realisation eines Pronomens *(le* versus *à lui)*. Auch hier lassen sich Ergebnisse anführen, die nahelegen, daß nicht der phonologische Status eines Wortes allein für bestimmte Verarbeitungsprozesse ausschlaggebend ist (Friederici, 1983a, 1983c).

Es scheint, als sei das Problem der Verarbeitung von Präpositionen einerseits und deren Klassifizierung andererseits ein Prüfstein für die verschiedenen Beschreibungsansätze des Unterschieds zwischen den Wortklassen. Bevor dieses spezielle Problem jedoch auf dem Hintergrund von empirischen Daten diskutiert wird, und die vorhandene Evidenz für einen Unterschied in der Verarbeitung von Elementen der offenen und geschlossenen Klasse dargestellt und kritisch betrachtet wird, sollen einige grundlegende Bemerkungen bezüglich des Sprachsystems, insbesondere seine biologischen Prädispositionen sowie seine kortikale Repräsentation betreffend, gemacht werden.

1.5 Zusammenfassung

Dieses Kapitel gab eine Übersicht über die verschiedenen Modelle des Sprachverstehens. Es wurde deutlich, daß jene Modelle, die sich an frühe Versionen der linguistischen Theorie der Transformationsgrammatik anlehnten, zunehmend revidiert werden mußten. In der gegenwärtigen Diskussion um die Prozesse des Sprachverstehens lassen sich zwei Grundpositionen festmachen. Erstens die sogenannten seriellen Modelle, die annehmen, daß der hereinkommende sprachliche Input bezüglich der verschiedenen linguistischen Aspekte - Phonologie, Lexikon, Syntax, Semantik - auf unterschiedlichen, voneinander unabhängigen Verarbeitungsebenen verarbeitet wird. In einem solchen System wird die Information einer jeden Ebene immer nur an die nächst höhere weitergegeben. Informationen höherer kognitiver Ebenen haben keinen direkten Einfluß auf Prozesse der unteren Ebenen. Das System arbeitet, wie man sagt, *bottom-up*. Die zweite Position nimmt dagegen an, daß Informationen höherer kognitiver Ebenen, einschließlich der Komponenten, die nicht-linguistisches Wissen repräsentieren, direkten Einfluß auf die Sprachverarbeitungsprozesse haben. Die interaktiven Modelle postulieren also einen Informationsfluß auch von höheren Verarbeitungsebenen auf niedrigere, d.h. sie arbeiten *top-down*. Es wird versucht, aus diesen Ansätze eine Symbiose zu schaffen, indem zwei parallel arbeitende Subsysteme des Sprachverstehens angenommen werden, ein linguistisches System, das seriell arbeitet und linguistische Repräsentationen erstellt, gleichzeitig aber seine Informationen kontinuierlich an ein generelles kognitives System weitergibt, das seinerseits unter Berücksichtigung von bereits vorhandenem Wissen Interpretationen des Gesagten generiert. Beide Systeme arbeiten parallel, sodaß bei möglichen Verarbeitungsschwierigkeiten im linguistischen System Informationen des jeweils anderen Systems direkt zur Verfügung stehen.

2. Erwerb des Sprachsystems

Aufgabe dieses Kapitels kann es nicht sein, die gesamte Literatur zum Spracherwerb zu referieren. Dies ist an anderen Stellen geschehen (z.B. Clark, 1983; Clark und Clark, 1977; Deutsch, 1981; Grimm, 1977; Maratsos, 1983). Es sollen hier nur jene Aspekte berücksichtigt werden, die im Rahmen des hier vorgestellten Modells der Sprachverarbeitung relevant sind.

2.1 Biologische Prädispositionen

Die Frage, wie der Mensch Sprache erwirbt, ist bis heute trotz intensiver Forschungsbemühungen nicht beantwortet worden. Seit der nun schon historisch gewordenen Kontroverse zwischen dem Behavioristen Skinner (1957) und dem Nativisten Chomsky (1965), besteht Uneinigkeit darüber, ob Sprache wie andere kognitive Fähigkeiten und im engen Verbund mit diesen gelernt wird, oder ob Sprache mittels einer bereichsspezifischen vorprogrammierten Prozedur erworben wird. Skinner hatte angenommen, daß der Erwerb von Sprache wie der anderer Fähigkeiten innerhalb einer Lerntheorie, die auf dem allgemeinen Regelmechanismus von Stimulus und Response beruht, zu erklären sei. Diejenigen, die den Spracherwerb im Rahmen einer generellen Lerntheorie beschreiben, nehmen an, daß Erwerb von sprachlichen wie nicht-sprachlichen Fähigkeiten in enger Beziehung steht. Chomsky hatte die Sprachfähigkeit in einem speziellen angeborenen Organ für Sprache *(language organ)* angesiedelt. Diejenigen, die diese Position vertreten, sagen voraus, daß der Erwerb der Sprache relativ unabhängig von der Entwicklung anderer kognitiver Bereiche abläuft. Wenn hier das Wort "relativ" gebraucht wird, so soll das heißen, daß die Sprachentwicklung in ihrem Phasenverlauf unabhängig von anderen kognitiven Faktoren ist - der zeitliche Ablauf insgesamt sehr wohl durch Störung der allgemeinen kognitiven Entwicklung beeinflußt werden kann.

Obwohl der jetzige Stand der Forschung es nicht erlaubt, gesicherte Aussagen bezüglich der unterschiedlichen Hypothesen über den Spracherwerb zu machen, so scheinen sich doch mehr und mehr Daten zu häufen, die auf einen biologisch prädeterminierten Spracherwerbsprozeß hinweisen. Die Hauptargumente, die für eine biologisch vorprogrammierte Sprachentwicklung sprechen, lassen sich wie folgt zusammenfassen.

Erstens vollzieht sich der Spracherwerb - einmal abgesehen von individuellen Differenzen - relativ einheitlich und zwar unabhängig von der Modalität sprachlicher Inputbedingungen. Kinder, die eine strukturierte Gestensprache lernen, zeigen im Spracherwerb einen Phasenverlauf, der dem des Lautspracherwerbs ähnlich ist. Zweitens produzieren Kinder sprachliche Formen, die sie nie wahrgenommen haben können, die jedoch generellen Regeln zufolge adäquat konstruiert sind. Das heißt, Kinder durchlaufen Sprachentwicklungsstadien, in denen sie inkorrekte Wort- und Satzformen bilden, die zwar allgemeinen syntaktischen und morphologischen Regeln entsprechen, jedoch mit speziellen Ausnahmeregeln in Konflikt stehen. So ist zum Beispiel zu beobachten, daß ein Kind als Vergangenheitsform von *fallen* die Sequenz *„ich fallte"* statt *„ich fiel"*, produziert. Da davon auszugehen ist, daß das Kind diese Formen niemals in den Äußerungen Erwachsener gehört haben kann, muß die Produktion einer solchen Sequenz auf die Anwendung einer allgemeinen Regel zur Tempusmarkierung zurückzuführen sein. Solche Übergeneralisierungen verschiedener Regeln, die während des Spracherwerbs systematisch auftreten, legen nahe, daß das Kind Sprache erwirbt, indem es bestimmte Regelmäßigkeiten im Sprachinput erkennt und diese zunächst in einer hypothetischen Regel formuliert. Diese Regel wird sodann gegen den neuen sprachlichen Input getestet und gegebenenfalls modifiziert, bevor sie als endgültige Regel in das Sprachsystem eingegliedert wird. Es bleibt zu erklären, was das Kind befähigt, solche sprachlichen Regularitäten zu erkennen.

Das Auftreten solcher Fehler, wie auch die erstaunliche Schnelligkeit, mit der das Kind den Spracherwerb unabhängig von der Struktur der jeweiligen Sprache vollzieht, waren Chomsky (1965, 1980) Anlaß für die Annahme, daß die Fähigkeit zum Spracherwerb zur spezifischen Ausstattung der Spezies Mensch gehört und sich bei entsprechender Stimulierung nach einem vorgegebenen Programm entfaltet. Gemäß dieser Annahme kommt der Mensch mit einem Set hoch abstrakter sprachlicher Prinzipien zur Welt, das erlaubt, bei adäquater Interaktion mit der jeweiligen sprachlichen Umwelt ein sprachliches Regelsystem zu erstellen. Die vorgegebenen Prinzipien sind gewissermaßen unterspezifiziert, um es dem System zu ermöglichen, sich auf die ganze Variationsbreite der natürlichen Sprachen der Welt einzustellen. Erst im Kontakt mit der jeweiligen Sprache werden die vorgegebenen Parameter fixiert, das heißt, es entstehen mentale Grammatiken des Deutschen, Türkischen oder Chinesischen. Der Spracherwerbsprozeß kann in diesem Sinne als Fixierung grammatikalischer Variablen gesehen werden.

Die Ähnlichkeit der Muster, die beim Spracherwerb sowohl zwischen Individuen als auch zwischen verschiedenen Sprachen beobachtet wurden, haben Lenneberg (1967) dazu veranlaßt, den Spracherwerb auf eine biologische Basis zu stellen. Er sprach dabei als erster von einer sogenannten „kritischen Periode" für das Sprachlernen, bei der das Kind nicht nur auf entsprechende verbale Stimulation angewiesen ist, sondern während der sich die Sprachrepräsentation auf neuronaler Ebene erst ausbildet. Lenneberg hatte beobachtet, daß jüngere Kinder mit einer Gehirnschädigung Sprache relativ leicht wiedererwerben, während ähnliche Gehirnverletzungen bei Erwachsenen zu massiven bleibenden Sprachausfällen führen. Obwohl die zeitlichen Angaben, die für diese sogenannte kritische Periode gemacht wurden, auseinandergehen (Krashen, 1978), scheint doch die Annahme der Existenz einer solchen Periode generell valide.

Der Bericht über ein Kind, das in totaler Sprachdeprivation aufwuchs (Curtiss et al., 1974), zeigt, daß dieses Kind in seinem späteren Leben auch bei intensivem Training die volle Sprachfähigkeit nicht erwerben konnte. Dies deutet darauf hin, daß die Sprachfähigkeit, selbst wenn sie biologisch determiniert ist, zu einem bestimmten Zeitpunkt sprachliche Stimulierung benötigt, damit die entsprechenden neuronalen Grundlagen für die mentalen Repräsentationen zur Entfaltung kommen. Biologisch ist dies mit der Entwicklung anderer Organe - zum Beispiel dem Sehorgan - zu vergleichen. Kinder, die während eines bestimmten Zeitraums in der Entwicklung aus physiologischen Gründen nicht sehen (Katarakt), können auch später im Leben selbst dann die volle Sehfähigkeit nicht erwerben, wenn das Sehorgan operativ wiederhergestellt wird. Ein Vergleich mit Studien an Säugetieren (Singer, 1983) läßt den Schluß zu, daß diese Sehbehinderung bei intaktem peripherem Organ auf eine mangelnde neuronale Ausbildung der entsprechenden Hirnregionen zurückzuführen ist. Bleibt die Stimulierung aus, so verkümmern die bereits angelegten Neuronenverbindungen.

Die für Sprache zuständigen Hirnareale benötigen offensichtlich ebenso wie andere kortikale Strukturen eine angemessene Stimulation, um sich adäquat entwikkeln zu können, jedoch ist die Ausformung der vollen Sprachfähigkeit weder abhängig von der bestimmten Struktur einer Sprache, noch von dem bestimmten Inputmodus einer Sprache. Eine Serie von Untersuchungen mit Individuen, die während ihrer Kindheit eine strukturierte Gestensprache (*American Sign Language*) von ihren taubstummen Eltern gelernt haben, zeigt, daß der Entwicklungsverlauf des Erwerbs dieser Sprache in seinen einzelnen Phasen mit dem der gesprochenen Sprache identisch ist (Newport und Supalla, 1980).

Die Sprachfähigkeit erweist sich als eine menschliche Fähigkeit, die sich relativ unabhängig von einer bestimmten Struktur und dem Modus des Input entwickelt, vorausgesetzt, der Input, der gegeben wird, genügt gewissen strukturellen Grundbedingungen, die zur Ausformung einer Repräsentation notwendig sind. Inwieweit die Ausformung dieser Fähigkeit jedoch auch unabhängig von der Ausbildung anderer kognitiver Fähigkeiten ist, bleibt eine offene Frage. Diejenigen, die die Sprachfähigkeit nicht auf spezifische, sondern eher auf allgemeine kognitive Strukturen zurückführen, argumentieren, daß eine Entwicklungsbehinderung im allgemeinen kognitiven Bereich immer mit einer Behinderung in der Sprachentwicklung einhergeht. Diejenigen aber, die spezifische und unabhängige Strukturen für die Repräsentation der Sprache annehmen, führen Befunde ins Feld, die für eine relative Unabhängigkeit von kognitiver und sprachlicher Entwicklung sprechen. Fowler (1981) fand, daß Kinder mit massiver kognitiver Retardierung, d.h. mongolide Kinder, trotz der schweren kognitiven Beeinträchtigung ein Sprachentwicklungsmuster zeigen, das zumindest in seinem phasenhaften Verlauf dem von normalen Kindern ähnlich ist. Zwar fangen diese Kinder relativ spät an zu sprechen (etwa mit fünf Jahren), jedoch entwickelt sich danach die Sprache für einige Zeit mit normaler Geschwindigkeit. Allerdings kommt die Sprachentwicklung dann frühzeitig, d.h. bevor die volle Sprachfähigkeit erworben ist, zum Stehen. Dieser Stillstand der Sprachentwicklung ist möglicherweise darauf zurückzuführen, daß diese Kinder ihre Sprachentwicklung nicht haben abschließen können, bevor sie das Ende der sogenannten kritischen Phase, in der die neuronale Ausformung der Sprachregionen stattfindet, erreicht haben und ihre weitere Sprachlernfähigkeit deshalb beeinträchtigt ist. Nicht auszuschließen ist jedoch auch, daß die allgemeine kognitive Beeinträchtigung, aus welchem Grunde auch immer, erst zu diesem Zeitpunkt ihren Einfluß auf die Sprachentwicklung nimmt.

Insgesamt bieten diese und die oben aufgeführten Ergebnisse allen Anlaß, ein kognitives System anzunehmen, in dem die Strukturen der Sprache einen besonderen Status innerhalb der generellen kognitiven Funktionen haben. Die Frage allerdings, inwieweit diese Strukturen von Anfang an autonom und unabhängig von anderen kognitiven Variablen arbeiten, oder ob sie vielmehr als potentiell unabhängige Strukturen angelegt sind, die erst im Laufe der Entwicklung ihre Autonomie gewinnen, läßt sich aufgrund der vorliegenden Daten nicht entscheiden. Der Befund der Kinder mit kognitiver Retardierung ist mit beiden Annahmen vereinbar. Zwar kann die Sprachentwicklung im Prinzip unabhängig von anderen kognitiven Fähigkeiten ihren Lauf nehmen, jedoch scheint auch die Annahme möglich, daß erst das Zusammenspiel der verschiedenen Strukturen eine vollständige Ausformung der Sprachfähigkeit erlaubt und Kinder mit Mongolismus deshalb nicht die volle Sprachfähigkeit entwickeln können.

2.2 Modularität und Sprachentwicklung

Die Diskussion um die Entstehung des Sprachsystems zentriert sich um zwei Fragen, zum einen um die, inwieweit sich das Sprachsystem unabhängig vom kognitiven System entwickelt, zum anderen um die Frage nach der Modularität der einzelnen Komponenten im Sprachsystem selbst. Bezüglich des ausgereiften Systems hatten wir die Strukturen der sprachlichen Repräsentation als unabhängig von generellen kognitiven Strukturen angenommen. Desweiteren war die Ansicht vertreten worden, daß das Sprachsystem selbst aus einer Anzahl von unterschiedlichen Modulen besteht, die relativ unabhängig voneinander arbeiten. Ob diese sprachsystem-interne Modularität von Anfang der Entwicklung an besteht, oder ob das modulare Sprachsystem nicht vielmehr als Endpunkt der Sprachentwicklung angesehen werden muß, soll im Folgenden erörtert werden.

2.2.1 Sprachsystem und kognitives System in der Entwicklung

Der Piagetsche Ansatz zur Erklärung der Sprachentwicklung basiert auf der Vermutung, daß Sprache eine unter anderen kognitiven Fähigkeiten ist, die das Kind erwirbt. Die Entwicklung dieser Fähigkeit ist eng verbunden mit der Entwicklung anderer, z.B. den sensomotorischen Fähigkeiten (Piaget und Inhelder, 1966). Der Ansatz Chomskys (Chomsky, 1965, 1980) geht dagegen davon aus, daß sich die Sprache als autonomes System relativ unabhängig von anderen kognitiven Fähigkeiten entwickelt und in seiner Struktur selbst von Anfang an modular ist.

Die Diskussion um diese unterschiedlichen Auffassungen (Piatelli-Palmarini, 1980) ist noch nicht zu einem Ende gekommen. Ein dritter Erklärungsansatz schlägt vor (Friederici, 1983b, 1985c; Karmiloff-Smith, 1984), daß diejenigen Systeme, die im ausgereiften Menschen autonom arbeiten und daher als Module definiert werden können, im heranreifenden Menschen diesen modularen Status erst erwerben müssen.

Eine Reihe von Untersuchungen zeigt, daß Sprachverarbeitung im frühen Kindesalter stark durch perzeptuelle Bedingungen und Weltwissen beeinflußt wird. Während Bloom (1970, 1973) die Ansicht vertritt, daß Kinder eine Grammatik lernen, die spezifiziert, wie Wörter im Satz miteinander in Verbindung stehen, hat Bowerman (1973, 1975) angenommen, daß Kinder Wortkombinationen bilden, die semantische Relationen ausdrücken und auf Prinzipien basieren, die der Bildung von Konzepten im allgemeinen unterliegen. Der Befund, daß Wörter, die von Kindern in Subjekt-Position produziert werden, meist belebte Nomen sind, hat dazu geführt, daß semantische Faktoren, wie 'belebt', als entscheidende Konstruktionsmerkmale angesehen werden (Bowerman, 1973). Lempert und Kinsbourne (1983) haben dagegen argumentiert, daß perzeptuelle Faktoren wie zum Beispiel 'bewegt' versus 'statisch' für die Konstruktion von Nomen-Verb-Nomen Sequenzen bestimmend sind.

Ähnliche Argumente, wie sie für die Konstruktion von sprachlichen Äußerungen hervorgebracht wurden, werden auch zur Erklärung kindlichen Verstehens herangezogen. Bever (1970) hatte versucht, diejenigen linguistischen Prinzipien, die im Spracherwerb unabhängig von einzelsprachlichen Unterschieden beobachtbar waren, auf allgemeine kognitive Prinzipien (Universalien) zu gründen. Das Kind, das diese kognitiven Prinzipien mit Hilfe perzeptuellen Inputs ausformt, entwickelt sein linguistisches Wissen im engen Verbund mit diesen kognitiven Prinzipien. Bever zufolge wird zum Beispiel ein Kind, das eine Wortsequenz mit der syntaktischen Struktur Subjekt-Prädikat-Objekt hört, diese als eine Agent-Aktion-Patient-Sequenz interpretieren, da es diese Interpretation auf eine perzeptuell-kognitive Universale zurückführen kann, die besagt, daß eine Aktion jeweils einen Aktor voraussetzt. Befunde, daß Kinder zu einem bestimmten Entwicklungszeitpunkt englische Passiv-Sätze (Patient-Verb-Agent) als Agent-Aktion-Patient Sequenz interpretieren, schienen diese Annahme zu bestätigen (Bever, 1970; Maratsos, 1974).

Lempert (1978) zeigte dagegen, daß Kinder schon im Alter von drei Jahren Passivsätze dann korrekt interpretieren, wenn beide Nomen der Nomen-Verb-Nomen Sequenz belebt oder beide unbelebt sind. Ist aber nur eines der Nomen belebt und eines unbelebt, so wird dieses strukturelle Wissen um Passivkonstruktionen nicht zur Interpretation verwendet, sondern es werden vielmehr extralinguistische Hinweise für die Interpretation ausschlaggebend. Dieser Studie zufolge sind Kinder erst im Alter über fünf Jahren fähig, eine korrekte Interpretation von Passivsätzen unabhängig von den vorhandenen semantischen Hinweisreizen allein aufgrund der syntaktischen Struktur vorzunehmen.

Die Abhängigkeit von perzeptuell-konzeptuellen Faktoren bei der Satzinterpretation ließe sich als Indiz für ein gewisses Zusammenspiel zwischen dem perzeptuell-kognitiven System und dem Sprachsystem interpretieren. Ob dieses Zusammenspiel allerdings eine für die Sprachentwicklung notwendige Bedingung ist, ist fraglich und kann aufgrund der vorliegenden Daten nicht entschieden werden. Falls das Sprachsystem zu Beginn noch nicht gänzlich autonom arbeitet, so scheint es jedoch im Laufe der Entwicklung recht bald seine Autonomie zu etablieren.

2.2.2 Modularität des Sprachsystems und seine Entwickung

Selbst wenn die Frage nach der Beziehung zwischen dem Sprachsystem und dem generellen kognitiven System als eine einseitige Beziehung zu beschreiben wäre, bei der das Sprachsystem autonom und unbeeinflußt vom generellen kognitiven

System arbeitet, gilt es eine weitere Frage zu klären: besteht das Sprachsystem selbst aus wiederum autonom arbeitenden Komponenten oder nicht?

Gleitman und Wanner (1982), die das Sprachsystem als ein von dem generellen kognitiven System unabhängig arbeitendes und sich entwickelndes System ansehen, schlagen eine Theorie des Spracherwerbs vor, die auf der Unterscheidung von phonologisch klitischen und nicht-klitischen Elementen beruht.

Lange ist bekannt, daß Kinder eine deutliche Dissoziation im Erwerb der verschiedenen Wortklassen zeigen. Allgemein gilt es als unbestritten, daß Inhaltswörter früher erworben werden als die meisten Funktionswörter, wobei einige deiktische Ausdrücke, d.h. Ausdrücke, die auf etwas hinweisen, wie zum Beispiel *da*, eine Ausnahme bilden. Studien der vergangenen Jahre haben gezeigt, daß diese Erwerbsfolge nicht Funktion des Grades von Konkretheit bzw. Abstraktion von Wörtern, sondern vielmehr der Wortklassen selbst ist (Egido, 1983). Studien mit Erwachsenen weisen darauf hin, daß sich die geschlossene Klasse der Funktionswörter und der gebundenen grammatischen Morpheme von der offenen Klasse der Inhaltswörter generell darin unterscheidet, wie sie verarbeitet wird (Garrett, 1975; Bradley, 1978; Bradley und Garrett, 1983; Swinney und Cutler, 1979). Innerhalb des Ansatzes der generativen Phonologie hatte Kean (1979) die sprachlichen Elemente in zwei Klassen eingeteilt - eine Klasse der phonologischen klitischen und eine der nicht-klitischen Elemente. Für das Englische ist diese Unterscheidung kongruent mit der Unterscheidung von solchen Elementen, die betont werden können und solchen, die nicht betont werden können. In den meisten Sprachen ist diese Unterscheidung weitgehend (Ausnahmen wurden bereits diskutiert) mit der Unterscheidung von grammatischen Haupt- und Nebenkategorien, d.h. von offener und geschlossener Klasse, identisch. Nicht-klitische Elemente sind hierbei diejenigen Elemente, die der offenen Klasse der grammatischen Hauptkategorien angehören. Klitische Elemente sind Elemente der geschlossenen Klasse der grammatischen Nebenkategorien.

Gleitman und Wanner (1982) sehen diese phonologische Unterscheidung als vornehmliche Basis für eine generelle Spracherwerbstheorie. Dieser Theorie zufolge spielt der phonologische Status eines zu erlernenden linguistischen Elementes eine wesentliche - wenn nicht die entscheidende - Rolle beim Erwerb von Sprache. Untersuchungen haben jedoch gezeigt, daß Elemente bei identischem phonologischen Status unterschiedlich verarbeitet werden, je nachdem, ob sie vornehmlich lexikalische Information tragen oder aber Informationen über mögliche syntaktische Strukturen beinhalten (Friederici, 1985b). Auch zeigte sich, daß unterschiedlicher phonologischer Status den Erwerb von bestimmten Elementen der geschlossenen Klasse nicht erklären konnte (Weissenborn et al., 1984).

Den Erwerb von syntaktischem Wissen könnte man nach dem heutigen Stand der Forschung wie folgt skizzieren. Die Fähigkeit, die syntaktischen Informationen, die die Funktionswörter tragen, unabhängig von anderen linguistischen Faktoren zu verarbeiten, entwickelt sich Schritt für Schritt. Wenn ein bestimmter syntaktischer Hinweisreiz in den Blickpunkt des Kindes gerückt ist, so wird dieser zunächst als isoliertes Phänomen betrachtet. Bestimmte Hypothesen über dieses Phänomen werden gebildet und zunächst getestet, ohne daß diese Hypothese mit anderen bereits bestehenden Regeln integriert wird. Dies führt zwangsläufig zu Übergeneralisierung von bestimmten syntaktischen Strukturen. Nachdem das Kind ein bestimmtes linguistisches Phänomen von anderen linguistischen Formen losgelöst und als isoliertes Phänomen betrachtet hat, kann es die verschiedenen Relationen zwischen Form und Bedeutung explorieren. Ist dies geschehen, so kann dieses Wissen mit dem bereits vorhandenen Wissen integriert werden. Erst nach endgültiger Festlegung der Form-Bedeutungs-Beziehung können die grammatischen Relationen im Satz unabhängig von der jeweiligen Oberflächenform analysiert werden. Die endgültige Festlegung der syntaktischen Funktion der Elemente der geschlossenen Klasse wird in einem speziellen Subvokabular festgeschrieben, das einerseits die Grundvoraussetzung für einen automatischen Zugriff und andererseits die autonome Verarbeitung dieser Information schafft. Solange dieser Festschreibungs-Prozeß nicht abgeschlossen ist, werden die Sprachverarbeitungsprozesse nicht automatisiert werden können. Das heißt, die Sprachverarbeitung des Kindes wird so lange störungsanfälliger sein als die des erwachsenen Sprechers oder Hörers, solange die einzelnen Verarbeitungsprozesse nicht von dem Einfluß anderer Variablen abgeschottet sind.

2.3 Zusammenfassung

In diesem Kapitel wurden Argumente für einen biologisch prädeterminierten Spracherwerbsprozeß angeführt. Es wurde die Annahme vertreten, daß die Prinzipien nach denen dieser Prozeß abläuft, spezifisch für den Bereich Sprache sind und sich somit relativ unabhängig von anderen kognitiven Fähigkeiten entwickeln können. Die Frage wurde aufgeworfen, inwieweit das Sprachsystem selbst schon über jene modulare Struktur verfügt, die wir im ausgereiften System beobachten können.

3. Sprache und kortikale Repräsentation

Dem hier vorgestellten Parallel-Interface-Modell liegen - wie bereits angedeutet - nicht nur Annahmen über die biologischen Prädispositionen für die Entwicklung des Sprachsystems zugrunde, sondern es macht auch Aussagen zu dem Verhältnis von Sprache und deren Repräsentation im Gehirn. Es nimmt an, daß es einen systematischen Zusammenhang zwischen dem zu beobachtenden Sprachverhalten und dessen Repräsentation im Gehirn gibt. Sofern die Sprachfähigkeit, das heißt die Möglichkeit zur Repräsentation des Sprachsystems, als ein spezifisches biologisches Attribut des Menschen angesehen werden kann, ist es plausibel, sowohl normales als auch neurologisch bedingtes abweichendes Sprachverhalten als Reflexion dieser Fähigkeit zu interpretieren. Inwieweit neurologisch bedingte Abweichungen im Rahmen von Modellen normaler Sprachverarbeitung interpretierbar sind, ist an anderer Stelle ausführlich diskutiert worden (Friederici, 1984).

Wenn abweichendes Sprachverhalten zur Modellbildung normaler Sprachprozesse herangezogen wird, geschieht es meist unter der impliziten (oder expliziten) Annahme, daß das Sprachsystem ein strukturiertes Gebilde ist, das sich aus einzelnen Komponenten zusammensetzt, die zum Teil unabhängig voneinander existieren und somit auch selektiv durch Störungen betroffen sein können. Je nach Struktur eines solchen modularen Modells lassen sich bestimmte Sprachstörungen voraussagen. Ebenso können aber auch bestimmte beobachtete selektive Defizite zur Modifikation oder Spezifizierung von solchen Modellen normalen Sprachverhaltens führen. Allerdings setzt dieses wissenschaftliche Vorgehen die Annahme voraus, daß sich das ausgereifte System im Falle eines Defizites nicht völlig neu strukturiert, sondern daß die Manifestationen selektiver Defizite weiterhin mit den Prinzipien korrelieren, die auch der normalen Sprachorganisation zugrunde liegen, - eine Annahme, die nicht von allen aphasiologischen Schulen vertreten wird (vgl. Luria, 1973). Eine ermutigende Anzahl von Studien gibt jedoch berechtigte Hoffnung, daß diese Annahme nicht unbegründet ist. Allerdings gilt es kritisch zu betrachten, wie das beobachtete abweichende Sprachverhalten in einem Gesamtmodell normaler Sprachverarbeitung einzuordnen ist.

So hat je nach Modellvorstellung die Beobachtung, daß sich sprachliche Defizite in der Produktion und dem Verstehen unterschiedlich darstellen, zu unterschiedlichen Interpretationen und Schlußfolgerungen - vor allem, was die Repräsentation von Sprache im Gehirn angeht - geführt. Um deutlich machen zu können, wie dieser wechselseitige Prozeß von Modell und Dateninterpretation im einzelnen aussieht, sollen die der Diskussion zugrundeliegenden Daten genauer dargestellt werden. Zuvor scheint es jedoch notwendig, einen kurzen Einblick in den Zusammenhang der für die Modellbildung interessanten spezifischen sprachlichen Ausfälle und dem klinischen Bild unterschiedlicher aphasischer Syndrome zu geben (siehe auch Friederici, 1984).

3.1 Linguistische Störung und aphasisches Syndrom

Die neurologisch bedingten Störungen der Sprache können unterschiedliche linguistische Komponenten betreffen: die phonologische, die lexikalische und die syntaktische Komponente. Störungen auf diesen verschiedenen Ebenen produzieren Symptome, deren Anwesenheit oder Abwesenheit bestimmte aphasische Syndrome konstituieren. Auf der phonologischen Ebene lassen sich die phonematischen Paraphasien ansiedeln, auf der lexikalischen Ebene semantische Paraphasien sowie Wortfindungsstörungen, auf der syntaktischen Ebene können agrammatische sowie paragrammatische sprachliche Verstöße lokalisiert werden. Diese sprachlichen Abweichungen, beziehungsweise Kombinationen dieser Symptome, definieren die verschiedenen Aphasieformen.

Aphasie kann generell als eine zentral bedingte Störung des Umgangs mit Sprache charakterisiert werden, die von den Funktionsstörungen der peripheren ausführenden Organe unabhängig ist. Der Störung liegt immer ein organischer Hirnschaden zugrunde, der meist durch Hirngefäßerkrankungen, aber auch durch Schädelhirntraumen, Hirntumore sowie Encephalitiden (Hirnhautentzündungen) zustande kommt. Es handelt sich bei der Aphasie immer um einen erworbenen, nicht um einen angeborenen Hirnschaden. Meist bezeichnet man als Aphasie nur jene Störungen, die erst nach dem vollzogenen Spracherwerb auftreten. Bei der Klassifikation von Sprachstörungen bei teilweise vollzogenem Spracherwerb werden solche als Aphasien bezeichnet, bei denen bis zum Zeitpunkt des Erwerbs der Schädigung ein normal Sprachentwicklungsverlauf zu verzeichnen war. Diese Störungen gilt es von jenen Sprachstörungen zu unterscheiden, die als angeboren gelten und als Sprachentwicklungsbehinderung bezeichnet werden (Leischner, 1979). Die Aphasie als zentrale Störung kann grundsätzlich alle Sprachmodalitäten betreffen; sie ist also nicht nur eine Störung der Produktion, sondern meist auch des Verstehens von Äußerungen. Auch beschränkt sie sich nicht auf die Lautsprache allein, oft gehen mit ihr Störungen in der Schriftsprache einher. Neueren Untersuchungen zufolge sind aphasische Syndrome sogar unabhängig von dem Modus, in dem die Sprache erworben wurde. Bellugi (1983) zeigte, daß spezifische aphasische Syndrome auch bei Patienten zu beobachten sind, deren ausschließliches Kommunikationsmittel vor der Erkrankung eine komplexe Gestensprache (*American Sign Language*) war. Der Befund, daß bei diesen Störungen der Gestensprache Hirnregionen geschädigt waren, die auch bei lautsprachlichen Aphasien betroffen sind, muß als Beleg für den modalitätsunabhängigen funktionalen Zusammenhang zwischen der Sprache und ihrer kortikalen Organisation gewertet werden.

Da es in der vorliegenden Arbeit um Fragen der Sprachverarbeitung, also des Sprachverhaltens geht, soll hier die Problematik des Zusammenhangs zwischen spezifischen sprachlichen Ausfällen und ihrem neurologischen Korrelat nicht weiter diskutiert werden. Auch sollen die einzelnen Aphasiesyndrome in ihrem klinischen Bild hier nicht dargestellt werden (siehe z.B. Peuser, 1978; Poeck, 1983; Friederici, 1984), charakterisiert werden sollen lediglich diejenigen Aphasieformen, die im Verlaufe dieser Schrift angesprochen werden.

3.2 Störungen in der Sprachproduktion

Das Sprachproduktionsverhalten der zwei klassischen Aphasieformen Broca-Aphasie und Wernicke-Aphasie läßt sich wie folgt beschreiben: ***Broca-Aphasiker*** sprechen nicht-flüssig, verlangsamt und mit großer Sprechanstrengung. Die produzierten Äußerungen sind kurz und syntaktisch verarmt. Sie bestehen häufig aus einer Aneinanderreihung von wenigen bedeutungstragenden Elementen, d.h. Inhaltswörtern wie z.B. Nomen, Verben und Adjektiven. Funktionswörter wie z.B. Artikel, Pronomen und Präpositionen fehlen meist ebenso wie gebundene grammatische Morpheme, d.h. Suffixe, Präfixe und Flexionsendungen. Dieser telegrammartige sprachliche Output wird, wenn er in reiner Form auftritt, auch Agrammatismus bezeichnet. Verglichen mit den schweren syntaktischen Störungen kommen semantisch-lexikalische Störungen weitaus seltener vor. Semantische Verstöße bei der Wortwahl sind kaum zu beobachten, jedoch treten manchmal phonematische Wortentstellungen auf (vgl. Kerschensteiner et al., 1978).

Die Spontansprache der ***Wernicke-Aphasie*** ist von normaler, flüssiger Sprechgeschwindigkeit, Intonation und Prosodie. Die Äußerungen sind jedoch häufig paraphasisch entstellt. Teils werden hauptsächlich phonematische Paraphasien produziert, wobei die phonematische Entstellung oft so erheblich ist, daß das Zielwort nicht mehr erkennbar ist; teils sind die paraphasischen Entstellungen vorwiegend semantischer Natur, wobei die Paraphasie mit der Bedeutung des Zielwortes eng oder auch nur vage verbunden sein kann. Die Unfähigkeit, das richtige Wort zu finden, wird häufig durch Floskeln und weitläufige Umschreibungen umgangen. Die Sätze, die produziert werden, sind von relativ komplexer Struktur, weisen aber häufig Umstellungen von Wörtern und unerlaubte Aneinanderziehung und Verschränkungen von Satzteilen auf. Die grammatischen Elemente wie Pronomen, Präposition oder Flexionsendungen werden oft durch Elemente der gleichen Klasse substituiert. Dieses Symptom wird als Paragrammatismus bezeichnet (vgl. Huber et al., 1975). Diesen so klar zu unterscheidenden sprachlichen Verhaltensweisen in der Sprachproduktion von agrammatischen und paragrammatischen Patienten stehen recht heterogene Daten, das Sprachverstehen betreffend, gegenüber.

3.3 Aphasie und Sprachverstehen

Die unterschiedlichen Daten zum Sprachverstehen, so wie sie in einigen Experimenten erhoben wurden, werden je nach Modellvorstellung unterschiedlich interpretiert.

Das klinische - von der psycholinguistischen Theorie unbeeinflußte - Bild vermittelt den Eindruck, daß die Broca-Aphasie im Vergleich zu den starken Störungen in der Sprachproduktion ein relativ gut erhaltenes Sprachverständnis hat, während die Wernicke-Aphasie als Charakteristikum schwere Störungen im Sprachverständnis aufweist. Diese Beobachtung hatte dazu geführt, daß die Broca-Aphasie zunächst als motorische (Wernicke, 1874) oder expressive Aphasie (Weisenburg & McBride, 1935) beschrieben wurde, während die Wernicke-Aphasie als sensorische (Wernicke, 1874) oder rezeptive Aphasie (Weisenburg & McBride, 1935) bezeichnet wurde.

Der Unterschied zwischen der Produktion und der Verstehensleistung der Broca-Aphasie läßt nun mehrere Interpretationen zu. Erstens könnte er als Evidenz für voneinander unabhängige Mechanismen von Sprachproduktion und Verstehen gewertet werden. Diese Erklärung kann allerdings mit einer Modellvorstellung, die für Produktion und Verstehen gemeinsame zugrundeliegende Komponenten annimmt, nicht in Einklang gebracht werden. Ein Modell, das die Fähigkeit zur Sprachproduktion und zum Sprachverstehen auf gemeinsame Komponenten zurückführt, wird in Anbetracht der großen Schwierigkeit, die Broca-Aphasiker beim Produzieren von syntaktisch korrekten Äußerungen haben, auch annehmen müssen, daß diese Störung - Reflexion eines Defizits im Sprachsystem selbst - sich auch im Sprachverständnis niederschlägt. Ausgehend von dieser Überlegung postulierten Zurif und Mitarbeiter (1972, 1976), daß bei der Broca-Aphasie die Verarbeitungsmechanismen für syntaktische Information nicht nur in der Sprachproduktion, sondern generell beeinträchtigt sind. Eine Reihe von Untersuchungen bestätigte, daß die Verstehensleistung der Broca-Aphasie in der Tat dann dramatisch abnimmt, wenn die korrekte Interpretation des Satzes von der richtigen Verarbeitung der grammatischen Elemente abhängt (z.B. Caramazza & Zurif, 1976; Friederici, Schönle und Garrett, 1982).

Andere Forscher argumentierten, daß eine Herabsetzung der Verstehensleistung bei Aufgaben, bei denen das Verstehen ausschließlich auf der richtigen Verarbeitung der Elemente der geschlossenen Klasse basiert, nicht spezifisch für die Broca-Aphasie sei, sondern auch bei anderen Aphasieformen, wie zum Beispiel der Wernicke-Aphasie, beobachtet werden kann (Parisi & Pizzamiglio, 1970; Heeschen, 1980). Vor dem Hintergrund von Studien, in denen bei Broca- und Wernicke-Aphasie ähnliche Verstehensmuster gefunden wurden, wird gefolgert, daß beiden Aphasieformen das gleiche syntaktische Defizit zugrundeliegt. Die unterschiedlichen Produktionsmuster der beiden Aphasien seien dagegen lediglich das Ergebnis der Anwendung unterschiedlicher Strategien, dieses Defizit zu kompensieren.

Es ist jedoch nicht direkt ersichtlich, warum das beobachtete Sprachverhalten in der Produktion eher als das beim Verstehen Reflexion von Strategien und nicht direkte Reflexion des zugrundeliegenden Defizits ist. Deshalb wurde diese Interpretation der Daten kürzlich in Frage gestellt (Friederici und Graetz, 1984) und dagegen die Annahme formuliert, daß das unterschiedliche Sprachproduktionsverhalten der Aphasiker Reflexion verschiedener zugrundeliegender Defizite ist, während die Ähnlichkeit in der Verstehensleistung auf die Anwendung einer Reihe von Interpretationsstrategien zurückzuführen ist, die möglicherweise Teil des generellen kognitiven Systems sind. Die Annahme wurde im Rahmen eines Modells erhoben, das für Produktions- und Verstehensprozesse gemeinsame zugrundeliegende Komponenten des Sprachsystems postuliert, das allerdings davon ausgeht, daß diese Komponenten in unterschiedlichem Maße notwendige Voraussetzung für die korrekte Produktion und das Verstehen einer Äußerung sind. Dieses Modell soll im Verlauf der folgenden Kapitel spezifiziert und mit Daten belegt werden.

Abgesehen von der rein psycholinguistischen Argumentation scheint die hier formulierte Annahme auch eher der Vorstellung eines systematischen Zusammenhangs von Sprache und Gehirn gerecht zu werden. Selbst wenn wir von einer lokalisatorischen Argumentation absehen, die vorzubringen hätte, daß die Syndrome von Broca- und Wernicke-Aphasie mit Hirnläsionen an unterschiedlichem Ort einhergehen, so bleibt immer noch das Argument eines funktionalen, aber systematischen Zusammenhangs zwischen sprachlichen Phänomenen und dem Gehirn. Dieser Zusammenhang wird als generell gültig angesehen, d.h. er hat den Anspruch, unabhängig von der Art der Performanz (Produktion oder Verstehen), wie auch von der Art des Mediums (Lautsprache oder Gestensprache) für das Individuum zu gelten. Die Annahme eines systematischen Zusammenhangs von Sprache und Gehirn ist Voraussetzung für das Einbringen von Ergebnissen aus der Aphasiologie in die psycholinguistische Diskussion normaler Sprachprozesse.

3.4 Zusammenfassung

Grundthese dieses Kapitels war die Annahme, daß es eine systematische Beziehung zwischen Sprache und deren Repräsentation im Gehirn gibt. Die zwei klassischen zentral bedingten Sprachstörungen, Broca-Aphasie und Wernicke-Aphasie, wurden kurz in ihrem klinischen Bild dargestellt. Die mögliche Relevanz sprachpathologischer Daten für das Modellieren normalen Sprachverstehens wurde erörtert.

4. Mechanismen des Sprachverstehens

4.1 Linguistische Sprachverarbeitungsprozesse

Das vorgeschlagene Modell der Sprachverarbeitung hatte die Annahme formuliert, daß im normalen Sprachverstehensprozeß unterschiedliche Abrufmechanismen für Elemente der offenen und der geschlossenen Klasse bzw. von semantisch-lexikalischer und syntaktischer Information benutzt werden. Diese Annahme läßt sich folgendermaßen begründen. Ein spezieller Zugriffsmechanismus für die Elemente der geschlossenen Klasse, die vornehmlich syntaktische Information tragen, bietet dem Hörer die Möglichkeit, die wahrgenommene sprachliche Äußerung schon relativ früh im gesamten Verstehensprozeß zu strukturieren. Die Vorgabe einer syntaktischen Struktur während des Erkennungsprozesses würde die Interpretation der gesamten Äußerung erleichtern.

Es fragt sich natürlich, wie ein Worterkennungssystem, das klassenspezifische Zugriffsmechanismen vorsieht, die Elemente noch vor ihrer eigentlichen Verarbeitung als der einen oder anderen Klasse zugehörig identifizieren kann. Bradley (1978) nimmt an, daß jedes sprachliche Element zunächst immer als Input in beide Verarbeitungsmechanismen gegeben wird und dann je nach Klassenzugehörigkeit verarbeitet wird. Falls Elemente der offenen und geschlossenen Klasse in der Tat auf diese Weise verarbeitet werden, ohne daß das Verarbeitungssystem irgendeiner Vorinformation bei der aktuellen Worterkennung bedarf, so drängt sich desweiteren die Frage auf, woher das System denn überhaupt nach der initialen Wahrnehmungsphase die Kriterien zur Klassifikation nimmt. In Anbetracht der Unterschiedlichkeit der Sprachen insgesamt, ist zumindest anzunehmen, daß das Kind das Wissen um die Klassenzugehörigkeit einzelner Items erst erwerben muß.

4.1.1 Der Erwerb von Sprachverarbeitungsprozessen

Jedes Individuum mag die Fähigkeit zur Ausbildung eines speziellen Abrufmechanismus für die von den Elementen der geschlossenen Klasse getragene syntaktische Information mit einem dazugehörigen separaten Speicher besitzen. Dieser Speicher, der zunächst völlig leer ist, wird dann je nach Sprache mit spezifischen Elementen gefüllt. Diesen Vorgang kann man sich im einzelnen so vorstellen.

Zu Beginn der Sprachentwicklung hört das Kind zunächst einen unstrukturierbaren Redefluß, aus dem es mit der Zeit einige Elemente isolieren kann. Diese Elemente sind wahrscheinlich diejenigen, die häufig betont werden oder auch die von dem erwachsenen Gesprächspartner in Isolation oft mit referentiellem Hinweis geäußert werden. Solche Elemente, die einem Referenten zugeordnet werden können, gehören meist der offenen Klasse an. In einigen Sprachen können auch Elemente der geschlossenen Klasse betont werden. Diese betonten Elemente werden als erstes als eigenständige Formen erkannt. Später werden dann auch alle anderen Elemente bezüglich ihrer phonologischen Form isoliert und zunächst in einen generellen Speicher, in dem die einzelnen Elemente nach Form und Vorkommenshäufigkeit aufgelistet sind, eingeordnet. Erst im Laufe der Entwicklung erwirbt das Kind das Wissen um die syntaktische Funktion spezifischer phonologischer Formen. Es bildet vorläufige Hypothesen über mögliche Funktionen dieser Formen, um diese dann gegenüber den gehörten Äußerungen zu testen. Es ist sicherlich häufig gezwungen, seine Hypothesen zu modifizieren oder sogar neu zu formulieren, bevor diese endgültig mit dem Input übereinstimmen und als gesichert gelten können. Erst wenn die Hypothesen über den Zusammenhang von bestimmten Wortformen und deren Funktionen einem gewissen Sicherheitskriterium genügen, werden die Formen zusammen mit der Information über ihre jeweilige syntaktische Funktion in den speziellen Speicher überführt. Es kann dabei sogar vorkommen, daß ein Item zusammen mit einer unkorrekten Funktionsbeschreibung in den speziellen Speicher eingegeben worden ist, wenn die dieser Beschreibung zugrundeliegende Hypothese über einen langen Zeitraum hinweg keine Falsifizierung erfahren hat. Um Revisionen möglich zu machen, scheint es sinnvoll, daß zumindest die Ausgangsinformation über die phonologische Form im generellen Lexikon verbleibt, auf die jederzeit zurückgegriffen werden kann.

Dieser Entwicklungsprozeß, bis hin zur endgültigen und korrekten Festschreibung der Repräsentation aller Elemente, ist langwierig und erst einige Zeit nach den ersten und offensichtlichen Stufen des Spracherwerbs beendet. Es ist zu vermuten, daß Kinder erst relativ spät diesen speziellen Zugriffsmechanismus zu der syntaktischen Information der Elemente der geschlossenen Klasse automatisch verwenden können. Mit der Verwendung des direkten automatisierten Zugriffs zu diesen Elementen verkümmert gewissermaßen der anfänglich benutzte Zugriff über das generelle Lexikon. Diese Automatisierungsprozesse ermöglichen die Etablierung einer autonomen syntaktischen Verarbeitungskomponente. Das heißt, sie erlauben, daß die syntaktischen Verarbeitungsprozesse zunehmend unbeeinflußt von semantisch-interpretativen Faktoren ablaufen.

Es scheint, als ginge die Entwicklung von Automatizität der syntaktischen Verarbeitungsprozesse mit der Entwicklung der Autonomie der syntaktischen Komponente einher. Es fragt sich, ob diese beiden Phänomene zwei Seiten einer Medaille sind, oder ob sie vielmehr als zwei unabhängige Phänomene betrachtet werden müssen, die lediglich einen gemeinsamen Entwicklungsgang aufweisen.

Falls die beiden Phänomene beim Erwachsenen weitgehend unabhängig sind, so müßten sie im Falle einer Sprachstörung unabhängig voneinander gestört werden können. Bevor wir jedoch diesen Zusammenhang in der gestörten Sprache des erwachsenen Hörers untersuchen, sollen die Prozesse, die bei der normalen Sprachverarbeitung des Erwachsenen ablaufen, skizziert werden.

4.1.2 Sprachverarbeitung beim normalen Erwachsenen

Das vorgestellte Arbeitsmodell nimmt an, daß bei der Sprachverarbeitung des normalen erwachsenen Hörers die Lautinformation zunächst phonologisch analysiert wird, und daß, sofern keine zusätzliche Kontextinformation gegeben ist, ein Suchmechanismus im generellen Lexikon beginnt. Ist die lexikalische Bedeutung eines Wortes bzw. dessen syntaktische Funktion erkannt, so wird diese Information zu einer nächst höheren Verarbeitungsebene gesandt, auf der diese Informationen zu einer semantisch-interpretativen Repräsentation integriert werden. Sobald jedoch die ersten Elemente einer Äußerung verarbeitet sind und ein (minimaler) syntaktischer wie auch semantisch-lexikalischer Kontext erstellt worden ist, kann das System insofern effektiver arbeiten, als dieser die Integration von neuer Information erleichtert.

Verschiedene Modelle haben versucht, den Einfluß des Kontextes zu erklären: Morton (1969) nimmt an, daß durch spezifische Kontextinformationen bestimmte Teile des Lexikons bereits voraktiviert werden. Dabei wird bei allen potentiellen Wortkandidaten die Aktivationsschwelle passiv herabgesetzt. Das Worterkennungsmodell Mortons sieht vor, daß das Wort, bevor es erkannt werden kann, einen gewissen Aktivationslevel erreicht haben muß. Dieser Level ist natürlich schneller erreicht, wenn durch passive Aktivierung einzelner Komponenten des Wortes - z.B. semantische oder phonologische Aspekte - ein Wort bereits zuvor aktiviert worden ist. Die zusätzliche Information, die nun notwendig ist, um den kritischen Punkt der Aktivationsschwelle selbst zu erreichen, ist damit geringer. Der Erkennungsprozeß wird somit verkürzt.

Es wäre auch vorstellbar, daß die vorausgehende Information eine Vorauswahl der in Frage kommenden Wortkandidaten trifft und diese in einem Arbeitsspeicher zusammenfaßt. Suchprozesse wären schneller abgeschlossen, da der Suchmechanismus nur ein begrenztes Set von Elementen zu inspizieren hat. Allerdings würde ein System, das sich ausschließlich auf Suchprozesse in diesem Arbeitsspeicher beschränkt, Gefahr laufen, eine bestimmte lautliche Form nicht auffinden zu können, da sie aus Gründen semantischer Implausibilität nicht mit in den Arbeitsspeicher aufgenommen wurde. Auch gilt es zu bedenken, daß es Konstruktionen gibt, in denen eine lautliche Form erst durch den nachfolgenden Kontext seine Mehrdeutigkeit verliert (Holmes, Arwas und Garrett, 1978).

Den Modellansätzen, die annehmen, daß Kontextinformation bereits vor der eigentlichen Wahrnehmung der lautlichen Form einen für die Worterkennung determinierenden Einfluß ausübt, werden Daten entgegengestellt, die eher auf einen autonomen, vom vorausgehenden Kontext unabhängigen Abruf von lexikalischen Items hinweisen. Swinney (1979) hat gezeigt, daß beim Erkennen homophoner Wörter beide Lesarten abgerufen werden, selbst wenn der vorausgehende Kontext nur mit einer der Lesarten kompatibel ist. Dies wurde als Unterstützung für einen autonom arbeitenden Worterkennungsprozeß gewertet.

Ein drittes Modell der Worterkennung - das Kohorten-Modell - nimmt im Gegensatz zu den dargestellten Modellen an, daß der Kontext zwar keinen Einfluß auf die Vorselektion von Wortkandidaten hat, bevor der eigentliche lautliche Input vorliegt, wohl aber seinen Einfluß sofort geltend macht, sobald die ersten lautlichen Informationen eintreffen (Marslen-Wilson und Tyler, 1980; Marslen-Wilson, 1984). Es wird sogar angenommen, daß ein Wort selbst in Isolation dargeboten, vom Hörer eindeutig identifiziert werden kann, bevor seine lautliche Form als Ganzes wahrgenommen wird, da eine Wortform einer gegebenen Sprache oft schon vor ihrem eigentlichen Ende nur noch ein ganz bestimmtes Ende haben kann. Ein Beispiel kann dies verdeutlichen: das Wort "Daumen" ist bereits bei Auftauchen des Phonems */m/* eindeutig identifizierbar; zwar gibt es andere Wortkandidaten, die auch mit der Sequenz *Dau* beginnen (z.B. *Dauer* und *Daune*), jedoch gibt es keinen anderen Wortkandidaten als *Daumen* mit der Anfangssequenz *Daum*. Allerdings - und das Problem wurde bislang bei empirischen Untersuchungen zu diesem Modell ausgeklammert - gilt dies nur für nicht-zusammengesetzte Wörter. Das Deutsche mit seinen vielfältigen Möglichkeiten von Wortzusammensetzungen und Wortderivationen erlaubt selbstverständlich Wortfortführungen (z.B. *Daumenbreite, Daumennagel, Daumenschraube* u.a.).

Lassen wir das Problem komplexer Wortformen im Moment unbeachtet und diskutieren zunächst die Rolle, die der Satzkontext nun bei der Worterkennung spielt. Das Kohorten-Modell formuliert die Annahme, daß sich bei relevanter Kontextinformation eigentliche Wortidentifizierungspunkt innerhalb des Wortes nach vorne verschiebt. Informationen von höheren Prozeßebenen erleichtern Entscheidungsmechanismen auf der unteren lautlichen Ebene. Vorausgehende Kontextinformation kann diesem Modell zufolge ihren Einfluß während Worterkennung geltend machen. Wann im Worterkennungsprozeß semantisch-interpretative Faktoren relevant werden, ob bereits vor der eigentlichen Präsentation des Wortes (Morton, 1969; Grosjean, 1980), während der Präsentation (Marslen-Wilson & Tyler, 1980) oder erst nach der Präsentation des Wortes (Swinney, 1979), ist zur Zeit noch Gegenstand wissenschaftlicher Auseinandersetzung.

Die Implikationen dieser Ergebnisse sind weitreichender Art und betreffen den Kern psycholinguistischer Modellbildung. Hinter diesen Beschreibungen verschiedener Sprachverarbeitungsprozesse stehen grundsätzlich verschiedene Annahmen über die Struktur des Sprachsystems.

Eine der Positionen läßt sich wohl am besten in Anlehnung an die von Fodor (1983) formulierte Theorie der Modularität verdeutlichen. Die menschlichen kognitiven Fähigkeiten sind dieser Theorie zufolge als ein System von voneinander unabhängigen Modulen zu beschreiben. Module sind informationsmäßig eingekapselte (*informationally encapsulated*) Subsysteme des Gehirns, die für die Verarbeitung spezifischer Informationen zuständig sind. Module sind bereichsspezifisch, d.h. sie sind beispielsweise nur für den Bereich Sprache oder den Bereich visuelle Wahrnehmung zuständig. Module arbeiten obligatorisch, d.h. der normale Hörer kann nicht umhin, eine wahrgenommene lautliche Sequenz, die den Regeln einer Sprache (die er kennt) folgt, als Sprache wahrzunehmen. Die Repräsentationen, mit denen Module arbeiten, sind dem Bewußtsein nur begrenzt zugänglich. D.h., ist einmal ein bestimmter Satz wahrgenommen, so kann die damit verbundene Repräsentation nicht geändert werden. Module arbeiten schnell, verarbeiten die Information allerdings nur oberflächlich. Je vordergründiger ein Modul Informationen verarbeitet, desto eher kann es als eingekapselt gelten. Darüberhinaus formuliert Fodor das Postulat, daß Module eine festgeschriebene neuronale Architektur besitzen und somit auch charakteristische sowie spezifische Muster in der Pathologie des Verhaltens zeigen. Fodor macht in seiner Theorie zunächst nur die Unterscheidung zwischen einem sprachlichen und einem allgemein kognitiven System und spezifiziert keine weiteren Module innerhalb des Sprachsystems selbst. Eine sprachliche Äußerung wird von einem autonomen Inputsystem verarbeitet, und sodann innerhalb des Sprachsystems auf unterschiedlichen Ebenen repräsentiert.

Fodor sieht seine Annahme, daß die Worterkennung in der Tat ein autonomer Prozeß ist, der schnell und unabhängig vom Kontext des Satzes vor sich geht, durch Daten, wie die von Swinney (1979), unterstützt. Die Ergebnisse von Marslen-Wilson und Tyler (1980) reinterpretiert Fodor im Rahmen seines Modells folgendermaßen: der von ihnen berichtete Kontexteffekt sei kein Effekt, der auf den Einfluß von kognitiver Hintergrundinformation zurückzuführen sei, sondern er sei vielmehr ein Effekt, der innerhalb einer Verarbeitungsebene zu erklären sei. Vorausgehende lexikalische Information - also die Präsenz einzelner Wörter, nicht dagegen die Information des gesamten Satzfragmentes, d.h. der semantisch-interpretativen Information - hat laut dieser Interpretation die Worterkennung beeinflußt. Es hat den Anschein, daß in dem von Marslen-Wilson und Tyler (1980) benutzten Material in der Tat zum Teil Wortkontext und Satzkontexteffekt konfundiert waren. Nachfolgende Experimente werden zeigen müssen, inwieweit die ursprünglich beobachteten Kontexteffekte bei der Worterkennung auch dann auftreten, wenn Wortkontexteffekte ausgeschlossen werden.

Modelle, die nun nicht nur das Sprachsystem als Modul ansehen, sondern auch innerhalb dessen einzelne relativ autonome Subsysteme ansiedeln, nehmen an, daß sich Kontexteffekte nur innerhalb einer Verarbeitungsebene abspielen (z.B. Forster, 1979). Das hier vorgeschlagene Parallel-Interface-Modell sagt voraus, daß lexikalische Kontextfaktoren ausschließlich das Erkennen von Elementen der offenen Klasse, nicht jedoch das Erkennen von Elementen der geschlossenen Klasse beeinflussen. Falls der Zugriff zur geschlossenen Klasse autonom ist, so sollte er unabhängig von semantisch-interpretativen Faktoren sein. Nur ein schneller und störungsunanfälliger Zugriff zu den Elementen der geschlossenen Klasse ermöglicht dem Hörer ein frühzeitiges strukturiertes Erkennen der hereinkommenden Information. Der gegebene syntaktische Kontext hat nur insofern einen Einfluß auf das Erkennen von Wörtern, als es um das Erkennen von deren syntaktischer Information geht. Ob syntaktischer Kontext bereits einzelne Wortkategorien (Nomen versus Verb) vorselektiert (Tyler & Wessels, 1983) oder ob lediglich eine Voraktivierung bezüglich der zu erwartenden Wortklasse (offene versus geschlossene Klasse) stattfindet, ist bislang nicht eindeutig geklärt. Eine Voraktivierung spezieller Zugriffsmechanismen zu einzelnen Wortklassen würde jedoch den Zugang zum jeweiligen Element und die in ihm enthaltene Information erleichtern.

Das Parallel-Interface-Modell sieht also vor, daß das Erkennen lexikalischer Elemente von denjenigen Elementen, die vornehmlich syntaktische Information tragen, verschieden ist. Selbst wenn sich der Zugriff zur lexikalischen Information als vom interpretativen Kontext abhängig erweisen sollte, so hält das Modell das Postulat von der autonomen Verarbeitung syntaktischer Information aufrecht.

4.2 Strategien des Sprachverstehens

Dem hier vertretenen Modell zufolge geschieht Sprachverarbeitung beim normalen Hörer nicht nur auf mehreren unterschiedlichen linguistischen Ebenen innerhalb des Sprachsystems, sondern es sind an der Interpretation des Gehörten ebenso Prozesse beteiligt, die nicht-linguistischer Art sind. In einer normalen Kommunikationssituation werden neben der angebotenen linguistischen Information eine Reihe anderer Informationen wie etwa Hintergrundwissen, situativer Kontext, Gestik, Mimik mitverarbeitet und gehen in die Interpretation des Gesagten ein. In Anbetracht dieser zusätzlichen Informationen sind die Äußerungen des Sprechers oft elliptisch oder unvollständig. In diesem Fall ist der Hörer angewiesen, je nach Unvollständigkeit der angebotenen Information, das Gesagte mit Unterstützung einer Reihe von Strategien zu interpretieren.

Im Gegensatz zu Herrmann (1985), der annimmt, daß eine explizite grammatische Analyse nur bei auftretenden "Schwierigkeiten" durchgeführt wird, im Normalfall die Interpretation jedoch aufgrund von deklarativem Wissen, Inhaltswörtern, Wortordnungsregeln und der Analyse von verbalen Stellvertretern vorgenommen wird, wird hier angenommen, daß normalerweise grammatische und nicht-grammatische Verarbeitung parallel ablaufen. Die grammatische Analyse wird automatisch und obligatorisch vorgenommen, sodaß dem Sprachverarbeitungssystem diese Information immer zur Verfügung steht und es ohne Verzögerung auf diese Information zurückgreifen kann. Versagt jene Komponente, die für die grammatische Analyse zuständig ist, so kann das Verstehenssystem für eine Interpretation auf die nicht-grammatische Informationen zurückgreifen.

4.2.1 Strategien normalen Verstehens

In einer Situtation, in der die linguistische Information unvollständig ist - denken wir an Übermittlungsstörungen bei einem Telephongespräch oder an ein Gespräch in einer Kneipe, in der die Musik zu laut spielt - wird der Hörer versuchen, die vorhandene unvollständige Information soweit möglich durch bereits vorhandenes Weltwissen in eine plausible Interpretation zu überführen.

Er wird dazu eine Reihe von Strategien benutzen, die Teil des generellen kognitiven Systems sind und die sowohl allgemeines Weltwissen, wie spezifisches Wissen über bestimmte kulturelle Gegebenheiten - oder auch metalinguistisches Wissen über spezifische Charakteristika einer Sprache (z.B. Wortordnung, Intonation) - beinhalten. So verfügt das generelle kognitive System zum Beispiel über eine allgemeine Vorstellung, mit welchen Mitteln die spezifische erworbene Sprache die Begebenheiten der Wirklichkeit abbildet.

Angenommen, ein Hörer war während der Entwicklungsphase einer bestimmten Sprache ausgesetzt, die eine relativ strikte Wortordnung hat, in der zum Beispiel das Nomen vor dem Verb meist Agent der Handlung ist, so wird er auch bei unvollständigem linguistischen Input versuchen, das Nomen vor dem Verb als Agent zu interpretieren. Gibt es nun zwei Nomen, von dem eines belebt und eines unbelebt ist, so wird er aufgrund seines Weltwissens das belebte Nomen als Agent der Handlung interpretieren. Andere Sprachen wiederum haben andere Abbildungsspezifika. Sprachen mit relativ freier Wortordnung geben nicht die Möglichkeit, einfache Wortordnungskonfigurationen zur Interpretation zu benutzen. In diesen Sprachen kann der Agent oder das Instrument einer Handlung zum Beispiel durch ein bestimmtes Kasusmorphem markiert sein, was bei dem Hörer zur Bildung und Anwendung andersartiger Strategien führt. Andere Faktoren, wie die der Pragmatik oder des Fokus, spielen für die Ausformung und Verwendung solcher metalinguistischen Strategien ebenfalls eine große Rolle.

Das vorgeschlagene Modell der Sprachverarbeitung unterscheidet diesen strategischen Verarbeitungsmodus des generellen kognitiven Systems von den primären linguistischen Verarbeitungsprozessen. Im Gegensatz zu den autonomen und automatisch ablaufenden Prozessen des Sprachsystems erfordern die zur Interpretation herangezogenen Strategien meist höhere Anteile des kognitiven Potentials und/oder mehr Verarbeitungszeit. Diese Definition des Unterschieds zwischen den zwei unterschiedlichen Verarbeitungsmodi ist jedoch unzulänglich, sofern der Faktor Automatizität als hinreichende Bedingung angesehen und diese mit Schnellheit der Verarbeitung gleichgesetzt wird. Es ist zu vermuten, daß auch gewisse Strategien relativ schnell und automatisch angewendet werden. Automatizität scheint somit eine notwendige nicht jedoch eine hinreichende Charakterisierung des Unterschiedes zwischen den primären linguistischen Verarbeitungsprozessen und den Prozessen, die die bereitgestellte sprachliche Information unter Hinzunahme von deklarativem Wissen in das vorhandene Wissen integrieren und so zu einer Interpretation, d.h. zum Verstehen des Gesagten führen. Der Unterschied zwischen diesen Verarbeitungsmodi soll daher vielmehr hinsichtlich der Eigenschaft der Autonomie spezifiziert werden. Die Definition folgt dem Vorschlag Fodors, der autonome Prozeßkomponenten als von anderen unbeeinflußbar postuliert. In diesem Sinne werden die linguistischen Prozesse als autonome Prozesse definiert, die obligatorisch und normalerweise automatisch ablaufen. Im Gegensatz hierzu zeigen die zum Sprachverstehen herangezogenen strategischen kognitiven Prozesse nicht-autonome Operationskriterien, d.h. sie können durch andere kognitive Variablen beeinflußt werden.

Trotz dieser Spezifizierung, die die Schnelligkeit der Verarbeitung zwar als notwendige nicht jedoch als hinreichende Bedingung für eine Unterscheidung der verschiedenen Verarbeitungsprozesse ansieht, ist es wahrscheinlich, daß bei einem Hörer, dem viel Zeit zur Verarbeitung von unvollständigem linguistischen Input gegeben wird, die Anwendung von solchen Strategien eher zum Tragen kommt, als bei einem Hörer, bei dem die Verarbeitungszeit eingeschränkt ist.

Diese Schlußfolgerung hat weitreichende Konsequenzen für die Interpretation von einer Reihe von Daten, die mittels der unterschiedlichsten Paradigmen erhoben worden sind. Je nachdem, wann im Gesamtverarbeitungsprozeß das "Verstehen" gemessen wurde, werden - sofern die Annahme vom zeitlichen Ablauf der verschiedenen Verarbeitungsschritte valide ist - unterschiedliche Phänomene gemessen. Messungen, die Verstehen noch ***während*** der eigentlichen Sprachverarbeitung - also *on-line* - registrieren, reflektieren die automatischen Verarbeitungsprozesse. Demgegenüber sind Messungen, die das Verstehen erst ***nach*** Beendigung des Sprachinputs - also *off-line* - erfassen, wahrscheinlich eher eine Reflexion des Zusammenspiels von zugrundeliegenden automatischen und strategischen Verarbeitungsprozessen.

Nehmen wir zur Verdeutlichung dieses Sachverhaltes ein Beispiel aus dem Bereich der normalen Sprachverarbeitung beim Lesen. Flores d'Arcais (1982) hat in einem Leseexperiment das Zusammenspiel von Informationsverarbeitung auf unterschiedlichen Ebenen zeigen können. In einem Leseexperiment, bei dem den Versuchspersonen Sätze auf einem Bildschirm visuell dargeboten werden, wurde das Material hinsichtlich syntaktischer wie semantisch-interpretativer Faktoren systematisch variiert, sodaß sich insgesamt vier verschiedene Satztypen ergaben: (1) semantisch plausible, syntaktisch korrekte Sätze, (2) semantisch unplausible, syntaktisch korrekte Sätze, (3) semantisch plausible, syntaktisch unkorrekte Sätze, und (4) semantisch unplausible, syntaktisch unkorrekte Sätze. Der Versuchsperson wurden diese Sätze zum Lesen dargeboten und während des Lesevorgangs wurden ihre Augenbewegungen registriert. Es zeigte sich, daß die Augen der Versuchsperson vor allem auf den eingebrachten syntaktischen Fehlern - einem an dieser Stelle unkorrekten Funktionswort - länger verweilten, als an der gleichen Stelle im syntaktisch korrekten Satz. Wurden die Versuchspersonen allerdings nach Beendigung des Inputs befragt, ob an dem Satz etwas "ungewöhnlich" gewesen sei, so gaben sie lediglich den syntaktischen Fehler bei den semantisch unplausiblen Sätzen an. Für die semantisch plausiblen, syntaktisch unkorrekten Sätze konnten sie diese Angabe nicht machen. Die gemessenen Augenbewegungen machten deutlich, daß ihre Augen diesen Fehler während des Lesens sehr wohl registriert hatten, daß diese Information jedoch zu einem späteren Verarbeitungszeitpunkt durch semantisch-interpretative Faktoren überlagert wurde. Zwar interpretiert Flores d'Arcais selbst den Einfluß der semantisch-interpretativen Faktoren nicht im Sinne der Anwendung von Strategien, jedoch verdeutlicht dieses Experiment den vorgebrachten Punkt recht gut; je nachdem, wann im Verstehensprozeß Messungen stattfinden, werden unterschiedliche Phänomene gemessen.

Je länger der Zeitraum zwischen dem zu messenden sprachlichen Ereignis und der Messung selbst, desto wahrscheinlicher ist es, daß die Anwendung von Strategien in die Messung eingeht. Eine Involvierung von nicht-linguistischen Strategien, aber auch von solchen, die sich auf Informationen die Oberflächen-Form des Satzes betreffend stützen, ist generell wahrscheinlicher, je unvollständiger der linguistische Input, bzw. je unvollständiger die linguistische Verarbeitung des Inputs auf den primären Verarbeitungsebenen ist.

Die Strategien mögen beim erwachsenen Normalsprecher erst in den Situationen zum Tragen kommen, in denen keine ausreichende Information für die Interpretation einer Äußerung vorhanden ist. Die primären linguistischen Prozesse laufen ungeachtet der Vollständigkeit des Inputs in jedem Falle automatisch und relativ autonom ab. Syntaktische Information wird immer verarbeitet, unabhängig davon, ob sie zur Erstellung einer semantisch-interpretativen Repräsentation unbedingt notwendig ist oder nicht. Lexikalisch-semantische Verarbeitung mag auch automatisch ablaufen, wobei bislang offen ist, inwieweit dieser Prozeß durch vorausgehende semantisch-interpretative Information - die bereits auf einer höheren Ebene repräsentiert ist - oder lediglich durch vorausgehende Aktivierung einzelner lexikalisch-semantischer Information derselben Verarbeitungsebene beeinflußt wird.

Anders jedoch bei Kindern, bei denen die primären Prozesse noch nicht automatisiert sind und diese auch ihre Autonomie gegenüber anderen Komponenten noch nicht etabliert haben. Hier werden Strategien für die Interpretation des Gehörten häufiger eine Rolle spielen. Parallel zu diesen automatischen linguistischen Verarbeitungsprozessen arbeitet nämlich auch das generelle kognitive System an einer möglichen Interpretation des Wahrgenommenen. Da jede Verarbeitungsebene des linguistischen Systems ihren Output nicht nur an die nächste Ebene innerhalb des Systems, sondern auch an den generellen Prozessor weitergibt, kann dieser auf der Basis des jeweiligen Outputs des linguistischen Systems in enger Zusammenarbeit mit anderen Wissensquellen plausible Interpretationen des Gesagten erstellen. Die ablaufenden linguistischen Prozesse werden aufgrund ihrer autonomen und automatischen Operationsweise normalerweise schnell und problemlos zu einer Repräsentation auf der semantischen Ebene kommen. Der Output dieser höchsten linguistischen Verarbeitungsebene wird - wie die der anderen Ebenen - an den generellen Prozessor gegeben, dieser versucht dann, die ihm zugekommene Information in das vorhandene Wissen zu integrieren. Parallel zu den automatischen linguistischen Prozessen erarbeitet der generelle Prozessor somit mögliche Interpretationen. Ist der Output des linguistischen Systems nun aus irgendeinem Grund nicht vollständig, so kann der Prozessor die fehlende Information häufig dadurch kompensieren, daß er auf mögliche Interpretationen, die auf der Basis eines Sets von Strategien erstellt wurden, zurückgreift.

4.2.2 Erwerb von Verstehensstrategien

Der sich entwickelnde Sprachverstehensmechanismus kann allerdings nicht von Anfang an auf ein solches Set von Strategien zurückgreifen, denn auch diese Strategien müssen selbst erst erworben werden. Die Entwicklung der nicht-linguistischen Strategien ist direkt abhängig von dem Erwerb des spezifischen Weltwissens, die Entwicklung von linguistischen Strategien, die sich auf die Oberflächenform von Sätzen beziehen, ist notwendigerweise an den Erwerb einer jeweiligen Sprache gebunden. Zahlreiche Untersuchungen zur Sprachentwicklung haben gezeigt, daß Kinder zunächst unabhängig von der Einzelsprache bei der Satzinterpretation Strategien verfolgen, die in recht direkter Weise die Wirklichkeit abbilden. Jüngere Kinder vieler Sprachen interpretieren das Nomen, das dem Verb in einer Äußerung vorausgeht, einheitlich als Agent der Handlung. Dies mag die Wirklichkeit insofern abbilden, als eine Aktion ein handelndes Subjekt voraussetzt (Bever, 1970). Relativ schnell jedoch lernen Kinder je nach Sprache, der sie ausgesetzt sind, ihre Aufmerksamkeit auf andere Hinweisreize zu lenken.

So hat eine Studie von Bates und Mitarbeitern (Bates, MacWhinney, Caselli, Descovi, Natale und Venza, 1984) gezeigt, daß englisch-sprachige Kinder ihr Hauptaugenmerk auf die Anordnung der Wörter im Satz lenken. Kinder, die mit einer Sprache aufwachsen, die wie das Italienische eine relativ freie Wortordnung hat, Mehrdeutigkeiten aber durch deutliche morphologische Markierungen an Nomen und Verb auflöst, zeigen dagegen schon früh eine erstaunliche Sensibilität gegenüber diesen morphologischen Hinweisreizen.

Es ist anzunehmen, daß Kinder, die noch keinen ausgeprägten automatischen Verarbeitungsmechanismus haben, häufiger Sätze oder Äußerungen unter Zuhilfenahme solcher Strategien interpretieren, da sie Teile der lexikalisch-semantischen oder auch der syntaktischen Information noch nicht oder nur langsam verarbeiten können. Diese Annahme setzt allerdings voraus, daß der Erwerb solcher Strategien dem Erwerb automatischer und autonomer Verarbeitungsprozesse vorausgeht. Da zumindest die Entwicklung derjenigen Strategien, die auf der Erkennung der Oberflächenform von Sätzen basiert, einen gewissen Entwicklungsstand des Wissens um die syntaktische Struktur voraussetzt, ist nicht klar, inwieweit die Strategien, die von Kindern angewendet werden, mit denen der Erwachsenen übereinstimmen. Es ist möglich, daß bei Kindern in einem Alter, in dem sie den Erwerb der Syntax noch nicht abgeschlossen haben, verschiedene Arten von Strategien interagieren; zum einen Strategien, die auf einer noch unter Testung befindlichen Hypothese über syntaktische Struktur beruhen, zum anderen solche Strategien, die das bereits erworbene Weltwissen in Betracht ziehen.

4.2.3 Defizite und Strategien

Im Gegensatz zu Kindern, bei denen unterschiedliche Mechanismen noch interagieren können, sollten sprachbehinderte Erwachsene, die den linguistischen Input zum Teil auch nicht vollständig verarbeiten können, ein anderes Verhaltensmuster zeigen. Der erwachsene Sprecher hat bereits die volle Syntax wie auch ein Set von Interpretationsstrategien erworben. Dieses voll entwickelte Sprachsystem wird im Falle der Aphasie durch eine zentrale Hirnschädigung gestört. Falls diese Störung ausschließlich die automatischen linguistischen Prozesse betrifft, so ist zu erwarten, daß für die Interpretation von Äußerungen auf das vorhandene Set der Interpretationsstrategien des generellen Prozessors zurückgegriffen werden kann. Im Unterschied zum normalen Erwachsenen, der dies nur unter besonderen Bedingungen tut, muß der Sprachbehinderte bei jedem Verstehensakt solche Strategien zur Unterstützung der Interpretation heranziehen.

Diese Annahme hat direkte Konsequenzen für die Interpretation der bei aphasischen Sprachgestörten zu beobachtenden Verhaltensweisen. Es wurde schon erwähnt, daß sich unterschiedliche Theorien zur Aphasie auf Ergebnisse von Untersuchungen begründen, bei denen oft das Paradigma selbst strategisches Vorgehen geradezu förderte. Viele der Untersuchungen benutzten eine Satz-Bild-Zuordnungaufgabe, die meist ohne Zeitdruck durchgeführt wurde. Obwohl die Experimente oftmals so angeordnet waren, daß bei einem Teil der Aufgaben zumindest semantisch-pragmatische Strategien unmöglich waren - z.B. bei der Interpretation von semantisch reversiblen Sätzen -, so hatte doch die Versuchsperson beliebig viel Zeit, um eine Zuordnung von Satz und Bild zu treffen. Es ist zu vermuten, daß in der zur Verfügung stehenden Zeit eine Reihe anderer metalinguistischer Strategien angewendet werden können, wie zum Beispiel solche, die Hinweise der Oberflächenform des Satzes berücksichtigen. Es ist daher wahrscheinlich, daß die in diesen Experimenten beobachtete Performanz von Aphasikern Reflexion des Zusammenspiels des zugrundeliegenden Defizits und der Anwendung der noch zur Verfügung stehenden Strategien ist. Das bedeutet, daß die Ergebnisse solcher experimentellen Aufgaben nicht notwendigerweise das zugrundeliegende Defizit direkt widerspiegeln, sie jedoch eine Spezifizierung derselben insofern ermöglichen, als syndromspezifische Strategien beobachtet werden. Denn je nachdem, welche der Sprachverarbeitungsebenen defizitär arbeitet, müssen unterschiedliche Strategien angewendet werden, um die fehlenden Informationen zu kompensieren. Es ist anzunehmen, daß auf diese Weise nicht jegliches Defizit vollauf repariert werden kann, sondern daß die Anwendung interpretativer Strategien je nach Unvollständigkeit der sprachlichen Repräsentation vielmehr trotzdem zu systematischen Fehlinterpretationen führt.

In den folgenden Kapiteln soll versucht werden, dieses Modell, das eine parallele Verarbeitung der sprachlichen Information mittels automatischer und autonomer linguistischer Prozesse sowie eine Reihe von kognitiven Strategien annimmt, empirisch zu belegen.

4.3 Zusammenfassung

Die verschiedenen Mechanismen des Sprachverstehens, die auf der Struktur des eingangs dargestellten Sprachverstehenssystems basieren, wurden spezifiziert. Argumente für eine autonome Analyse der grammatischen Struktur der zu verarbeitenden sprachlichen Äußerung wurden angeführt.

Das mögliche Zusammenwirken von linguistischem und allgemeinem kognitiven System, wurde unter Hinzuziehung von Aspekten des Spracherwerbs und des Sprachabbaus diskutiert. Als Ergebnis der Erörterung läßt sich festhalten, daß das generelle kognitive System während des Verstehensprozesses dann in den Vordergrund tritt, wenn die linguistische Verarbeitung nicht hinreichend ist. Liefert der linguistische Prozessor nur unvollständige Informationen, so gelten die vom generellen kognitiven System angebotenen Interpretationen. Diese Interpretationen, die auf der Basis allgemeinen Wissens erstellt werden, erleichtern im Normalfall zwar die Integration der vom linguistischen System gelieferten Daten, bilden aber hier nicht die primäre Grundlage des Sprachverstehens.

III. Empirische Evidenz

5. Wortklasse und Verarbeitungsebene

Wie in einem der vorangehenden Kapitel diskutiert, postuliert das Sprachverarbeitungsmodell von Garrett (1975), daß sprachliche Äußerungen vom Hörer auf unterschiedlichen Ebenen der linguistischen Repräsentation verarbeitet werden. Informationen, die von Elementen verschiedener Wortklassen getragen werden, werden unterschiedlich behandelt. Lexikalisch-semantische Information wird vornehmlich von Elementen der offenen Klasse (Nomen, Verben, Adjektiven) getragen. Mit diesen Elementen sind allerdings auch bereits Teile der syntaktischen Informationen fest verbunden. Zum Beispiel verfügt der Lexikoneintrag des Verbs *geben* über bestimmte Informationen bezüglich der Argumentstruktur, d.h. das Verb *geben* fordert einen Handelnden, einen Empfänger und ein zu übergebendes Objekt. Ein Großteil der syntaktischen Information wird von den Elementen der geschlossenen Klasse, das sind Funktionswörter und gebundene Flexionsmorpheme, getragen. Es sei angemerkt, daß diese Elemente teilweise Aspekte semantisch-lexikalischer Information beinhalten. So verfügen zum Beispiel Präpositionen des Ortes sehr wohl über eine referentielle Bedeutung.

Bradley (1978) und Bradley, Garrett und Zurif (1980) nahmen an, daß es für die zwei Klassen von Elementen bereits Unterschiede in der Worterkennung und beim Abruf dieser Elemente vom Lexikon gäbe. Die Daten, die sie zur Unterstützung ihrer Hypothese anführen, seien kurz dargestellt. Bradley (1978) berichtet in ihrer Originalstudie über drei wesentliche Ergebnisse. In Experimenten, die als Paradigma eine lexikalische Entscheidungsaufgabe (*lexical decision*) benutzten, zeigte sich erstens: (1) Latenzzeiten für die Entscheidung, ob eine angebotene Buchstabenfolge ein Wort der englischen Sprache sei oder nicht, war für die Elemente der offenen Klasse eine Funktion der Frequenz, mit der diese Wörter in der Sprache vorkommen. D.h., häufig vorkommende Wörter wurden schneller erkannt als weniger häufig vorkommende Wörter. Im Gegensatz dazu wurde für die Elemente der geschlossene Klasse keine solche Beziehung gefunden. Das heißt, Funktionswörter wurden unabhängig von ihrer Vorkommenshäufigkeit in der Sprache gleich schnell erkannt. Es sei angemerkt, daß zwar Funktionswörter in der Regel eine höhere Wortvorkommenshäufigkeit besitzen, die Items beider Klassen in den Experimenten jedoch hinsichtlich dieses Faktors weitgehend parallelisiert waren. Zweitens unterschieden sich die beiden Klassen auch hinsichtlich des folgenden Phänomens, das auch Interferenz-Phänomen genannt wird: Versuchspersonen benötigen für die Zurückweisung einer Buchstabenfolge als Nicht-Wort mehr Zeit, wenn der erste Teil dieser Buchstabenfolge ein richtiges Wort ist (z.B. im Englischen *worderty*), als wenn der erste Teil kein richtiges Wort ist (z.B. *vacherty*). Dieser Interferenzeffekt tritt allerdings nur dann auf, wenn der erste Teil Mitglied der offenen Klasse, nicht jedoch, wenn er ein Wort der geschlossenen Klasse ist (z.B. *sucherty*). Drittens zeigten sich auch Unterschiede zwischen den Klassen beim Worterkennen in Abhängigkeit davon, ob die Stimuli im rechten oder linken visuellen Halbfeld dargeboten wurden. Die Untersuchung von Bradley und Garrett (1983) ergab, daß die Genauigkeit mit der ein Wort erkannt wurde als Interaktion des visuellen Halbfeldes, in der ein Wort präsentiert wurde und der Wortklasse zu beschreiben war. Eine schlechtere Erkennleistung für die Elemente der geschlossenen im Gegensatz zu denen der offenen Klasse war nur bei Darbietung im rechten visuellen Halbfeld festzustellen. Bei Darbietung im linken visuellen Halbfeld wurden beide Wortklassen gleich schlecht erkannt. Da kurzfristig dargebotene Information im jeweiligen visuellen Halbfeldes in der jeweiligen kontralateralen Hirnhälfte verarbeitet wird, lassen diese Daten den Schluß zu, daß in der linken Hirnhälfte Wörter der offenen und der geschlossenen Klasse von zwei unterschiedlichen Mechanismen verarbeitet werden. Jeder dieser drei Befunde wurde als Evidenz für unterschiedliche Zugriffs- und Verarbeitungsmechanismen für zwei Klassen von Elementen gewertet.

Unter zusätzlicher Heranziehung von aphasischen Daten, auf die ich später genauer eingehen werde, wurde folgende Vorstellung formuliert (Bradley, Garrett und Zurif, 1980): Informationen über Form und Bedeutung aller Elemente - also sowohl der offenen wie der geschlossenen Klasse - sind in einem generellen Lexikon repräsentiert, spezielle Informationen über die syntaktische Information von Elementen der geschlossenen Klasse sind in einem speziellen Subvokabular zu finden. Die Autoren sprechen von einer "doppelten Repräsentation der Elemente der geschlossenen Klasse". Elemente der geschlossenen Klasse werden vom Hörer normalerweise mittels eines speziellen Mechanismus abgerufen, der den schnellen Zugriff zu den in einem speziellen Subvokabular gelisteten Wörtern bereitstellt, und so eine frühzeitige Strukturierung der einlaufenden linguistischen Information ermöglicht.

In einer Reihe von Folgeexperimenten versuchten andere Forschergruppen, diese für die Modellbildung wichtigen Befunde zu replizieren. Diese Replikationsversuche konzentrieren sich allerdings fast ausschließlich auf den im Originalexperiment beobachteten Frequenzeffekt. Eine klare Unterscheidung der Verarbeitung von Elementen beider Klassen hinsichtlich ihrer Frequenzabhängigkeit konnte dabei nicht gefunden werden, weder im Englischen selbst (Gordon und Caramazza, 1982), noch im Französischen (Segui et al., 1982) oder im Holländischen (Kolk und Blomert, 1985). In allen drei Sprachen erwies sich die Worterkennung sowohl von Elementen der offenen Klasse wie auch der geschlossenen Klasse als frequenzabhängig. Diese Ergebnisse gaben Anlaß, die Befunde des Originalexperiments und die damit verbundenen Hypothesen zunächst infrage zu stellen.

Trotz dieser Nicht-Replikationen scheint es meiner Ansicht nach verfrüht, die Idee von der Repräsentation getrennter Subvokabulare zu verwerfen; selbst dann, wenn es sich erhärten sollte, daß ein Unterschied zwischen dem Abruf der Elemente der offenen und der geschlossenen Klasse hinsichtlich deren Frequenzabhängigkeit in der Tat nicht nachweisbar ist, kann die generelle Idee von unterschiedlichen Repräsentationen dieser Klassen unter Berücksichtigung der folgenden Überlegungen aufrecht erhalten werden.

Es ist weiterhin plausibel, unterschiedliche Repräsentationsformen und / oder verschiedene Zugriffsmechanismen für unterschiedliche Arten von linguistischer Information anzunehmen, sofern diese Informationen auf verschiedenen, voneinander unabhängigen Ebenen verarbeitet werden. Es ist möglich, daß der Faktor

"Frequenzabhängigkeit" nicht derjenige ist, der die unterschiedlichen Zugriffsmechanismen am besten voneinander unterscheidet, sondern daß vielmehr andere Faktoren für die Unterscheidung wesentlich sind. Eine weitere Möglichkeit für die Beibehaltung der Hypothese ließe sich auf die Annahme stützen, daß die postulierten unterschiedlichen Abrufmechanismen erst dann aktiviert werden, wenn die Elemente der geschlossenen Klasse in ihrer eigentlichen satzverarbeitenden Funktion gebraucht werden. Der spezielle Zugriff zu diesen Elementen sollte laut Modell den schnellen und störungsfreien Abruf der in den Items enthaltenen syntaktischen Information garantieren. Seine syntaktisch strukturierende Funktion allerdings nimmt das Funktionswort erst im Satz oder Teilsatz nicht aber bei isolierten Worten wahr. Es ist nicht auszuschließen, daß in einer lexikalischen Entscheidungsaufgabe, - so wie sie in dem referierten Experiment verwendet wurden - in der eine Entscheidung über die adäquate lexikalische Form einer Buchstabenfolge getroffen werden soll, nicht notwendigerweise jene Mechanismen aktiviert werden, die den Abruf der syntaktischen Information dieser Elemente sichern. Diese Überlegungen waren mir Anlaß, mittels einer Reihe von Experimenten die Annahme bezüglich unterschiedlicher Verarbeitungsmechanismen von offener und geschlossener Wortklasse im Satz zu überprüfen, und falls diese nachweisbar seien, sie möglicherweise durch andere Faktoren als den der Frequenzabhängigkeit zu charakterisieren.

5.1 Wortklasse und Worterkennung im Satz

Unter vorläufiger Zurückstellung des Problems der Aktivierung klassenspezifischer Zugriffsmechanismen bei der Erkennung isoliert dargebotener Wörter, sollte zunächst untersucht werden, ob Elemente der offenen und geschlossenen Klasse bzw. lexikalisch-semantische und syntaktische Information im Satz unterschiedlich verarbeitet werden. Es wurde die Annahme formuliert, daß Elemente der geschlossenen Klasse dann, wenn sie in ihrer syntaktischen Funktion gebraucht werden, mittels eines speziellen Mechanismus erkannt werden, der automatisch und unbeeinflußt von semantisch-interpretativen Faktoren arbeitet. Dieser spezielle Zugriff erlaubt, die Elemente der geschlossenen Klasse relativ schnell zu identifizieren; da das gesamte Subvokabular dieser Klasse recht begrenzt ist, können Suchprozesse in diesem Subvokabular schnell beendet werden. Die identifizierte syntaktische Information, die diese Elemente tragen, wird auf einer Ebene verarbeitet, die unbeeinflußt von semantisch-interpretativen Faktoren, d.h. autonom arbeitet.

Der Abruf der Elemente der offenen Klasse, d.h. der Zugriff zur lexikalisch-semantischen Information, läuft beim erwachsenen Hörer obligatorisch und automatisch ab. Inwieweit semantisch-interpretative Faktoren einen direkten Einfluß auf den primären, datengetriebenen Worterkennungsprozeß haben, ist noch ungeklärt. Sei es, daß vorausgehende semantisch-interpretative Information einen Einfluß auf das Erkennen von semantisch-lexikalischen Einheiten hat, indem die vorhandene Information zu einer Voraktivierung von potentiellen Wortkandidaten führt. Diese Annahme ist mit einer interaktiven Struktur des Verstehenssystems vereinbar. Dabei werden zwar keine spezifischen Voraussagen über einen bestimmten Wortkandidaten getroffen, es werden jedoch automatisch eine Anzahl von Items aus dem großen Vokabular der offenen Klasse voraktiviert, sodaß ihr Erkennungslevel vorübergehend herabgesetzt wird. Der Erkennungsprozeß eines bestimmten Items kann durch diese Voraktivierung schneller zum Erfolg führen, d.h. der Erkennungprozeß kann schneller abgeschlossen werden, als wenn dem zu erkennenden Item keine Kontextinformation vorausgeht. Oder sei es dadurch, daß die vorausgehende Information die Integration des wahrzunehmenden Items erleichtert, was mit einer strikten Autonomie-Hypothese vereinbar wäre.

Sowohl semantische wie syntaktische Kontextbedingungen erleichtern den Prozeß der Worterkennung. Syntaktischer Kontext erleichtert das Erkennen der Wortklasse, während semantischer Kontext das Erkennen semantisch-lexikalischer Information erleichtert. So erweist sich der normale Satzkontext für das Erkennen beider Wortklassen als hilfreich, wenn auch aus unterschiedlichen Gründen.

Im allgemeinen beeinflußt semantischer Kontext den Abruf der Elemente der geschlossenen Klasse nicht. In einigen Fällen jedoch mag semantischer Kontext auch für die Erkennung von Elementen der geschlossenen Klasse eine Rolle spielen; dann nämlich, wenn das Funktionswort nicht nur syntaktische Information, sondern auch eine lexikalische Information, d.h. eine referentielle Bedeutung trägt, wie z.B. bei Präpositionen. Es wurde schon diskutiert, daß Präpositionen in keiner der vorhandenen Theorien zur Wortklassenentscheidung eindeutig einer von zwei Klassen zugeordnet werden können, weder im syntaktischen, im phonologischen, noch im lexikalischen Ansatz.

Interessant ist auch, daß diese Elemente sich im Produktionsprozeß ebenfalls nicht eindeutig verhalten. Garrett (1975) hatte gezeigt, daß Items der offenen und der geschlossenen Klasse sich im allgemeinen deutlich hinsichtlich ihres Fehlerverhaltens unterscheiden, Präpositionen hierbei jedoch eine Ausnahme bilden. Einerseits sind Präpositionen in solche Fehler verwickelt, die charakteristisch sind für die geschlossene Klasse - und zwar immer dann, wenn die Fehler die lautliche Struktur des Satzes betreffen. Andererseits zeigen sie jedoch auch Fehlerverhalten, das dem der offenen Klasse ähnlich ist - und zwar dann, wenn die Fehler die syntaktische oder logische Struktur des Satzes betreffen. Dieses zweideutige Fehlerverhalten wurde von Garrett und Kean (1980) auf die ambige Position der Präpositionen bezüglich der Repräsentationen von syntaktischer und phonologischer Struktur zurückgeführt. Auf der syntaktischen Ebene erscheinen Präpositionen als lexikalische Elemente, die wie Nomen, Verben und Adjektive den Kopf einer Phrase bilden, auf der phonologischen Ebene jedoch verhalten sie sich dagegen wie andere Funktionswörter.

Es fragt sich, inwieweit klassenspezifische Abruf- und Verarbeitungsmechanismen, die für die offene und geschlossene Klasse postuliert wurden, die Verarbeitung von Präpositionen beschreiben können. Falls nicht die Klassenzugehörigkeit eines Elementes selbst, sondern vielmehr die Art der Information, die dieses Element trägt, für die Verarbeitung von vorrangiger Bedeutung ist, so ist bei der Verarbeitung von Präpositionen die Beteiligung beider Verarbeitungsmechanismen zu erwarten: zum einen die Beteiligung des Mechanismus, der den Abruf der lexikalischen Information sichert, zum anderen desjenigen Mechanismus, der den Zugriff zur syntaktischen Information dieser Elemente garantiert. Eine experimentelle Möglichkeit, die Beteiligung der unterschiedlichen Verarbeitungsmechanismen zu untersuchen, ist gegeben, falls es möglich ist, die lexikalisch-semantische und notwendige syntaktische Verarbeitung dieser Elemente zu variieren, die phonologische Form und die syntaktische Beschreibungsform der Elemente jedoch gleichzeitig konstant zu halten. Die deutsche Sprache ermöglicht gerade diesen Test, da Präpositionen in unterschiedlichen Funktionen verwendet werden können. Sie werden einmal als lexikalische Präpositionen gebraucht werden, wobei sie referentielle Bedeutung tragen (1):

(1) Peter steht auf dem Stuhl.

Zum anderen werden sie jedoch auch als sogenannte obligatorische Präpositionen verwendet, die als Konsequenz von syntaktisch relevanten Subkategorisierungsregeln auftreten (2)

(2) Peter hofft auf den Sommer.

Da lexikalische Präpositionen der Spezifizierung von semantischen Relationen dienen, müßten sie zum einen auf der gleichen Ebene wie andere Elemente der offenen Klasse verarbeitet werden. Da sie andererseits jedoch in gleichem Maße der Markierung syntaktischer Strukturen dienen, müßten sie auch auf der syntaktischen Ebene verarbeitet werden. Sofern wir die Hypothese beibehalten wollen, daß den unterschiedlichen Verarbeitungsebenen die beiden Vokabulare der offenen und geschlossenen Klasse zuzuordnen sind, müssen wir - sollten unsere Voraussagen zutreffen - die Zuordnung von Verarbeitungsebene und Klasse zumindest der folgenden Modifikation unterziehen: lexikalische und nicht-lexikalische Informationen werden auf unterschiedlichen Ebenen verarbeitet, sie sind repräsentiert und abrufbar - und zwar unabhängig davon, ob diese Information von ein und demselben Element oder von Elementen unterschiedlicher Klassen getragen wird. Diese modifizierte Auffassung konnte durch Ergebnisse aus dem Bereich der Aphasieforschung gestützt werden (Friederici, 1982; Friederici et al., 1982).

Obligatorische Präpositionen tragen im Gegensatz zu lexikalischen Präpositionen selbst keine semantische Bedeutung, sondern erfüllen lediglich eine syntaktische Bedingung. Diese Elemente sind somit allein auf der Ebene der syntaktischen Repräsentation relevant. Vorausgehende Untersuchungen mit deutsch-sprachigen Aphasiepatienten hatten gezeigt, daß lexikalische und obligatorische Präpositionen in der Tat unterschiedlich verarbeitet werden. Agrammatische Patienten, die laut Definition Schwierigkeiten mit der Verarbeitung von syntaktischer Information haben, produzierten in einem Satzergänzungsexperiment lexikalische Präpositionen deutlich besser als obligatorische Präpositionen (Friederici, 1982).

Diese Ergebnisse bestätigten, daß es nicht die Klassenzugehörigkeit per se ist, die bestimmte Verarbeitungsmechanismen zur Folge hat, sondern daß vielmehr semantische und syntaktische Informationen generell auf zwei unterschiedliche Ebenen verarbeitet werden, selbst wenn diese Informationen von einer phonologischen Form getragen werden. Falls diese Interpretation valide ist, so kann vorausgesagt werden, daß semantische Kontextinformation sogar das Erkennen von

Elementen der geschlossenen Klasse erleichtern kann, sofern das Element neben seiner spezifischen syntaktischen Information auch lexikalisch-semantische Information trägt.

5.1.1 Das Experiment: Worterkennung im Satz

Sowohl die Annahmen zur Verarbeitung offener und geschlossener Klassen im allgemeinen, wie auch die Voraussagen für den speziellen Fall der Präpositionen wurden in einem Experiment getestet, das die Verarbeitung der unterschiedlichen Wortklassen im Satz untersuchte. Das Experiment benutzte ein Paradigma, das in der englisch-sprachigen Literatur als *word monitoring* bekannt wurde (Marslen-Wilson und Tyler, 1980; Swinney, Zurif and Cutler, 1980) und im Deutschen als Wortwiedererkennungsaufgabe bezeichnet werden kann. Dieses Paradigma verlangt, daß die Versuchsperson ein vorher spezifiziertes Wort in einem auditorisch dargebotenen Satz auffindet. In der Untersuchung von Swinney und Mitarbeitern (1980) wurden die Faktoren Wortklasse (offene bzw. geschlossene Klasse) und Wortbetonung systematisch variiert. Es zeigte sich, daß bei isoliert dargebotenen Sätzen, die sowohl semantisch wie syntaktisch den Normen von Plausibilität und Grammatikalität entsprachen, die Zugehörigkeit zu einer bestimmten Wortklasse selbst keinen Einfluß auf das Erkennen von Wörtern hatte, wohl aber deren Betonung einen deutlichen Einfluß auf die Erkennzeit der Wörter hatte.

In dem hier dargestellten Experiment (siehe auch Friederici, 1985a), das den Einfluß von semantischem Kontext auf das Erkennen von Wörtern verschiedener Klassen untersuchte, wurde die Betonung der Elemente soweit wie möglich neutral gehalten. Systematisch variiert wurde der Faktor Wortklasse und Satzkontext. Die Zielwörter entstammten entweder zu je zehn Items der offenen Klasse (Nomen und Adjektive) oder der geschlossenen Klasse (Artikel, Demonstrativpronomen, Konjunktion), wobei Präpositionen zunächst ausgeschlossen waren. Unterschiedliche präpositionale Formen wurden in dreißig weiteren Testsätzen als Zielwörter untersucht. Die gleiche phonologische Form einer Präposition nahm im Satz entweder die Funktion einer lexikalischen Präposition, einer obligatorischen Präposition oder eines Verbpartikels ein. Es ist anzumerken, daß Verbpartikel sich in der syntaktischen Beschreibung von lexikalischen und obligatorischen Präpositionen unterscheiden, da sie nicht Kopf einer Phrase sein können. Sie unterscheiden sich von den lexikalischen und den obligatorischen Präpositionen auch dadurch, daß sie hauptsächlich semantisch-lexikalische Information tragen und somit vornehmlich in lexikalisch-semantische Prozesse involviert sind. Lexikalische Präpositionen unterscheiden sich wiederum von obligatorischen Präpositionen dadurch, daß erstere in semantisch-lexikalische wie auch syntaktische Prozesse involviert sind, letztere aber nur auf der syntaktischen Ebene relevant werden.

Als zweiter Faktor wurde in diesem Experiment der semantische Kontext variiert. Fünfzig Testsätze, in denen die Zielwörter, wie oben beschrieben, bezüglich ihrer Klassenzugehörigkeit variiert wurden, wurden mit je zwei unterschiedlichen Kontextsätzen zu insgesamt 100 Satzpaaren zusammengefügt. Jeder Testsatz wurde einmal mit einem Kontextsatz präsentiert, der in enger semantischer Relation zum Testsatz stand (3).

(3) Der verarmte Spieler wollte ins Kino gehen.
Der Mann hoffte Geld zu gewinnen.

ein anderes Mal ging ihm ein Kontextsatz voraus, der keine direkte semantische Beziehung zu diesem hatte (4)

(4) Der verliebte Student wollte ins Grüne fahren.
Der Mann hoffte Geld zu gewinnen.

Die syntaktische Struktur der beiden Kontextsätze wurde konstant gehalten.

Das experimentelle Design sah vor, daß jede der Versuchspersonen jedes Zielwort nur einmal hörte, und zwar die Hälfte aller Zielwörter jeder Wortkategorie in einem Satzpaar, in dem die Kontextsätze semantisch relevant waren, und die andere Hälfte in Satzpaaren mit semantisch neutralen Kontextsätzen. Neben diesen fünfzig Satzpaaren gab es zehn Ablenkersätze, d.h. Satzpaare, in denen das vorher spezifizierte Wort überhaupt nicht auftauchte. Die Versuchsperson war aufgefordert, ein vor jedem Satzpaar visuell dargebotenes Wort in dem anschließend auditorisch präsentierten Satzpaar aufzufinden und nach dessen eindeutiger Identifizierung einen Reaktionszeitknopf zu drücken. Es wurden sowohl die Richtigkeit der Antworten wie auch die Reaktionszeit - vom Beginn der Präsentation des Wortes bis zur lexikalischen Entscheidung (Knopfdruck) - gemessen. Eine präzise Messung wurde dadurch ermöglicht, daß das Stimulusmaterial auf ein zweispuriges Tonband gesprochen wurde, wobei die Sprache auf eine der beiden Spuren gebracht worden war, während auf der anderen Spur eine von der Versuchspersonen nicht wahrnehmbare Tonfrequenz den Beginn des Zielwortes markierte. Diese Frequenz setzte einen digitalen Zeitmesser, der im Millisekundenbereich arbeitete, in Gang, der durch den Knopfdruck der Versuchsperson gestoppt wurde. Insgesamt wurden 48 Versuchspersonen (Studenten der Universität Köln) getestet.

Die Reaktionszeiten aller richtigen Antworten (99.1 %) gingen in die Varianzanalysen ein. Es wurden zwei getrennte Analysen gerechnet. Eine Analyse beschränkte sich auf die Daten der Sätze mit Elementen der offenen Klasse und der geschlossenen Klasse (ohne Präpositionen). Eine andere Analyse wurde für die unterschiedlichen präpositionalen Formen vorgenommen, da diese Formen, im Gegensatz zu den hier getesteten Elementen der offenen und geschlossenen Klasse, in allen drei Bedingungen (obligatorische Präposition, lexikalische Präposition und Verbpartikel) eine identische Form besaßen. Es wurden jeweils zwei Varianzanalysen mit den Faktoren Wortklasse und Kontext gerechnet, wobei einmal Versuchspersonen und einmal die Stimulusitems zufällige Variable waren. Dieses Verfahren erlaubt sowohl eine Generalisierung über die jeweils spezifizierte Population als auch über die jeweils spezifizierte Wortklasse. Alle hier als signifikant diskutierten Effekte und Interaktionen waren mindestens auf dem 5% Niveau signifikant. Die Analyse ergab einen signifikanten Wert für den Faktor Wortklasse (Analyse über Versuchspersonen, $F(1,47) = 17.96$, Analyse über Items $F(1,8) = 6.7$). Erkennungszeiten für Elemente der geschlossenen Klasse (324 msek) waren generell langsamer als für die der offenen Klasse (349 msek). Der Haupteffekt für den Faktor Kontext war nur bei der Analyse über die Versuchspersonen signifikant ($F(1,47) = 9.12$). Es gab keine signifikante Interaktion zwischen den beiden Faktoren. Die Ergebnisse sind in Abbildung 2 graphisch dargestellt.

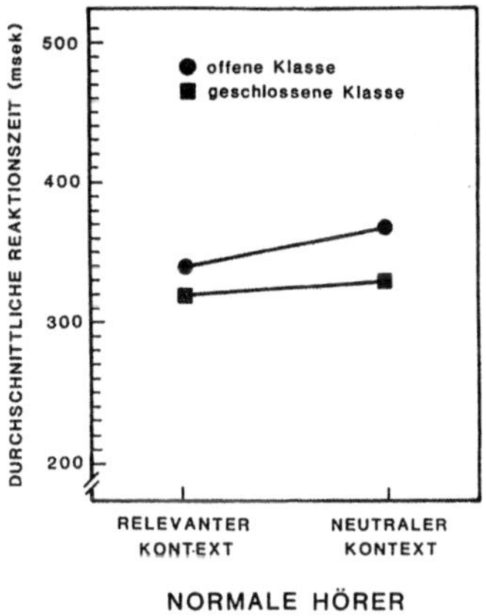

Bild 2. Durchschnittliche Reaktionszeit (msek) für normale Hörer: offene und geschlossene Klasse.

Geplante t-Tests wurden zur Überprüfung von individuellen Unterschieden zwischen offener und geschlossener Klasse bezüglich der verschiedenen Kontextbedingungen benutzt. Es zeigte sich, daß Elemente beider Klassen gleich schnell erkannt werden, wenn ihnen ein semantisch relevanter Kontext vorausgeht. Ist der Kontext jedoch semantisch irrelevant für den Zielsatz, in dem das aufzufindende Element vorkommt, so werden Elemente der geschlossenen Klasse signifikant schneller erkannt als Elemente der offenen Klasse ($t(47) = 3.67$).

Die a priori formulierte Hypothese über den Effekt des Kontextes auf die einzelnen Wortklassen wurde ebenfalls durch t-Tests überprüft. Es wurde deutlich, daß Kontext in der Tat einen signifikanten Effekt für die offene Klasse hatte - Elemente der offenen Klasse wurden schneller erkannt, wenn ein semantisch relevanter Kontext vorausging, als wenn der Kontextsatz semantisch irrelevant war. Der Kontext hatte jedoch keinen Einfluß auf das Erkennen von Elementen der geschlossenen Klasse. Für die Verarbeitung von Wörtern der offenen und der geschlossenen Klasse kann festgehalten werden, daß erstens Wörter der geschlossenen Klasse schneller erkannt werden als die der offenen und daß das Erkennen der Elemente der geschlossenen Klasse im Gegensatz zu denen der offenen Klasse nicht von semantisch-interpretativen Faktoren beeinflußt wird.

Nachdem ein genereller Unterschied zwischen Verarbeitungsmechanismen für die offene und geschlossene Klasse festgestellt wurde, sollte die Verarbeitung spezieller Elemente der geschlossenen Klasse untersucht werden. Im Mittelpunkt stand die Frage, ob die Zugehörigkeit zu einer Wortklasse für bestimmte Verarbeitungsmechanismen entscheidend ist oder aber vielmehr die Art der Information, die ein bestimmtes Element trägt.

Aufgrund vorangegangener Studien mit Aphasiepatienten hatten wir postuliert, daß nicht Klassenzugehörigkeit allein der ausschlaggebende Faktor für bestimmte Verarbeitungsprozeduren ist, sondern die Art der Information, die es zu verarbeiten gilt. Im einzelnen war vorausgesagt worden, daß Verbpartikel vornehmlich Verarbeitungscharakteristika bezüglich ihrer semantischen Information zeigen würden, lexikalische Präpositionen in semantische und syntaktische Prozesse involviert seien und obligatorische Präpositionen erst auf der syntaktischen Ebene relevant würden.

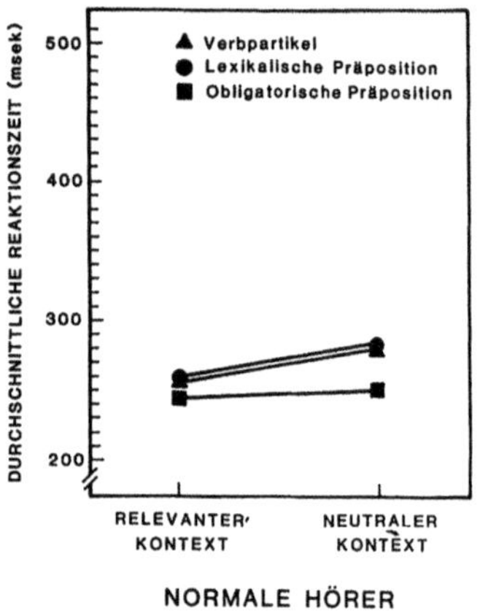

Bild 3. Durchschnittliche Reaktionszeit (msek) für normale Hörer: präpositionale Formen.

Die in Hinblick auf diese Voraussagen durchgeführten t-Tests für die in Abbildung 3 dargestellten Daten ergaben, daß das Erkennen der Verbpartikel, in der Tat, gleich den Elementen der offenen Klasse signifikant vom vorausgehenden semantischen Kontext beeinflußt wird. Ebenso wurden lexikalische Präpositionen in der relevanten Kontextbedingung schneller erkannt als in der kontext-neutralen Situation. Obligatorische Präpositionen zeigten gleich anderen Elementen der geschlossenen Klasse kontextunabhängige Erkennungsmechanismen. Diese Ergebnisse wurden als Unterstützung der formulierten Annahmen gewertet. Lexikalisch-semantische und syntaktische Information werden demnach getrennt voneinander repräsentiert und verarbeitet. Spezielle Verarbeitungsprozeduren sind primär abhängig von der Art der zu verarbeitenden Informationen und nicht von der grammatischen Klasse eines Elementes.

5.1.2 Wortklasse und Informationsart in der normalen Sprachverarbeitung

Die hier dargestellten Ergebnisse stimmen mit der generellen Ansicht überein, daß Kontext das Erkennen von Wörtern erleichtert. Es wurde bereits diskutiert, daß es zur Zeit schwierig ist, eine einheitliche Erklärung für alle die Daten, die in den verschiedenen Studien erhoben wurden, zu finden. Die verschiedenen Aufgabenstellungen und Meßmethoden mögen zu der referierten Uneinheitlichkeit der Ergebnisse beigetragen haben. Aufgrund der zur Zeit zugänglichen Daten kann nicht entschieden werden, (1) ob der Kontexteffekt für die Elemente der offenen Klasse als automatischer Wortassoziationseffekt erklärt werden soll (Stanovich und West, 1983), (2) ob er auf zwischen-lexikalischen Prozessen unter Ausschluß von syntaktischen Prozessen beruht (Seidenberg et al., 1982) oder (3) ob er auf syntaktische und interpretative Prozesse, d.h. die Bedeutung von ganzen Sätzen oder Satzfragmenten zurückzuführen ist (Marslen-Wilson und Tyler, 1980).

Um effektiv arbeiten zu können, mag das Verarbeitungssystem des Hörers alle ihm zugänglichen Informationen zur Identifizierung des sprachlichen Inputs nutzen, offen ist nur, inwieweit die einzelnen Ebenen, die diese verschiedenen Informationen verarbeiten, autonom oder interaktiv arbeiten. Es scheint jedoch sinnvoll, zumindest die syntaktischen Prozesse als autonom anzusehen. Denn wären notwendige syntaktische Prozesse abhängig vom Erfolg möglicher semantisch-basierter Interpretationen, so wäre dies insofern uneffektiv, als der Hörer nicht im Voraus wissen kann, welche der syntaktischen Informationen er am Ende für eine eindeutige Satzinterpretation benötigt. Effizienter wäre es, wenn alle zur Verfügung stehenden syntaktischen Informationen unabhängig von der gegebenen semantischen Information automatisch und obligatorisch verarbeitet würden.

Die Ergebnisse für das Verarbeiten der geschlossenen Klasse stützen diese Interpretation in gewisser Hinsicht. Das Erkennen der Elemente der geschlossenen Klasse geschieht unabhängig von semantisch-interpretativen Prozessen. Die kurzen Reaktionszeiten für diese Klasse deuten darauf hin, daß diese Elemente generell schnell erkannt werden, sei es bedingt durch die besondere Natur des speziellen Zugriffsmechanismus zu diesem Subvokabular oder bedingt durch den begrenzten Umfang des Vokabulars der geschlossenen Klasse. Die hier dargestellten Daten belegen darüberhinaus, daß nicht die Wortklassenzugehörigkeit per se für die Aktivierung spezieller Verarbeitungsmechanismen von primärer Bedeutung ist, sondern daß die Verwendung spezifischer Verarbeitungsmechanismen vielmehr davon abhängt, welche Art der linguistischen Information es zu verarbeiten gilt.

Zusammenfassend kann festgehalten werden, daß die Verarbeitung der semantisch-lexikalischen Information während oder auch erst nach dem lexikalischen Zugriff durch vorausgehende semantische Information beeinflußt werden kann. Die syntaktische Verarbeitungsebene dagegen scheint insofern autonom, als die Verarbeitung der Wörter der geschlossenen Klasse nicht durch Prozesse der lexikalisch-semantischen oder der semantisch-interpretativen Ebene beeinflußt wird.

5.2 Semantische und syntaktische Prozesse bei Aphasie

Als zusätzliche Möglichkeit, die Beziehung zwischen den einzelnen Verarbeitungsebenen und den beiden Wortklassen zu erhellen, kann das Sprachverhalten von agrammatischen Aphasiepatienten herangezogen werden. Das Syndrom des Agrammatismus ist definiert worden als eine selektive Störung der Syntaxkomponente und somit einer bestimmten Ebene der Sprachverarbeitung. Die verschiedenen Versionen der Definition dieses Syndroms sind ausführlich von Berndt und Caramazza (1980) diskutiert worden. Zwei der wichtigsten Theorien des Syndroms unterscheiden sich in einem wesentlichen Punkt: die syntaktische Defizit-Theorie nimmt an, daß die Komponente der Syntaxverarbeitung generell gestört ist (Caramazza und Zurif, 1976). Die Funktionswort-Theorie nimmt dagegen an, daß nicht die syntaktische Verarbeitung insgesamt gestört ist, sondern daß der Agrammatismus sich durch selektive Probleme mit der Verarbeitung von Elementen der geschlossenen Klasse auszeichnet und daß jene syntaktischen Informationen, die durch Wortordnung angezeigt sind, problemlos verarbeitet werden können (Bradley, Garrett und Zurif, 1980). Das spezielle Problem bezüglich der Verarbeitung der geschlossenen Klasse wird auf die Unfähigkeit zurückgeführt, diese Elemente mittels jenes speziellen Zugriffsmechanismus abzurufen, der dem Hörer normalerweise den Zugriff zur spezifischen syntaktischen Information dieser Items ermöglicht.

Zur Stützung dieser Hypothese wurden von Bradley und Mitarbeitern (1980) Ergebnisse eines Worterkennungsexperimentes herangezogen. In diesem Experiment, das bereits hinsichtlich der Befunde normaler Verarbeitungsprozesse dargestellt wurde, zeigten Agrammatiker ein Verhaltensmuster, das sich deutlich von dem der normalen Kontrollpersonen unterschied. Bei normalen Hörern erwies sich das Erkennen der offenen Klasse als eine Funktion der Vorkommenshäufigkeit des Wortes, während sich das Erkennen der geschlossenen Klasse als von der Wortfrequenz unabhängig zeigte. Agrammatiker demonstrierten dagegen eine deutliche Frequenzabhängigkeit für das Erkennen der Elemente beider Klassen. Aus diesem Ergebnis schlossen die Autoren, daß Agrammatiker den speziellen Zugriffsmechanismus verloren hätten und die Elemente der geschlossenen Klasse nur noch mittels jenes generellen Zugriffsmechanismus erkennen können, der den Abruf von Form und Bedeutungsinformation, nicht jedoch den Abruf der syntaktischen Information erlaube.

Diese Interpretation ist kürzlich durch eine Reihe von Studien in Frage gestellt worden, die weder die Original-Ergebnisse der Normalsprecher noch die der agrammatischen Sprecher replizieren konnten (Gordon und Caramazza 1982; Gordon und Caramazza, 1983; Segui et al., 1982). Im Zusammenhang mit den Befunden der Normalhörer wurde jedoch bereits dargelegt, daß diese Studien zwar gegen die Beschreibung unterschiedlicher Zugriffsmechanismen für Elemente der offenen und geschlossenen Klasse hinsichtlich der Frequenzabhängigkeit sprechen, nicht jedoch die generelle Annahme unterschiedlicher Verarbeitungsmechanismen unplausibel machen. Die separate Störung einer dieser Verarbeitungsmechanismen, wie im Falle der agrammatischen Sprachstörung, spricht vielmehr für die Existenz separater Verarbeitungsmechanismen. Falls es zutrifft, daß Agrammatiker die Elemente der offenen und geschlossenen Klasse anders verarbeiten als Normalsprecher, so kann diese Patientengruppe als ein weiterer Testfall für die Verarbeitung von lexikalisch-semantischer und syntaktischer Information bestimmter präpositionaler Formen herangezogen werden.

5.2.1 Das Experiment: Worterkennung im Satz

In einem Experiment, das den Worterkennungsmechanismus im Satz untersucht, wurde eine Gruppe von sieben agrammatischen Broca-Aphasikern getestet. Das Experiment benutzte Material und Methode des im vorangegangenen Kapitel dargestellten Wortwiedererkennungsexperiments, in demdieWortklassedesZielwortes sowie die semantische Relation zwischen Kontextsatz und Testsatz variiert wurden. Um auszuschließen, daß das beobachtete Verhalten der Agrammatiker für diese Aphasiegruppe spezifisch ist, wurde eine aphasische Kontrollgruppe mit sechs Wernicke-Aphasikern getestet. Genauere Einzelheiten über die klinischen und neurolinguistischen Daten sind an anderer Stelle bereits dargestellt worden (Friederici, 1983a). Als wesentliche Spezifikation der Gruppen sei hier nur angeführt, daß alle Aphasiepatienten mittels des Aachener Aphasie Tests (Huber et al., 1983) eindeutig einem der beiden Syndrome zugeordnet werden konnten. Das Durchschnittsalter dieser Patienten betrug 49;4 Jahre und reichte von 38;4 bis 65;6 Jahre. Eine Gruppe von zwölf nicht-aphasischen normalen Sprechern im gleichen Alter und mit vergleichbarer Schulbildung diente als normale Kontrollgruppe.

Die Durchführung des Experiments wurde im Vergleich zu dem Originalexperiment der Normalsprecher in einem Punkt modifiziert. Um sicher zu gehen, daß für die aphasischen Sprecher das aufzufindende Zielwort eindeutig spezifiziert war, wurden sie gebeten, das vor jedem Satzpaar visuell dargebotene Zielwort laut zu lesen. Außerdem hörten die Aphasiepatienten im Gegensatz zu den Normalsprechern das Zielwort in zwei Experimentphasen in beiden Kontextbedingungen. Dies schien angebracht, da Aphasiepatienten, selbst wenn sie sich homogen bezüglich eines spezifischen Syndroms erweisen, in ihrem Schweregrad häufig erheblich variieren. Aus diesem Grunde wurde, selbst auf die Gefahr möglicher Lerneffekte beim Wiederkehren des Testsatzes in der jeweils anderen Kontextbedingung, von einer Kreuzung der experimentellen Bedingungen zwischen verschiedenen Patienten abgesehen. Bei den wiederholten Messungen in den beiden Aphasiegruppen wurde darauf geachtet, daß der Hälfte jeder Aphasiegruppe zuerst Stimulusset A (Tonband I des Originalexperimentes) und nach einer Pause von fünfzehn Minuten Stimulusset B (Tonband II des Originalexperimentes) dargeboten wurde. Bei der anderen Hälfte wurde die Reihenfolge umgekehrt. In der normalen Kontrollgruppe wurden zur Vermeidung möglicher Lerneffekte jeweils sechs Personen mit Stimulusset A konfrontiert und sechs mit Stimulusset B.

Reaktionszeitdaten sowie Fehlerraten wurden registriert. Reaktionszeiten, die über die Zeit von 1500 Millisekunden hinausgingen, wurden von der Analyse eliminiert, da längere Latenzzeiten nicht mehr als unmittelbare Reaktion auf das Zielwort interpretiert werden können. Aufgrund dieser Restriktion mußte ein Agrammatiker von der Analyse ausgeschlossen werden, da die Zahl der Extremwerte insgesamt zu hoch war (19%). Für die restlichen Aphasiepatienten wurden die fehlenden Datenpunkte (im Durchschnitt 8.3%) sowie die Extremwerte (im

Durchschnitt 2.3%) durch die Mittelwerte der jeweiligen Versuchsperson und Bedingung ersetzt.

Analog dem Originalexperiment wurden getrennte Analysen für den Vergleich zwischen offener und geschlossener Klasse und den Vergleich zwischen den präpositionalen Formen durchgeführt.

Eine Varianzanalyse mit den Faktoren Gruppe (Broca-Aphasie / Wernicke-Aphasie / Normale), Wortklasse (offene / geschlossene Klasse) und Kontext (semantisch relevant / neutral) zeigte einen signifikanten Haupteffekt für den Faktor Gruppe ($F(2,15) = 10.22$). Post-hoc Newman-Keuls Tests ergaben, daß beide Aphasiegruppen signifikant langsamer reagierten als die normalen Versuchspersonen. Kein anderer Haupteffekt erwies sich als signifikant. Es gab jedoch eine signifikante Interaktion zwischen den Faktoren Gruppe und Wortklasse ($F(1,15) = 11.71$). Diese Interaktion war hauptsächlich auf die Gruppe der agrammatischen Broca-Aphasien zurückzuführen. Im Gegensatz zu den Normalsprechern, die schneller auf die geschlossene als auf die offene Klasse reagierten, zeigten die Broca-Aphasiker das genau umgekehrte Bild. Sie brauchten insgesamt länger, um Elemente der geschlossenen Klasse zu erkennen als die der offenen Klasse. Wernikke-Aphasiker zeigten ähnlich wie die Normalsprecher etwas kürzere Reaktionszeiten für die geschlossene als für die offene Klasse, jedoch erwies sich dieser Unterschied als nicht signifikant. Die Interaktion zwischen Kontext und Wortklasse war schwach signifikant ($F(1,15) = 3.86$). Es gab keine Interaktion zwischen den Faktoren Gruppe und Kontext. Newman-Keuls-Tests ergaben, daß der Faktor Kontext für alle Gruppen einen signifikante Effekt auf das Erkennen der Elemente der offenen, nicht aber der geschlossenen Klasse hatte. Broca-Aphasiker erkannten ebenso wie Wernicke-Aphasiker und Normalsprecher Wörter der offenen Klasse schneller, wenn dem Testsatz ein semantisch relevanter, als wenn ihm ein semantisch neutraler Kontextsatz vorausging.

Diese Ergebnisse lassen sich wie folgt interpretieren. Zunächst kann festgehalten werden, daß die Befunde für die normale Kontrollgruppe - dargestellt in Abbildung 4 - die Ergebnisse des Originalexperimentes replizieren. Die Verarbeitung der Elemente der geschlossenen Klasse geschieht, im Gegensatz zur Verarbeitung der Elemente der offenen Klasse, unabhängig von semantisch-interpretativen Faktoren. Bei vorausgehendem semantisch neutralem Kontext werden Wörter der geschlossenen Klasse schneller erkannt als Wörter der offenen Klasse; erst wenn semantischer Kontext die Anzahl der möglichen Wortkandidaten reduziert, werden beide Wortklassen gleich schnell erkannt.

Wernicke Aphasiker (Abbildung 5) zeigten in diesem Experiment ein Verhaltensmuster, das dem der Normalen sehr ähnlich ist. Zwar sind die Reaktionen generell etwas verlangsamt, doch ist das Muster dem der Normalsprecher vergleichbar.

Das Erkennen der syntaktischen Einheiten geschieht schneller als das der semantisch-lexikalischen. Der in diesem Experiment beobachtete semantische Kontexteffekt für die Verarbeitung der semantisch-lexikalischen Einheiten deutet darauf hin, daß auch die Elemente der offenen Klasse zumindest auf einer primären Verarbeitungsebene adäquat prozessiert werden. Diese Ergebnisse sind insofern

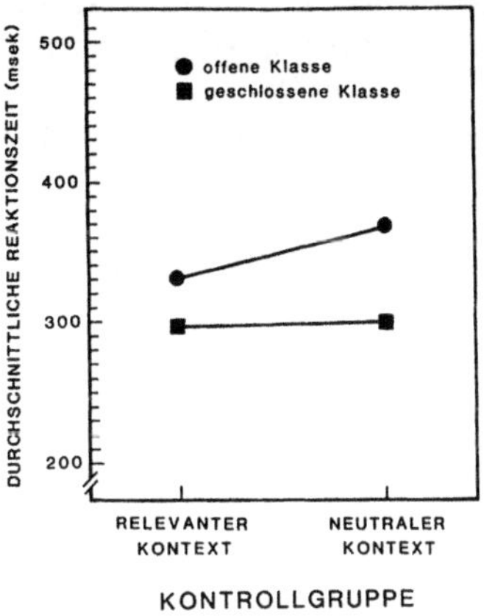

Bild 4. Durchschnittliche Reaktionszeiten (msek) für normale Kontrollgruppe: offene und geschlossene Klasse.

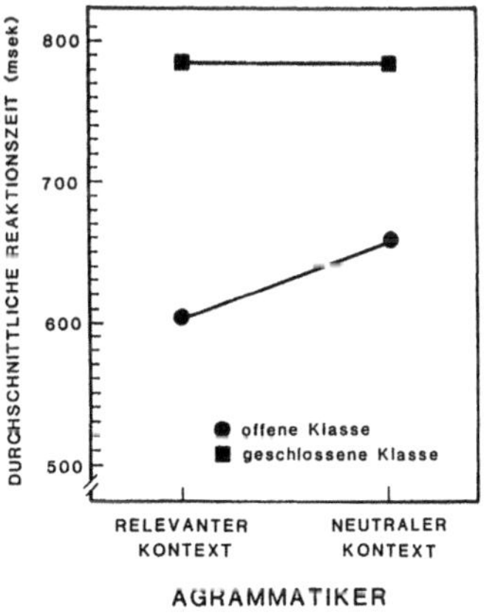

Bild 5. Durchschnittliche Reaktionszeit (msek) für Wernicke-Patienten: offene und geschlossene Klasse.

erstaunlich, als sich diese Patientengruppe charakteristischerweise durch starke Störungen im Sprachverständnis auszeichnet. Die Ebene der Worterkennung selbst scheint bei diesen Patienten weitgehend ungestört. Es drängt sich daher die Schlußfolgerung auf, daß die automatischen Wortverarbeitungsprozesse bei dieser Form der Aphasie weitgehend intakt sind, die Patienten jedoch nicht fähig sind, diese primär verarbeiteten Informationen auf einer höheren Ebene zu einer Interpretation zu integrieren (Friederici, 1983a). Dieser Schluß wird auch durch Ergebnisse von Blumstein und Mitarbeitern (Milberg und Blumstein, 1981; Blumstein, Milberg und Shrier, 1982) gestützt, die gezeigt haben, daß bei Wernicke-Aphasikern zumindest die automatischen lexikalisch-semantischen Prozesse auf der Wortebene noch funktionieren. Insgesamt weisen die Ergebnisse darauf hin, daß lexikalisch-semantische und semantisch-interpretative Prozesse auf zwei unabhängigen und voneinander unabhängig störbaren Verarbeitungsebenen ablaufen.

Die Broca-Aphasiker geben im Gegensatz zu Wernicke-Aphasikern dagegen Aufschluß über verschiedene Aspekte der syntaktischen Verarbeitungsprozesse. Agrammatische Broca-Patienten erkennen Elemente der geschlossenen Klasse generell deutlich langsamer als die der offenen Klasse (siehe Abbildung 6). Semantisch relevanter Kontext erleichtert dagegen, wie bei den Kontrollgruppen, das Erkennen der Elemente der offenen Klasse, während die geschlossene Klasse sich davon unbeeinflußt zeigt.

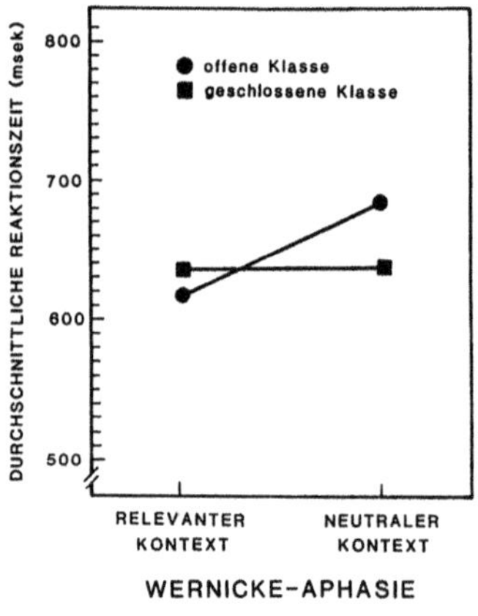

Bild 6. Durchschnittliche Reaktionszeiten (msek) für Agrammatiker: offen und geschlossene Klasse.

Allerdings zeigen Broca-Aphasiker im Gegensatz zu der normalen und der Kontrollgruppe der Wernicke-Aphasiker einen signifikanten Unterschied beim Erkennen der Elemente der beiden Klassen in der semantisch relevanten Kontextsituation. Während normale und Wernicke-Aphasiker unter dieser Bedingung Elemente der offenen Klasse schneller erkennen als die der geschlossenen Klasse, ist dieser Unterschied, bedingt durch die generalle Verlangsamung des Erkennens der Wörter der geschlossenen Klasse, bei Broca-Aphasikern nicht zu beobachten. Im Falle des semantisch neutralen Kontextes besteht - wie durch t-Tests nachgewiesen - kein signifikanter Unterschied zwischen den Erkennungszeiten für Elemente der offenen und geschlossenen Klasse. Das bedeutet, ist keine vorausgehende semantische Information gegeben, so werden die Wörter beider Klassen gleich schnell erkannt. Der Normalsprecher erkennt im analogen Fall die geschlossene Klasse schneller. Die vorausgehende syntaktische Information mag Parameter für die Benutzung spezieller Abrufmechanismen gesetzt haben, wobei die Such- und Erkennungsprozesse im begrenzten Vokabular der geschlossenen Klasse schneller zum Erfolg führen als in dem theoretisch unbegrenzten Vokabular der offenen Klasse. Mangelnde Verarbeitung der vorausgehenden syntaktischen Information bei den agrammatischen Aphasiepatienten mag diese Parametersetzung verhindert haben. Der spezielle Abrufmechanismus für den Zugriff der im geschlossenen Vokabular enthaltenen syntaktischen Information kann somit nicht mehr benutzt werden; die Erkennungsprozesse für beide, offene und geschlossene Klasse, benötigen daher die gleiche Zeit.

Unter der bereits begründeten Annahme, daß Agrammatikern die Fähigkeit verloren gegangen ist, die von den Elementen der geschlossenen Klasse getragene syntaktische Information zu verarbeiten, wobei ihnen jedoch die Fähigkeit zur Verarbeitung lexikalisch-semantischer Informationen geblieben ist, bietet diese Personengruppe die Möglichkeit zu prüfen, inwieweit lexikalisch-semantische und syntaktische Informationen unabhängig von der Wortklassenzugehörigkeit verarbeitet werden. Trifft es zu, daß Verbpartikel hauptsächlich in lexikalisch-semantische Prozesse, lexikalische Präpositionen in lexikalisch-semantische und in syntaktische Prozesse, obligatorische Präpositionen aber vornehmlich in syntaktische Prozesse involviert sind, so ist zu erwarten, daß Agrammatiker obligatorische Präpositionen ähnlich wie Elemente der geschlossenen Klasse verarbeiten, Verbpartikel sich wie andere Elemente der offenen Klasse verhalten, und die Verarbeitung von lexikalischen Präpositionen sich zum Teil auch von semantischen Faktoren beeinflußt zeigt, wenn auch im geringeren Maße als die Verarbeitung der Verbpartikel.

Die Analysen der Untersuchungsergebnisse, die in Abbildung 7 dargestellt sind, bestätigen diese Annahmen. Eine Varianzanalyse mit den Faktoren Gruppe, Wortkategorie (präpositionale Form) und Kontext ergab einen signifikanten Haupteffekt für den Faktor Gruppe ($F(2,15) = 12.11$). Die Interaktion zwischen den Faktoren Gruppe und Wortkategorie war ebenfalls signifikant ($F(1,15) = 8.74$). Diese Interaktion läßt sich wie folgt analysieren: Newman-Keuls Tests ergaben, daß Broca-Aphasiker Verbpartikel schneller erkannten als lexikalische Präpositionen und lexikalische Präpositionen wiederum schneller erkannten als obligatorische Präpositionen, während ein solcher Unterschied für die beiden Kontrollgruppen nicht gefunden wurde.

Geplante t-Tests zum Kontexteffekt ergaben für die normale Kontrollgruppe - wie im Orginalexperiment - einen signifikanten Kontexteffekt für Verbpartikel und lexikalische Präpositionen. Wernicke-Aphasiker zeigten das gleiche Verhaltensmuster. Im Falle der Broca-Aphasie hatte der Kontext lediglich einen signifikanten Effekt bei der Verarbeitung von Verbpartikeln.

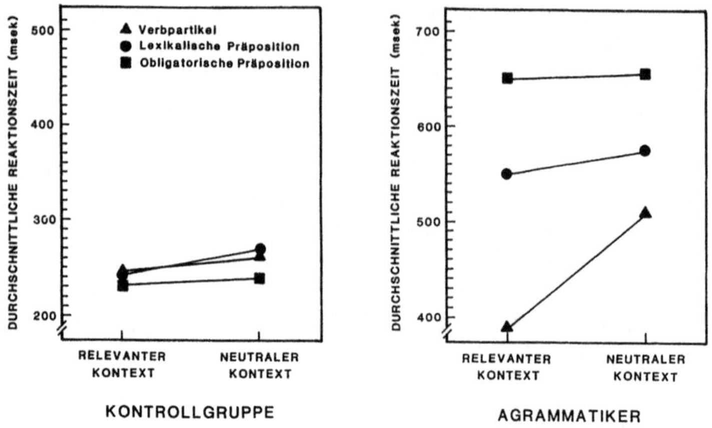

Bild 7. Durchschnittliche Reaktionszeiten (msek) für normale Kontrollgruppe und Agrammatiker: präpositionale Formen

5.2.2 Semantisch-lexikalische und syntaktische Aspekte bei Aphasie

Die Ergebnisse über die Verarbeitung von offener und geschlossener Wortklasse einerseits und bestimmten Aspekten linguistischer Informationen andererseits bei Aphasie lassen Schlüsse sowohl über Prinzipien der Sprachverarbeitung als auch über bestimmte aphasische Syndrome zu.

Falls die von Bradley, Garrett und Zurif (1980) aufgestellte Hypothese, daß Agrammatiker keinen Unterschied zwischen der Verarbeitung der Elemente der offenen und geschlossenen Klasse machen, sondern die Elemente der geschlossenen Klasse vielmehr analog der offenen Klasse verarbeiten, zutrifft, dann müßte die Verarbeitung von Elementen der geschlossenen Klasse, ebenso wie die der offenen Klasse, dem Einfluß von semantisch-interpretativen Faktoren unterliegen. Der Befund, daß sich die Verarbeitung dieser Elemente kontextunabhängig darstellt, legt nahe, daß bei Agrammatismus wohl der spezielle automatisierte Verarbeitungsmechanismus für die von der geschlossenen Klasse getragenen syntaktischen Informationen beeinträchtigt ist, die syntaktische Verarbeitungsebene als solche jedoch ihre Autonomie gegenüber den semantisch-interpretativen Faktoren bewahrt hat.

Die Daten spezifizieren darüberhinaus, daß lexikalisch-semantische und syntaktische Informationen unabhängig von phonologischer Form und grammatischer Wortklasse unterschiedlich verarbeitet werden. Die Daten der Agrammatiker verdeutlichen besonders, daß das Verarbeiten der gleichen phonologischen Form eines Wortes Funktion der jeweiligen funktionalen Rolle im Satz und damit der in ihm enthaltenen Information ist. Das bedeutet zum einen, daß syntaktische und lexikalisch-semantische Informationen unabhängig voneinander verarbeitet und repräsentiert werden. Darüberhinaus aber deuten diese Ergebnisse darauf hin, daß die funktionelle Organisation des Gehirns dieser strukturellen Unterscheidung Rechnung trägt.

Der Befund scheint daher vor allem für ein Modell der normalen Sprachverarbeitung von Bedeutung. Das Ergebnis, daß im Falle der Broca-Aphasie die automatische Verarbeitung der in Elementen der geschlossenen Klasse enthaltenen syntaktischen Informationen zwar gestört ist, die Worterkennungsprozesse für die Wörter trotzdem autonom und unbeeinflußt von semantisch-interpretativen Faktoren bleiben, läßt den vorläufigen Schluß zu, daß die strukturelle Architektur der Repräsentation des Sprachverarbeitungssystems im Prinzip erhalten bleiben kann, auch wenn die Prozesse, die die einzelnen Komponenten des Systems involvieren, gestört sind.

Es drängt sich an diesem Punkt die Frage auf, ob diese Architektur von Lebensbeginn an neuronal verankert ist, d.h. ob den syntaktischen Prozessen der Status der Autonomie von Anfang an immanent ist, oder ob dieser Status erst im Laufe der Sprachentwicklung erworben werden muß. Diese Frage soll im nachfolgenden Kapitel untersucht werden.

5.3 Der Erwerb sprachlicher Verarbeitungsprozesse

Die kognitiven Prozesse, die ein Hörer benutzt, um die in einer Äußerung enthaltenen lexikalischen, semantischen und syntaktischen Informationen aufzufinden und zu verarbeiten, unterliegen entwicklungstypischen Veränderungen. In dem Maße, in dem zusätzliches linguistisches Wissen erworben wird, verändern sich auch die Fähigkeiten, mit diesem Wissen umzugehen. Die Betrachtung solcher entwicklungsbedingten Veränderungen gibt uns nicht nur Aufschluß darüber, wann, d.h. in welchem Alter, ein bestimmtes Wissen erworben wird, sondern auch darüber, wie dieses Wissen eingesetzt wird. Durch die Beobachtung von Sprachverhalten zu einem Entwicklungszeitpunkt, zu dem das System noch nicht hoch automatisiert arbeitet, erhofft man sich Einblicke in diejenigen Prozesse, die dem ausgereiften Sprachverarbeitungssystem als komplexes Ganzes zugrundeliegen.

Bezüglich des Gebrauchs von unterschiedlichen Wissensquellen für das Sprachverständnis haben Tyler und Marslen-Wilson (1981) keine entwicklungsbedingten Veränderungen beobachten können; Kinder im Alter von sieben bis elf Jahren benutzen dieser Arbeit zufolge syntaktisches und interpretatives Wissen in ähnlich effektiver interaktiver Weise wie Erwachsene. Lediglich sehr junge Kinder im Alter von fünf Jahren schienen in ihrem Verhalten eher durch pragmatische und inferentielle Prozesse geleitet. Demgegenüber haben andere Untersuchungen übereinstimmend auf Entwicklungsunterschiede im Gebrauch von syntaktischem Wissen einerseits und semantisch-pragmatischem Wissen andererseits hingewiesen (z.B. Bever, 1970; Slobin & Bever, 1982). Swinney und Cutler (1979) sowie Flores d'Arcais (1981) haben gezeigt, daß sich der Erwerb und der Umgang mit Funktionswörtern sehr viel später entwickelt als das Verarbeiten der Inhaltswörter. Flores d'Arcais hat auf die Entwicklungsunterschiede im Gebrauch von Funktionswörtern in verschiedenen Aufgaben aufmerksam gemacht. Kinder, die in einem bestimmten Alter Funktionswörter im Satzkontext verstehen, können die Funktionswörter zum gleichen Entwicklungszeitpunkt in abstrakten Aufgaben, wie zum Beispiel Wortentscheidungsaufgaben oder Wortsortieraufgaben, nicht korrekt verarbeiten.

Was das ausgereifte Verarbeitungssystem angeht, so ging das hier vorgestellte Modell davon aus, daß die strukturelle Information, die von den Elementen der geschlossenen Klasse getragen wird, automatisch und autonom verarbeitet wird, und daß dieser Verarbeitungsprozeß von semantisch-interpretativen Faktoren unbeeinflußt bleibt. Sofern dieser Prozeß noch nicht von Anfang an autonom ist, sondern seine Unabhängigkeit von anderen Prozessen erst im Laufe der Entwicklung gewinnen muß, so ist zu erwarten, daß die syntaktischen Operationen bei Kindern im Gegensatz zu Erwachsenen von semantisch-interpretativen Faktoren beeinflußt werden können.

5.3.1 Die Experimente: Worterkennung im Satz

Diese Voraussagen wurden in einer Reihe von Experimenten getestet (siehe auch Friederici, 1983b), die sich der schon dargestellten Methode der Wortwiedererkennung im Satz bedienten. Dieses Verfahren hatte sich auch bei Kindern als mögliche Methode erwiesen, Verarbeitungsprozesse in Echtzeit, d.h. in dem Augenblick, in dem sie stattfinden, zu messen (Swinney & Cutler, 1979; Tyler & Marslen-Wilson, 1981).

Es wurden zwei Experimente an insgesamt 140 Kindern verschiedener Altersgruppen durchgeführt. Ein Experiment untersuchte jeweils zwanzig Kinder im Alter von fünf, sieben und acht Jahren, ein zweites jeweils zwanzig Kinder in den Altersgruppen acht, neun, zehn und elf Jahre.

In den Experimenten wurde analog den vorher dargestellten Experimenten Wortklasse des Zielwortes und semantische Relation zwischen Kontextsatz und Testsatz systematisch variiert. Das Experiment, das mit den älteren Kindern durchgeführt wurde, benutzte das gleiche Stimulusmaterial wie die bereits in vorangegangenen Kapiteln beschriebenen Experimente mit erwachsenen normalen und aphasischen Sprechern. Für die jüngeren Kinder wurde linguistisches Stimulusmaterial erstellt, das dem des Originalexperimentes in der syntaktischen Struktur gleich war, sich jedoch in der Wortwahl der Inhaltswörter dahingehend unterschied, daß es dem Entwicklungsstand dieses Alters angemessen war.

Das Stimulusmaterial bestand für beide Experimente aus 100 Satzpaaren. Fünfzig Testssätze, die das jeweilige Zielwort enthielten, wurden einmal mit einem semantisch relevanten Kontextsatz präsentiert, ein anderes Mal mit einem neutralen Kontextsatz. Die Zielwörter entstammten zu je zehn Elementen der offenen Klasse, der geschlossenen Klasse, der Kategorie der lexikalischen Präpositionen, der obligatorischen Präpositionen und der Verbpartikel. Jedes Kind hörte jedes Zielwort nur einmal, die Hälfte der Testsätze jeder Zielwortkategorie mit semantisch relevantem, die andere mit semantisch neutralem Kontext. Die Prozedur der beiden Experimente unterschied sich darin, daß die älteren Kinder aufgefordert wurden, das visuell präsentierte Zielwort vor jedem Satzpaar laut zu lesen, während den jüngeren Kindern das Wort vorgesprochen wurde und sie gebeten wurden, das Wort laut zu wiederholen. Ebenso wie bei dem Originalexperiment bestand die Aufgabe darin, das so spezifizierte Wort im Satz aufzufinden und bei dessen Identifikation so schnell wie möglich eine Reaktionszeittaste zu drücken. Um Fehler aufgrund von motorischen Unzulänglichkeiten zu vermeiden, wurde eine extra große, aber leicht zu bediendende Reaktionszeittaste (13 x 7cm) für die Kinder gebaut. Die Kinder wurden darauf aufmerksam gemacht, die Taste nur dann zu drücken, wenn sie das Wort auch wirklich gehört hätten und besonders gut aufzupassen, da es auch Sätze gäbe, in denen das genannte Wort gar nicht auftauche.

Fehlerdaten und Reaktionszeiten wurden registriert und für die Analyse aufbereitet. Fehlende Meßwerte wurden durch die Mittelwerte der jeweiligen Versuchsperson ersetzt. Für die beiden Experimente wurden getrennte Analysen gerechnet. Auch wurden die Daten für den Vergleich offene und geschlossene Klasse von denen für den Vergleich der verschiedenen präpositionalen Formen getrennt behandelt. Zunächst sollen im Folgenden die Ergebnisse für das Experiment mit den Fünf-, Sieben- und Achtjährigen, danach die Ergebnisse für das Experiment mit den Acht-, Neun-, Zehn- und Elfjährigen dargestellt werden. Die Befunde werden im Anschluß daran gemeinsam diskutiert werden.

Experiment I:
Worterkennung bei fünf- bis achtjährigen Kindern

Zwanzig Kinder wurden in den Altersgruppen von fünf, sieben und acht Jahren untersucht.

Für die Daten der offenen und geschlossenen Klasse einerseits und die der präpositionalen Formen andererseits wurden getrennte Analysen gerechnet, die auch separat dargestellt werden sollen. Wie in den vorausgehenden Experimenten wurden sowohl Fehlerdaten wie Reaktionszeitdaten aufgezeichnet. In Anbetracht der hohen Fehlerraten in diesen Altersgruppen wurden sowohl die Fehlerdaten wie auch Reaktionszeitdaten analysiert (siehe Tabelle 1). Sie sollen nacheinander diskutiert werden.

Zur Analyse der Fehlerdaten wurden nonparametrische Testverfahren benutzt: der Mann-Whitney-U-Test für Vergleiche zwischen den einzelnen Gruppen und der Wilcoxon-Test für Vergleiche innerhalb der Gruppen. Alle hier als signifikant diskutierten Ergebnisse waren auf dem Alpha-level von .05 reliabel (eine detaillierte Darstellung der einzelnen Werte findet sich in Friederici, 1983b). Die Analyse ergab, daß sowohl Fünfjährige wie auch Siebenjährige insgesamt signifikant mehr Fehler machen als Achtjährige. Zwischen den Altersgruppen von fünf und sieben Jahren gab es keinen signifikanten Unterschied in der Fehlerrate. Jede der Gruppen macht deutlich mehr Fehler beim Erkennen von Elementen der geschlossenen als bei Elementen der offenen Klasse. Semantischer Kontext hatte kaum einen Einfluß auf die Fehlerrate der Wörter der offenen Klasse - diese wurden generell gut erkannt - wohl aber auf das Erkennen der Wörter der geschlossenen Klasse. Auch machten Kinder aller Altersgruppen mehr Fehler beim Erkennen der Wörter der geschlossenen Klasse, wenn der Kontextsatz in keiner direkten Beziehung zum Testsatz stand.

WORTKLASSE	KONTEXT	ALTER IN JAHREN 5	7	8
Offen	relevant	0	7	2
	neutral	5	2	8
Geschlossen	relevant	28	28	18
	neutral	55	43	26

Tabelle 1. Durchschnittliche Fehleranzahl in Prozent für Fünf-, Sieben- und Achtjährige.

Die Reaktionszeitdaten - graphisch dargestellt in Abbildung 8 - zeigten das folgende Muster. Eine Varianzanalyse mit den Faktoren Altersgruppe × Wortklasse × Kontext ergab einen signifikanten Haupteffekt für den Faktor Altersgruppe ($F(2,57) = 6.03$). Wie post-hoc Newman-Keuls-Tests zeigten, erkannten Fünfjährige die Zielwörter generell signifikant langsamer als Sieben- und Achtjährige, und Siebenjährige reagierten ihrerseits signifikant langsamer als Achtjährige. Der Haupteffekt für den Faktor Wortklasse ($F(1,57) = 17.96$) ließ sich durch post-hoc Tests weiter analysieren. Kinder im Alter von fünf und sieben Jahren erkannten Wörter der offenen Klasse schneller als Wörter der geschlossenen Klasse. Dieser Unterschied war bei den Achtjährigen nicht mehr signifikant. Der Haupteffekt des Faktors Kontext war ebenfalls signifikant ($F(1,57) = 7.49$).

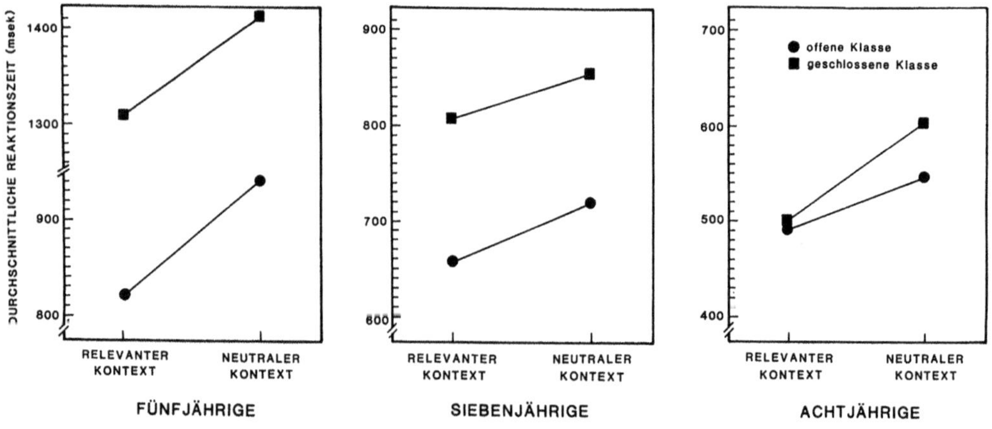

Bild 8. Durchschnittliche Reaktionszeit (msek) für Fünf-, Sieben- und Achtjährige: offene und geschlossene Klasse.

Post-hoc Vergleiche (Newman-Keuls-Test) ergaben, daß bei Kindern aller Altersgruppen Wörter der offenen Klasse signifikant schneller erkannt wurden, wenn semantisch relevanter Kontext dem Testsatz vorausging. Semantischer Kontext hatte bei Sieben- und Achtjährigen keinen Einfluß auf die Erkennungszeit (Reaktionszeit) von Elementen der geschlossenen Klasse, wohl aber bei Kindern im Alter von fünf Jahren. Der Erkennerfolg (Fehlerrate) allerdings war bei allen Altersgruppen durch semantisch-interpretative Faktoren beeinflußt. Dies deutet darauf hin, daß das Erkennen und Verarbeiten von syntaktischer Information in jungen Jahren mit dem Verarbeiten von semantischer Information interferiert. Erst später werden Elemente der geschlossenen Klasse unabhängig von semantisch-interpretativen Variablen erkannt.

Dieser Schluß wird auch durch die Daten die Verarbeitung von präpositionalen Formen betreffend gestützt. Die Analyse der Fehler bei der Verarbeitung dieser Elemente (Tabelle 2) ergab, daß Fünf- und Siebenjährige mehr Fehler beim Erkennen der verschiedenen präpositionalen Formen machen als Achtjährige.

Wilcoxon-Tests zeigten, daß Fünf- und Siebenjährige Verbpartikel und lexikalische Präpositionen leichter erkannten als dieselbe phonologische Form in der Rolle der obligatorischen Präposition. Dieser Unterschied war im Alter von acht Jahren zwar noch als Tendenz zu beobachten, jedoch nicht mehr signifikant.

Eine Varianzanalyse der Reaktionszeiten mit den Faktoren Altersgruppe x Wortkategorie x Kontext ergab einen signifikanten Haupteffekt des Faktors Altersgruppe ($F(2,57) = 5.93$). Fünfjährige reagierten langsamer als Siebenjährige und diese wiederum langsamer als Achtjährige (Abbildung 9).

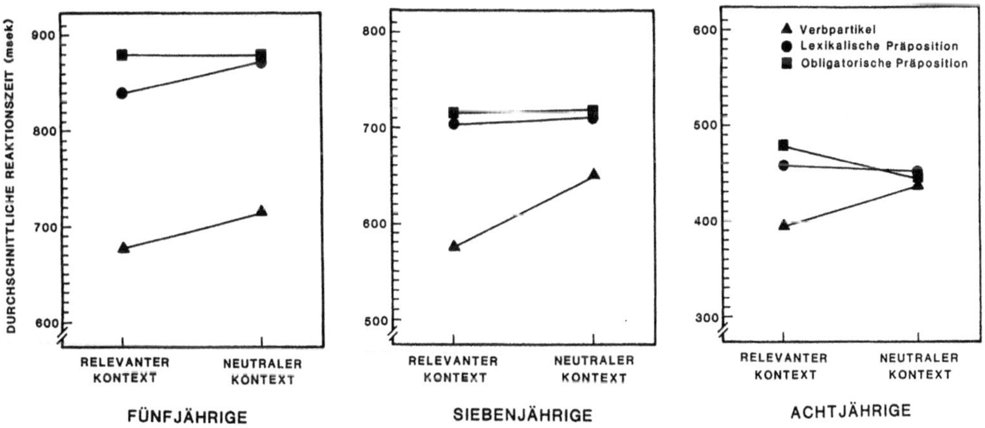

Bild 9. Durchschnittliche Reaktionszeit (msek) für Fünf-, Sieben- und Achtjährige: offene und geschlossene Klasse.

WORTKATEGORIE	KONTEXT	ALTER IN JAHREN 5	7	8
lexikalische Präposition	relevant	5	9	2
	neutral	13	9	4
obligatorische Präposition	relevant	13	12	2
	neutral	13	14	5
Verbpartikel	relevant	5	3	2
	neutral	7	4	2

Tabelle 2. Durchschnittliche Fehleranzahl in Prozent für Fünf-, Sieben- und Achtjährige.

Der signifikante Haupteffekt für den Faktor Wortklasse läßt sich vor allem durch die Reaktionszeiten für Verbpartikel erklären. Post-hoc Newman-Keuls-Tests ergaben, daß Verbpartikel signifikant schneller erkannt werden als lexikalische und obligatorische Präpositionen, während es zwischen diesen keinen signifikanten Unterschied bezüglich der Reaktionszeiten gibt.

Experiment II:
Worterkennung bei acht- bis elfjährigen Kindern

In diesem Experiment wurde das gleiche Stimulusmaterial wie beim Originalexperiment, das erwachsene Hörer untersuchte, benutzt. Es wurden Fehlerdaten und Reaktionszeiten von je zwanzig Kindern im Alter von acht, neun, zehn und elf Jahren analysiert. Alle als signifikant diskutierten Ergebnisse waren mindestens auf dem 5% Niveau reliabel.

Die Fehlerdaten der Acht- bis Elfjährigen sind in Tabelle 3 aufgeführt. Ein Ergebnis war, daß jüngere Kinder generell mehr Schwierigkeiten beim Erkennen von Wörtern haben als ältere.

Vergleiche zwischen den einzelnen Gruppen ergaben (Mann-Whitney-U-Test), daß sich die nächst ältere von der jeweils jüngeren Gruppe signifikant unterschied, mit Ausnahme der zwei oberen Altersgruppen (Zehn- und Elfjährige). Interessanter jedoch ist, daß alle Kinder bis zum Alter von elf Jahren mehr Schwierigkeiten beim Erkennen der geschlossenen Klasse hatten. Kontext hatte keinen Einfluß auf die Fehlerrate für die offene Klasse. Ein signifikanter Kontexteffekt zeigte sich jedoch für den Erfolg beim Erkennen der geschlossenen Klasse bei Acht- und Neunjährigen. Bei semantisch relevantem Kontext wurden weniger Fehler gemacht als bei semantisch neutralem Kontext.

WORTKLASSE	KONTEXT	ALTER IN JAHREN 8	9	10	11
Offen	relevant	1	1	2	1
	neutral	2	2	0	0
Geschlossen	relevant	12	9	8	12
	neutral	28	21	11	8

Tabelle 3. Durchschnittliche Fehleranzahl in Prozent für Acht-, Neun-, Zehn- und Elfjährige.

Die Reaktionszeitdaten (Abbildung 10) wurden in einer Varianzanalyse mit den Faktoren Altersgruppe x Wortklasse x Kontext analysiert. Der Haupteffekt Altersgruppe war signifikant ($F(3,76) = 20.89$). Die Unterschiede zwischen allen Altersgruppen waren mit Ausnahme des Unterschieds zwischen den Neun- und Zehnjährigen signifikant (post-hoc Newman-Keuls-Tests).

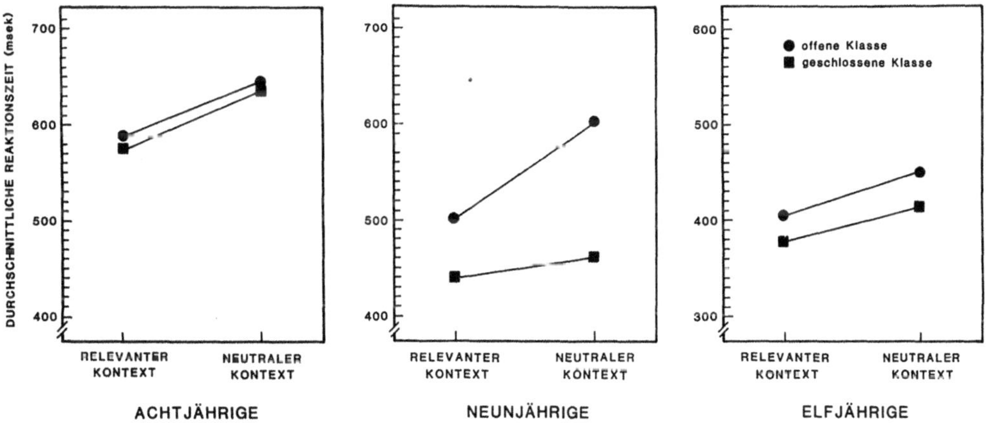

Bild 10. Durchschnittliche Reaktionszeit (msek) für Acht-, Neun- und Elfjährige: offene und geschlossene Klasse .

Neben diesem entwicklungsbedingten Anstieg in der Schnelligkeit der Reaktion waren folgende Ergebnisse zu verzeichnen: Der Haupteffekt Wortklasse ($F(1,76) = 17.30$) wie auch die Interaktion zwischen Altersgruppe und Wortklasse waren signifikant ($F(3,76) = 5.21$). Kinder im Alter von acht Jahren reagierten schneller auf die offene Klasse, während die älteren Kinder - gleich den Erwachsenen - schneller auf die geschlossene Klasse reagierten. Der signifikante Haupteffekt des Faktors Kontext ($F(1,76) = 8.21$) ging hauptsächlich auf die offene Klasse zurück.

Die Ergebnisse lassen sich dahingehend interpretieren, daß, obwohl Kinder bis zum Alter von elf Jahren immer noch Fehler beim Erkennen von Elementen der geschlossenen Klasse machen, sie im Alter von neun Jahren zumindest diejenigen Elemente der geschlossenen Klasse, die sie erfolgreich wahrnehmen, bereits schneller erkennen als diejenigen der offenen Klasse. In der Verteilung der Fehler zeigt sich, daß Achtjährige und auch noch Neunjährige die geschlossene Klasse nicht unabhängig von semantisch-interpretativen Variablen wahrnehmen.

Die Ergebnisse für das Erkennen und Verarbeiten der unterschiedlichsten präpositionalen Formen ergaben folgendes Bild. Die Analyse der fehlerhaften Reaktionen (Tabelle 4) zeigte deutliche Entwicklungsunterschiede bezüglich der Verarbeitung verschiedener Formen der geschlossenen Klasse. Acht- und Neunjährige hatten mehr Schwierigkeiten, präpositionale Formen zu verarbeiten, wenn sie als obligatorische Präposition zu verarbeiten waren, als wenn sie lexikalische Präposition oder aber Verbpartikel waren (Wilcoxon-Test, $p < .01$).

		ALTER IN JAHREN			
WORTKLASSE	KONTEXT	8	9	10	11
lexikalische	relevant	3	1	2	2
Präposition	neutral	6	2	1	1
obligatorische	relevant	10	4	2	0
Präposition	neutral	9	6	1	1
Verbpartikel	relevant	1	2	2	2
	neutral	1	2	2	1

Tabelle 4. Durchschnittliche Fehleranzahl in Prozent für Acht-, Neun-, Zehn- und Elfjährige.

Dieser Unterschied ist bei Zehn- und Elfjährigen nicht mehr zu beobachten. Der Unterschied zwischen lexikalischen Präpositionen und Verbpartikeln war in keiner der Gruppen signifikant. Es scheint, als sei es für Kinder im Alter von acht und neun Jahren immer noch leichter, solche Elemente der geschlossenen Klasse zu verarbeiten, die semantische Bedeutung tragen und zwar unabhängig von deren phonologischer Form.

Die Varianzanalyse der Reaktionszeitdaten (Abbildung 11 mit den Faktoren Altersgruppe × Wortkategorie × Kontext ergab einen signifikanten Gruppenhaupteffekt (F(2,76) = 14.45). Mit Ausnahme des Unterschieds zwischen den Neun- und Zehnjährigen waren alle anderen Gruppenunterschiede signifikant: jüngere Kinder reagieren jeweils langsamer als ältere Kinder (Newman-Keuls-Test). Der Haupteffekt der Wortklasse war ebenfalls signifikant (F(2,152) = 13.66).

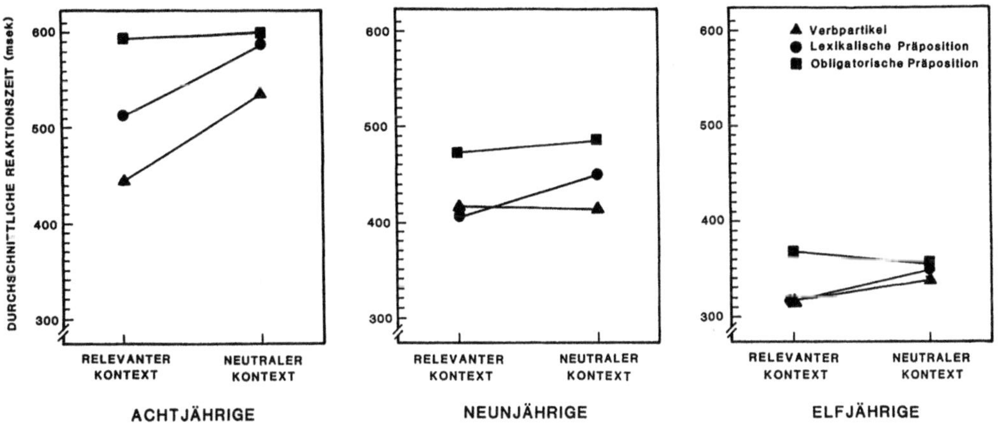

Bild 11. Durchschnittliche Reaktionszeit (msek) für Acht-, Neun- und Elfjährige: Präpositionale Formen.

Post-hoc Vergleiche ergaben, daß in allen Altersgruppen obligatorische Präpositionen langsamer verarbeitet werden als Verbpartikel. Die anderen Unterschiede erwiesen sich als nicht signifikant. Der Haupteffekt Kontext - mit schnelleren Reaktionen in semantisch relevantem Kontext - war signifikant (F(1,76) = 5.49).

Der Entwicklungsunterschied für die präpositionalen Formen ist ähnlich dem, der für die offene und geschlossene Klasse beobachtet wurde. Reaktionszeiten werden insgesamt schneller, je älter die Kinder werden. Interessanter ist jedoch der Befund, daß die Entwicklungverläufe für die Verarbeitung von lexikalischer und nicht-lexikalischer Information verschieden sind - und zwar unabhängig von grammatischer Klasse und phonologischer Form.

5.3.2 Semantische und syntaktische Prozesse in der Sprachentwicklung

Die Verarbeitung lexikalisch-semantischer und syntaktischer Information durchläuft mehrere Entwicklungsstadien. Die Fähigkeit, Elemente der geschlossenen Klasse unabhängig von semantisch-interpretativen Variablen zu verarbeiten, entwickelt sich erst relativ spät.

In sehr jungen Jahren - im Alter von fünf - haben Kinder generell zunächst große Schwierigkeiten, Wörter der geschlossenen Klasse zu erkennen und zu verarbeiten. Zu diesem Entwicklungszeitpunkt ist der Erkennungsprozeß für diese Klasse von Elementen, ähnlich dem für Wörter der offenen Klasse, abhängig von semantisch interpretativen Faktoren. Im Alter von sieben Jahren ist die Fähigkeit, Elemente der geschlossenen Klasse zu verarbeiten, immer noch stark beeinflußbar durch semantisch-interpretative Variablen. Obwohl mit zunehmendem Alter die Worterkennungszeiten insgesamt, besonders aber für die Elemente der geschlossenen Klasse schneller werden, zeichnet sich noch keine dramatische Entwicklung bezüglich der Erfolgsrate im Erkennen der geschlossenen Klasse ab. Es werden zu diesem Entwicklungszeitpunkt noch häufig Fehler beim Erkennen von Funktionswörtern gemacht. Auch für Neun- und Zehnjährige bereitet es immer noch mehr Schwierigkeiten Funktionswörter als Inhaltswörter im Satz aufzufinden. Diejenigen Funktionswörter, die erfolgreich identifiziert werden, werden nun genauso schnell erkannt wie die Wörter der offenen Klasse. Erst im Alter von elf Jahren zeigen Kinder bezüglich der beiden Wortklassen ein Verhaltensmuster, das dem der Erwachsenen ähnelt. Zwar sind die Reaktionszeiten generell noch etwas langsamer als für erwachsene Hörer, doch zeigen Elfjährige - wie die Erwachsenen - schnellere Reaktionszeiten für die geschlossene als für die offene Klasse und verarbeiten die Elemente der geschlossenen Klasse unabhängig von semantisch-interpretativen Variablen.

Falls unsere Annahmen bezüglich des erwachsenen Verarbeitungssystems valide sind, d.h. falls der erwachsene Hörer spezialisierte Abrufmechanismen benutzen kann, sobald vorausgehende Informationen Parameter bereitstellen, so scheint es, daß Kinder im Alter von neun Jahren solch einen speziellen schnellen Verarbeitungsmechanismus generell benutzen können. Der Befund jedoch, daß in diesem Alter die Reaktionen auf Funktionswörter nicht in jedem Fall zuverlässig sind, läßt eine Interpretation zu, die mit der eingänglich dargestellten Hypothese über Entwicklung dieser Verarbeitungsprozesse in Einklang steht.

Das jüngere Kind verarbeitet demzufolge zunächst vornehmlich semantisch-lexikalische Information. Es ist anzunehmen, daß es jedoch bald bemerkt, daß für die Interpretation von Äußerungen über diese Information hinaus zusätzliche Informationen notwendig sind. Nach der Identifizierung von bestimmten nicht-lexikalischen Elementen wird versucht, deren Rolle im Satz hypothetisch zu bestimmen. Nachdem diese Hypothese wiederholt gegen neu wahrgenommene Äußerungen getestet worden ist, wird das Element zusammen mit der jeweiligen strukturellen Information in ein spezielles Subvokabular kopiert, von dem aus es in Zukunft abgerufen werden kann. Besonders am Anfang des Erwerbs des strukturellen Wissens wird es häufiger vorkommen, daß bereits vorgenommene Klassifikationen rückgängig gemacht werden müssen, wenn sich herausstellt, daß die einem Element zunächst zugewiesene funktionale Rolle nicht korrekt war (Karmiloff-Smith, 1979). Das System ist zu diesem Zeitpunkt von gewisser Instabilität - sei es, daß Klassifikationen noch nicht bestätigt sind, sei es, daß sie momentan einer Revision unterliegen. Diese Instabilität hat zur Folge, daß die notwendigen Parameter für die Benutzung von speziellen Abrufmechanismen nicht sicher gesetzt werden können. In Fällen der Unsicherheit wird das Kind auf den generellen Abrufmechanismus zurückgreifen, der jedoch im Einflußbereich von semantischen Variablen liegt. Den speziellen Abrufmechanismus für die Elemente der geschlossen Klasse wird es erst dann automatisch benutzen, wenn die notwendigen Parameter eindeutig gesetzt sind. Mit zunehmender Sicherheit, mit der dieser spezielle

Mechanismus für den Abruf der syntaktischen Information von Funktionswörtern benutzt wird, entzieht sich die Verarbeitung der syntaktischen Information der Elemente der geschlossenen Klasse dem Einfluß von semantisch-interpretativen Faktoren. Dieser Entwicklungsprozeß kann als abgeschlossen gelten, wenn syntaktische Informationen unabhängig von anderen linguistischen Variablen, d.h. autonom verarbeitet werden. Die vorliegenden Daten deuten darauf hin, daß dieses Entwicklungsstadium erst nach dem zehnten Lebensjahr erreicht ist.

5.4 Zusammenfassung

Dieses Kapitel versucht die These von der autonomen syntaktischen Verarbeitung sprachlicher Informationen anhand von Daten des Spracherwerbs, der Sprachstörung und der normalen Sprachverarbeitung zu stützen. Wortklassenspezifische Erkennungsmechanismen tragen Sorge, daß die syntaktischen Informationen, die vor allem in den Wörtern der grammatischen Nebenkategorien enthalten sind, schon früh während des Sprachverarbeitungsprozesses zur Strukturierung der hereinkommenden Information benutzt werden können. Die Unabhängigkeit dieses Verarbeitungsmechanismus bildet sich erst im Laufe der Entwicklung heraus.

6. Wortklasse und lexikalischer Abruf

Nachdem wir aufgrund der vorliegenden Ergebnisse annehmen dürfen, daß die Mechanismen, mit denen die Elemente der offenen Klasse und der geschlossenen Klasse, oder genauer, semantisch-lexikalische und syntaktische Information verarbeitet werden, unterschiedlicher Art sind, stellt sich die Frage, wie diese verschiedenen Mechanismen charakterisiert werden können.

Die ursprünglich von Bradley (1978) vorgeschlagene Hypothese, daß Elemente der offenen und geschlossenen Klasse mittels zweier Zugriffsmechanismen vom Lexikon abgerufen werden, die sich hinsichtlich ihrer Sensibilität gegenüber der Wortvorkommenshäufigkeit unterscheiden, wurde, wie bereits erwähnt, durch die nachfolgenden Untersuchungen in Frage gestellt. Diese Untersuchungen zeigten, im Gegensatz zu Bradleys Ergebnissen, die Worterkennung von offener und geschlossener Klasse in gleicher Weise der Wortfrequenz gegenüber sensibel. Gordon und Caramazza (1982) verwarfen aufgrund dieser Ergebnisse die Hypothese von den zwei separaten Zugriffsmechanismen insgesamt, während Segui et al. (1982) lediglich die Charakterisierung der unterschiedlichen Verarbeitungsmechanismen im Sinne einer unterschiedlichen Wortfrequenzabhängigkeit verwerfen, jedoch die Möglichkeit einräumen, daß sich die zwei hypothetischen Zugriffsmechanismen hinsichtlich anderer Charakteristika unterscheiden.

Unter der Annahme, daß solche Mechanismen nicht notwendigerweise angeboren sind, sondern erst im Verlauf des Erwerbs einer Sprache ausgebildet werden, ist es sogar plausibel, daß die Charakteristika, durch die sich die Zugriffsmechanismen jeweils unterscheiden, von Sprache zu Sprache verschieden sind. Denn entscheidend für die Verarbeitung eines jeweiligen sprachlichen Elementes innerhalb eines Sprachverarbeitungssystems mit unterschiedlichen Prozeßebenen ist die Funktion und nicht die linguistische Form des Elementes.

Im Englischen und Französischen unterscheiden sich die Elemente der offenen und geschlossenen Klasse hinsichtlich morpho-syntaktischer Aspekte: Elemente der offenen Klasse können flektiert werden, während Elemente der geschlossenen Klasse nicht flektiert werden können. Im Deutschen dagegen können sowohl Elemente der offenen Klasse als auch Elemente der geschlossenen Klasse (z.B. Demonstrativpronomen, Possessivpronomen usw.) Flexionsmorpheme nehmen. Das Deutsche bietet somit eine gute Möglichkeit zu testen, ob vielleicht bestimmte morphologische Aspekte, die in anderen Sprachen zufällig mit der Klassenunterscheidung kongruent sind, für die unterschiedliche Verarbeitung der beiden Klassen verantwortlich sind, oder ob in der Tat syntaktische Aspekte und semantisch-lexikalische Aspekte, unabhängig von ihrer jeweiligen Form, unterschiedlich verarbeitet werden.

Studien, die zum einen normale Sprecher und zum anderen aphasische Sprecher untersuchten, sollten versuchen, Art und Funktion unterschiedlicher Verarbeitungs- oder Zugriffsmechanismen weitergehend zu spezifizieren. Der Grund für dieses Vorgehen war in der Hoffnung begründet, daß der Vergleich von normalen und aphasischen Sprechern den angenommenen Unterschied zwischen den zwei Zugriffsmechanismen zusätzlich erhellen werde. Hatten doch vorausgehende Untersuchungen gezeigt, daß sich die Broca-Aphasie durch ein spezifisches Defizit in der Verarbeitung der von den Elementen der geschlossenen Klasse getragenen syntaktischen Aspekte auszeichnet. Von daher wurde erwartet, daß sich Broca-Aphasiker von Normalsprechern durch die Art und Weise des Zugriffs in diesen Elementen unterscheiden.

6.1 Normaler lexikalischer Abruf für Wörter verschiedener Wortklassen

In einer Reihe von Experimenten wurde die Verarbeitung von isoliert dargebotenen Wörtern der offenen und der geschlossenen Klasse unterschiedlicher morphologischer Struktur untersucht.

Zunächst wurde die normale Verarbeitung von flektierten Wörtern der offenen Klasse, flektierten Wörtern der geschlossenen Klasse und nicht-flektierbaren Wörtern der geschlossenen Klasse untersucht (Friederici und Heeschen, 1983). Das Deutsche erlaubt im Gegensatz zu einigen anderen Sprachen einen direkten Vergleich von Wörtern der offenen mit Wörtern der geschlossenen Klasse, die über die gleiche morphologische Komplexität verfügen. Eine Reihe von Wörtern der geschlossenen Klasse (z.B. Possessivpronomen, Demonstrativpronomen und Quantoren) haben im Deutschen, sofern sie ohne einen bestimmten Artikel verwendet werden, Flexionen, die mit denen von Adjektiven - also Elementen der offenen Klasse - identisch sind. Diese Flexionsmorpheme enthalten für beide Wortklassen Information über Kasus, Genus und Numerus. In insgesamt vier Experimenten wurden die Verarbeitungsmechanismen für Wörter der offenen und geschlossenen Klasse unterschiedlicher morphologischer Komplexität untersucht. Diese Studie verfolgte zwei Ziele, zum einen sollte überprüft werden, ob die Wörter der beiden Klassen auch bei isolierter Darbietung unterschiedlich verarbeitet würden, und zum zweiten sollte untersucht werden, ob sich diese Unterscheidung in der Tat hinsichtlich der zu verarbeitenden Information - lexikalisch-semantische versus syntaktische Information - charakterisieren ließe.

6.1.1 Die Experimente: Worterkennung bei flektierten Wörtern

Ein erstes Experiment sollte explorieren, ob flektierte Wörter der offenen und flektierte Wörter der geschlossenen Klasse gleich verarbeitet werden. Zweitens sollte untersucht werden, wie flektierte Wörter der geschlossenen Klasse verarbeitet werden. Wie morphologisch komplexe Wörter der offenen Klasse vom Lexikon abgerufen werden, wurde bereits in einer Reihe von Experimenten untersucht. Manelis und Tharp (1977) kamen aufgrund ihrer Ergebnisse zu dem Schluß, daß morphologisch komplexe Wörter als Ganzes vom Lexikon abgerufen werden. Taft und Forster (1975) und Taft (1979) hatten dagegen angenommen, daß bei morphologisch komplexen Wörtern Wortstamm und Präfix, beziehungsweise Suffix, getrennt voneinander vom Lexikon abgerufen werden, um dann während des Erkennungsprozesses auf ihre Kompatibilität geprüft zu werden. Diese Vorgehensweise ist zwar zeitaufwendiger als ein ganzheitlicher Abruf morphologisch komplexer Wörter, sie erübrigt jedoch die Speicherung jeder einzelnen möglichen Wortform.

Dies würde vor allem für die vielen Flexionsformen von Nomen, Verben und Adjektiven - wie zum Beispiel im Deutschen - die Anzahl der zu speichernden Formen drastisch senken. Auch läßt die Tatsache, daß flektierte Formen der offenen Klasse aus einem Element der offenen Klasse (Wortstamm) und einem Element der geschlossenen Klasse (Flexion) bestehen, es plausibel erscheinen, daß diese Elemente unabhängig voneinander verarbeitet werden. Anders bei derivierten, d.h. bei abgeleiteten Formen der offenen Klasse: so ist z.B. das Präfix *un-* vor dem Wort *glücklich* selbst lexikalisch-semantisches Element. Diese Art morphologisch komplexer Wortformen mag anders repräsentiert und verarbeitet werden als flektierte Formen der offenen Klasse.

Was die Verarbeitung morphologisch komplexer Formen der geschlossenen Klasse betrifft, so sind mir keine Untersuchungen bekannt. Es wäre jedoch denkbar, daß die Formen im Gegensatz zu denen der offenen Klasse während des Abrufs vom Lexikon nicht in Wortstamm und Flexionsendung zerlegt werden, da für das Sprachverarbeitungssystem erstens der schnelle Zugriff zu diesen Formen und deren syntaktischer Information wichtig ist. Darüberhinaus wird diese Annahme zusätzlich durch das Argument unterstützt, daß bei flektierten Formen der geschlossenen Klasse beide morphologischen Elemente, d.h. Wortstamm und Flexion derselben Klasse angehören.

Experiment I:
Flektierte Wörter der offenen und geschlossenen Klasse bei klassenhomogener Präsentation

Das Experiment verglich flektierte Wörter der offenen Klasse mit flektierten Wörtern der geschlossenen Klasse. Mögliche Voraussagen für dieses Experiment waren die folgenden: erstens, falls der Zugriff zu Elementen der offenen und geschlossenen Klasse Funktion der Wortklasse ist und - wie von Bradley angenommen - durch die Sensibilität gegenüber der Wortfrequenz charakterisiert ist, so sollten sich die Worterkennungszeiten für Wörter der offenen und geschlossenen Klasse hinsichtlich der Sensibilität bezüglich der Wortfrequenz unterscheiden. Das heißt, die Wörter der offenen Klasse sollten als Funktion der Wortfrequenz erkannt werden, die Wörter der geschlossenen Klasse jedoch nicht. Zweitens, falls die Worterkennungszeit lediglich Funktion der Größe der jeweiligen Wortklasse ist, so sollten Wörter der geschlossenen Klasse schneller erkannt werden als Wörter der offenen Klasse - sofern sie hinsichtlich anderer Aspekte übereinstimmen. Drittens, falls sich die Zugriffsmechanismen für die offene und geschlossene Klasse hinsichtlich morpho-syntaktischer Aspekte unterscheiden, so wäre es möglich, daß Wörter der offenen Klasse erkannt werden, indem der lexikalische und syntaktische Teil, d.h. Wortstamm und Flexionsmorphem getrennt voneinander im Lexikon aufgesucht werden, während flektierte Wörter der geschlossenen Klasse als Ganzes aufgesucht werden.

Das linguistische Material, das in diesem Experiment benutzt wurde, bestand aus zehn Basisformen von Wörtern der offenen Klasse (Adjektive) und zehn Basisformen von Wörtern der geschlossenen Klasse (Demonstrativpronomen, Possessivpronomen und Quantoren), die jeweils mit sechs verschiedenen Flexionsendungen verbunden wurden, die unterschiedliche Kasus-, Genus- und Numerusinformation tragen. Wie aus Tabelle 5 ersichtlich, ist das Flexionssuffix nicht immer eindeutig markiert, sodaß insgesamt nur sechs verschiedene Formen entstehen, z.B. *gut, gute, guter, guten, gutes, gutem* bzw. *dies, diese, dieser, diesen, dieses, diesem*. Für die auf diese Weise gebildeten 60 flektierten Wörter der offenen Klasse und 60 flektierten Wörter der geschlossenen Klasse wurden jeweils 60 Pseudowörter konstruiert. Es gab zwei Arten von Pseudowörtern für beide Wortklassen, zur Hälfte waren es Kombinationen eines existierenden Wortstammes und einer grammatisch nicht passenden Flexion. Zum Beispiel wurde der Wortstamm (*gut*) mit einem Flexionssuffix aus dem Verbsystem kombiniert (*-et*), sodaß das Pseudowort *gutet* entstand. Die andere Hälfte der Pseudowörter bestand aus einem Pseudo-Wortstamm, der durch die Veränderung eines Buchstabens eines existierenden Stammes erzeugt wurde (*gut* - *dut*). Die so erhaltenen Pseudowortstämme wurden mit jenen sechs Flexionssuffixen kombiniert, die in den realen Wörtern dieses Experiments vorkamen (*-Ø, -e, -er, -en, -es, -em*), sodaß sich das Pseudowort *dutem* ergab.

Die realen Wörter der offenen und geschlossenen Klasse waren hinsichtlich der Silbenlänge und der Wortfrequenz kontrolliert. Das Material der beiden Wortklassen war zwar für die Frequenz der gesamten Wortform kontrollierbar, jedoch war es nicht möglich, zugleich auch die Frequenz der spezifischen Suffixe für beide Wortklassen gleich zu halten. Es zeigte sich, daß im Deutschen die Faktoren der Suffixfrequenz und Wortklasse - zumindest für das in diesem Experiment benutzte Material - konfundiert sind. Das bedeutet, daß hochfrequente Wortformen der offenen Klasse meist auch hochfrequente Endungen beinhalten, während bei der geschlossenen Klasse keine systematische Beziehung zwischen Wortformfrequenz und Suffixfrequenz bestand.

Die sechzig Wörter der offenen, sowie die sechzig Wörter der geschlossenen Klasse, wurden jeweils zusammen mit 60 Pseudowörtern (30 illegale Kombinationen von Wortstamm und Suffix und 30 Pseudowörter aus Pseudowortstamm und Suffix) in zwei separaten klassenhomogenen Listen zusammengestellt.

Als experimentelles Paradigma wurde eine lexikalische Entscheidungsaufgabe gewählt. Die experimentellen Items wurden mit Hilfe eines Diaprojektors dargeboten. Die Präsentationsdauer jedes Items betrug 1000 Millisekunden, das Zeitinterval zwischen den einzelnen Items 1500 Millisekunden. Die Aufgabe der Versuchsperson bestand darin, die präsentierte Buchstabenfolge so schnell und so exakt wie möglich bezüglich ihres lexikalischen Status (Wort oder Nicht-Wort) zu klassifizieren und diese Entscheidung durch einen Knopfdruck (Ja-Taste/Nein-Taste) anzugeben, wobei beide Tasten mit der dominanten Hand - meistens die rechte - bedient werden sollten. Die Hälfte der Versuchspersonen sah zuerst die Liste der offenen Wortklassen, dann die Liste der geschlossenen Wortklassen, der anderen Hälfte wurde das Stimulusmaterial in umgekehrter Reihenfolge präsentiert.

Genus		Maskulin	Feminin	Neutrum
	NOM	gut - er	gut - e	gut - es
Ohne	GEN	gut - en	gut - en	gut - en
Artikel	DAT	gut - em	gut - en	gut - en
	AKK	gut - en	gut - e	gut - es
	NOM	(der) gut - e	(die) gut - e	(das) gut - e
Mit	GEN	(des) gut - en	(der) gut - en	(des) gut - en
Artikel	DAT	(dem) gut - em	(der) gut - en	(der) gut - en
	AKK	(den) gut - en	(die) gut - e	(das) gut - es
	NOM	gut - e	gut - e	gut - e
Ohne	GEN	gut - en	gut - en	gut - en
Artikel	DAT	gut - en	gut - en	gut - en
	AKK	gut - e	gut - e	gut - e
	NOM	(die) gut - en	(die) gut - en	(die) gut - en
Mit	GEN	(der) gut - en	(der) gut - en	(des) gut - en
Artikel	DAT	(den) gut - em	(den) gut - en	(den) gut - en
	AKK	(die) gut - en	(die) gut - en	(die) gut - en

Tabelle 5. Flexionssystem für Adjektive im Deutschen

Mit einem digitalen Zeitnehmer wurde jeweils die Zeit vom Beginn der Präsentation bis zum Knopfdruck der Versuchsperson gemessen. Jede Versuchsperson wurde in einer kurzen Übungsphase (20 Items) mit der Prozedur vertraut gemacht.

Insgesamt nahmen 24 Versuchspersonen am Experiment teil. Alle Versuchspersonen waren Studenten der Universität Köln und muttersprachlich Deutsch, sie wurden für ihre Teilnahme am Experiment bezahlt.

Ergebnisse und Diskussion

Die durchschnittliche Reaktionszeit für alle richtigen Antworten wurde für jedes Item berechnet. Falsche Reaktionen, insgesamt 3% bei realen Wörtern und 2.8%

bei Pseudowörtern, wurden hierbei nicht berücksichtigt. Die Mittelwerte der Reaktionszeiten, sowie die Fehlerquoten für die einzelnen Wortklassen sind in Tabelle 6 dargestellt.

WORTKLASSE	WÖRTER		PSEUDOWÖRTER			
			Pseudowortstamm + Suffix		illegale Kombination	
	RT (msek)	Fehler (%)	RT (msek)	Fehler (%)	RT (msek)	Fehler (%)
offene flektiert	688	(3.2)	704	(3.6)	865	(1.0)
geschlossene flektiert	642	(2.8)	655	(2.9)	761	(0.2)

Tabelle 6. Durchschnittliche Reaktionszeit (msek) und Fehlerrate (Prozent) Wörter und Pseudowörter: klassenhomogene Präsentation.

Der Effekt der Wortformfrequenz wurde als die Korrelation von der Basis 10 Logarithmus der Wortformfrequenz und der Reaktionszeit berechnet. Der Abruf beider Wortklassen erwies sich in diesem Experiment als frequenzabhängig (siehe Tabelle 7).

Die Korrelationen zwischen Wortformfrequenz und Reaktionszeit waren für beide Wortklassen auf dem 1% Niveau signifikant. Wollen wir die Ähnlichkeit der Frequenzeffekte für die offene und geschlossene Wortklasse richtig bewerten, so müssen wir berücksichtigen, daß Wortformfrequenz und Suffixfrequenz für die offene Wortklasse - nicht jedoch die geschlossene Wortklasse - konfundiert waren. Dies führt zu Problemen beim Vergleich der beiden Wortklassen, sofern die Suffixfrequenz für die Worterkennung eine bedeutende Rolle spielt.

Der Einfluß des Suffixfaktors auf die Reaktionszeiten wurde in einer Varianzanalyse mit dem Faktor Suffix (*Ø, -e, -er, -em, -es, -en*) × Wortstatus (Wort / Pseudowort) × Wortklasse (offene / geschlossene) weitergehend analysiert. In diese Analyse gehen alle realen Wörter und diejenigen Pseudowörter ein, die Kombinationen von Pseudowortstämmen und den oben genannten Suffixen sind. Der Haupteffekt Suffix war signifikant ($F(5,115) = 13.35$, $p < .001$), sowie der Haupteffekt des Faktors Wortklasse ($F(1,23) = 9.15$, $p < .01$). Wörter der geschlossenen Klasse wurden schneller erkannt als Wörter der offenen Klasse. Die Interaktion Suffix × Wortklasse war nicht signifikant. Die Suffix × Wortstatus Interaktion war signifikant

	offene Klasse flektiert	geschlossene Klasse flektiert
Durchschnittliche Reaktionszeit (msek)	688	642
Korrelation Koeffizient	0.59	-0.58
Freiheitsgrad	36	37
p	.01	.01
Bereich der log Frequenz	1.61-3.78	2.47-4.49

Tabelle 7. Frequenzeffekt für flektierte Wörter der offenen und geschlossenen Klasse: klassenhomogene Präsentation.

($F(5,115) = 8.74$, $p < .01$, ebenso wie die Interaktion zwischen den drei Faktoren Suffix, Wortklasse und Wortstatus ($F(5,115) = 2.65$, $p < .05$). Eine nähere Analyse dieser Interaktion ergab, daß der Suffixtyp einen signifikanten Effekt auf den Zugriff von realen Wörten ($F(5,115) = 2.81$, $p < .05$), nicht jedoch auf den Zugriff von flektierten Pseudowörtern hat.

Eine genauere Analyse des beobachteten Suffixeffektes bei den realen Wörtern sollte klären, ob sich Wörter der offenen und der geschlossenen Klasse hinsichtlich dieses Effektes unterscheiden. Es stellt sich die Frage, ob der beobachtete Effekt in den beiden Klassen Funktion gleicher Verarbeitungsmechanismen ist. Eine Friedman-Rank-Analyse der Reaktionszeiten für die jeweiligen Suffixe bzw. die Wörter, die sie tragen, zeigte einen signifikanten Effekt für die Wörter der offenen Klasse ($\chi^2(4) = 10.86$, $p < .05$), nicht jedoch für die Wörter der geschlossenen Klasse ($\chi^2(4) = 6.3$). Diese Ergebnisse legen die Vermutung nahe, daß der beobachtete "Suffixeffekt" bei den Wörtern der offenen Klasse in der Tat auf die Eigenschaften der Endung zurückzuführen ist, während er bei den Wörtern der geschlossenen Klasse Funktion der Frequenz der gesamten Wortform ist. Diese Ergebnisse deuten darauf hin, daß flektierte Wörter der offenen Klasse während des Erkennungsprozesses in Wortstamm und Flexion dekomponiert werden, Wörter der geschlossenen Klasse jedoch eher als Ganzes erkannt werden.

Experiment II:
Flektierte Wörter der offenen und der geschlossenen Klasse bei klassenheterogener Präsentation

In einem zweiten Experiment sollte geprüft werden, ob die unterschiedlichen Zugriffsweisen zu Wörtern der offenen und der geschlossenen Klasse generell im Erkennungsprozeß aktiviert werden, oder ob sie auf eine spezifische Strategie der Versuchsperson zurückzuführen sind. Man könnte argumentieren, daß diese speziellen Zugriffswerte vornehmlich dann aktiviert werden, wenn dies zu einer effizienteren Verarbeitung der hereinkommenden Information führt. Dies ist der Fall, wenn normale zusammenhängende Rede verarbeitet werden soll, denn nur im Satzkontext werden die Elemente der geschlossenen Klasse in ihrer eigentlichen strukturierenden Rolle benutzt. Hier wäre eine Aktivierung des speziellen Abrufmechanismus für diese Elemente von besonderem Vorteil, da sie die Strukturierung der hereinkommenden Information erleichtert. In einer Situation, die es der Versuchsperson erlaubt, die Wortklasse des zu erkennenden Item aufgrund der Homogenität von experimentellen Listen vorauszusagen, wäre es ebenfalls von Vorteil, wortklassenspezifische Erkennungsmechanismen zu aktivieren, da auf diese Weise Erkennungszeiten verkürzt werden können. Sind solche Voraussagen jedoch aufgrund von Kontextinformationen nicht möglich, benutzt das System möglicherweise einen allgemeinen Verarbeitungsmechanismus, der es erlaubt, Entscheidungen über die Form bestimmter Wörter bzw. Pseudowörter nicht jedoch über deren Funktion zu treffen. Um dieses zu überprüfen, wurden in einem nächsten Experiment die Items der offenen und geschlossenen Klasse, die im ersten Experiment in klassenhomogenen Listen dargeboten wurden, nun in klassenheterogenen Listen zusammengefaßt.

Das Experiment benutzte die selben Stimulusitems wie das vorgehende. Es wurden zwei Listen erstellt, in denen Elemente der offenen und geschlossenen Klasse sowie Pseudowörter in randomisierter Reihenfolge auftraten. Die experimentelle Aufgabe war mit der von Experiment I identisch. Insgesamt nahmen sechzehn deutsche Studenten der Universität Köln an dem Experiment teil.

Ergebnisse und Diskussion

Die Analyse der Daten wurde analog der von Experiment I durchgeführt. Falsche Reaktionen für 2.4% der realen Wörter und für 3.1% der Pseudowörter wurden in der Analyse nicht berücksichtigt. Die Mittelwerte und Fehlerquoten für die Wörter der offenen und geschlossenen Klasse sowie für die Pseudowörter sind in Tabelle 8 dargestellt.

Wie im ersten Experiment, werden auch in diesem Experiment die Wörter schneller klassifiziert als die Pseudowörter.

Der Frequenzeffekt, ermittelt als die Korrelation zwischen der Frequenz der Wortform und der Reaktionszeit, erweist sich auch hier für beide Klassen als negative Korrelation (Tabelle 9).

WORTKLASSE	WÖRTER		PSEUDOWÖRTER			
			Pseudowortstamm		illegale Kombination	
	RT (msek)	Fehler (%)	RT (msek)	Fehler (%)	RT (msek)	Fehler (%)
offen flektiert	663	(2.0)	698	(6.9)	789	(1.7)
geschlossen flektiert	659	(2.7)	668	(3.3)	709	(0.5)

Tabelle 8. Durchschnittliche Reaktionszeit (msek) und Fehlerrate (Prozent) für Wörter und Pseudowörter: klassenheterogene Präsentation

	offene Klasse flektiert	geschlossene Klasse flektiert
durchschnittliche Reaktionszeit (msek)	664	650
Korrelation Koeffizient	-0.30	-0.23
Freiheitsgrad	36	37
p	.08	.17
Bereich der log Frequenz	1.61-3.78	2.47-4.49

Tabelle 9. Frequenzeffekt für flektierte Wörter der offenen und geschlossene KLasse: klassenheterogene Präsentation.

Die Korrelationen waren für beide Wortklassen nicht signifikant. Bei der Interpretation dieser Daten muß wiederum bedacht werden, daß die Konfundierung von Wortformfrequenz und Suffixfrequenz, die bei der offenen, nicht aber bei der geschlossenen Klasse vorhanden ist, in den Ergebnissen ihre Auswirkung zeigt.

Dies wurde weitergehend analysiert, indem eine Varianzanalyse mit den Faktoren Suffixtypus (*-Ø, -e, -er, -em, -es, -en*) × Wortstatus (Wort / Pseudowort) × Wortklasse (offene / geschlossene) gerechnet wurde. Diese Analyse berücksichtigte alle Wörter und Pseudowörter, die mit den oben genannten Suffixen ausgestattet waren. Der Haupteffekt des Faktors Wortstatus war signifikant ($F(1,15) = 7.50$, $p < .05$). Andere Haupteffekte waren nicht signifikant. Die Interaktion der Faktoren Suffixtypus und Wortklasse war nicht signifikant, wohl aber die Suffix × Wortstatus Interaktion ($F(5,75) = 2.87$, $p < .05$). Auch war die Interaktion aller drei Faktoren signifikant ($F(5,75) = 2.78$, $p < .05$).

Falls sich diese Ergebnisse als valide erweisen, so müssen wir annehmen, daß bei der Präsentation der flektierten Wörter in heterogenen Listen keine unterschiedlichen Zugriffsmechanismen für flektierte Wörter der offenen Klasse und flektierte Wörter der geschlossenen Klasse benutzt werden. Die Befunde lassen vermuten, daß sowohl flektierte Wörter der offenen wie der geschlossenen Klasse im Erkennungsprozeß unterschiedlich verarbeitet werden, wenn das System über Vorinformation über die mögliche Klassenzugehörigkeit einer Buchstabenfolge verfügt.

6.1.2 Abruf morphologisch komplexer Wörter der offenen und geschlossenen Klasse

Diese unterschiedlichen Zugriffsmechanismen und deren Aktivation werden hinsichtlich der zugrundeliegenden Struktur des Lexikons wie folgt interpretiert. Dem vorgeschlagenen Modell zufolge sind die semantisch-lexikalischen Aspekte von Wörtern, d.h. Information über deren Form und deren Bedeutungsinhalt, unabhängig von den syntaktischen Informationen repräsentiert. Die Unterscheidung zwischen semantisch-lexikalischen Aspekten und syntaktischen Aspekten stimmt in weiten Bereichen mit der Unterscheidung von offener und geschlossener Wortklasse überein, jedoch konnte in anderen Experimenten gezeigt werden, daß diese zwei Klassifizierungen nicht gänzlich kongruent sind. In Untersuchungen mit aphasischen Sprechern (Friederici, 1982; Friederici, Schönle und Garrett, 1982) wurde gefunden, daß semantisch-lexikalische und syntaktisch Aspekte unabhängig voneinander verarbeitet werden können, selbst wenn diese Informationen von einer Wortform getragen werden.

Die unterschiedlichen Zugriffsmechanismen zu den Subvokabularen sind jedoch im Deutschen nicht in Bezug auf ihre Sensibilität gegenüber der Wortformfrequenz verschieden - wie von Bradley ursprünglich angenommen - sondern sie unterscheiden sich in ihrer Sensibilität gegenüber der morphologischen Struktur des Items. Der beobachtete Frequenzeffekt für beide Wortklassen in den klassenhomogenen Listen stimmt nur teilweise mit den Ergebnissen von Gordon und Caramazza (1982) für das Englische und von Segui und Mitarbeitern (1982) für das Französische überein. Gordon und Caramazza (1982) hatten ein solches Ergebnis bei der Präsentation von klassenheterogenen Listen gefunden und dies zum Anlaß genommen, die Hypothese von den zwei Subvokabularen zu verwerfen. Segui und Mitarbeiter hatten den Frequenzeffekt sowohl in klassenheterogenen wie auch in klassenhomogenen Listen gefunden und die Hypothese der wortklassenspezifischen Verarbeitungsmechanismen zumindest bezüglich deren Frequenzabhängigkeit zurückgewiesen. Unsere Daten zeigen, daß die Nicht-Nachweisbarkeit des Unterschiedes der Zugriffsmechanismen hinsichtlich deren Sensibilität gegenüber der Wortformfrequenz kein hinreichender Grund ist, die Hypothese von zwei unterschiedlichen Zugriffsmechanismen zu verwerfen. Die Ergebnisse lassen vielmehr den Schluß zu, daß sich wortklassenspezifische Verarbeitungsmechanismen im Deutschen zumindest hinsichtlich morpho-syntaktischer Aspekte charakterisieren lassen; deren Aktivation allerdings scheint nicht unabhängig davon, ob die vorausgehende Kontextinformation die Aktivierung spezieller Zugriffsmechanismen erlaubt.

In den diskutierten Studien wurden das Englische und das Französische als experimentelle Sprachen benutzt. In diesen Sprachen können die Elemente der geschlossenen Klasse, im Gegensatz zu denen der offenen Klasse, keine Flexionssuffixe nehmen. Der Unterschied zwischen offenen und geschlossenen Wortklassen stimmt in diesen Sprachen also mit der Unterscheidung von Elementen, die Flexionssuffixe nehmen können und solchen, die das nicht können, überein. Um auch für das Deutsche vergleichbare Daten anführen zu können, wurde ein zusätzliches Experiment durchgeführt, das auch nicht-flektierbare Elemente der geschlossenen Klasse enthielt.

In diesem Experiment wurde der Abruf von zwei Arten von Items untersucht: (1) nicht-flektierbare Elemente der geschlossenen Klasse, zum Beispiel Präpositionen, Adverbien, Konjunktionen, sowie (2) stammflektierte Elemente der geschlossenen Klasse, das heißt die spezifische Kategorie der Personalpronomen, die im Deutschen ebenso wie im Englischen und Französischen hinsichtlich Numerus, Kasus und Genus flektiert sind.

Die Ergebnisse dieses Experimentes zeigten eine Korrelation zwischen der Wortformfrequenz und der Reaktionszeit für die nicht-flektierbaren Elemente der geschlossenen Klasse, die auf dem 1% Niveau signifikant war. Das heißt, der für die flektierbaren Wörter der geschlossenen Klasse beobachtete Verarbeitungsmechanismus zeigt sich auch für die Verarbeitung der nicht-flektierbaren Wörter dieser Klasse. Für die stammflektierten Wörter der geschlossenen Klasse verfehlt die Korrelation nur knapp das Signifikanzniveau von 5%. Dies mag durch den höheren Frequenzbereich, in dem die pronominalen Elemente liegen, bedingt sein, wobei die verminderte Sensibilität gegenüber der Wortformfrequenz als Reflexion eines Deckeneffektes (*ceiling effect*) zu interpretieren ist.

Die Ergebnisse als Ganzes unterstützen die Annahme von potentiell unterschiedlichen Abrufmechanismen für semantisch-lexikalische Information und syntaktische Information, was eine unterschiedliche Verarbeitung von flektierten Wörtern der offenen und geschlossenen Klasse unter bestimmten Bedingungen zur Folge hat. Der Befund, daß der Suffixtyp beim Worterkennen in klassenhomogenen Listen zwar einen Einfluß auf das Erkennen der flektierten Wörter der offenen, nicht aber der geschlossenen Klasse hat, deutet darauf hin, daß flektierte Wörter der offenen Klasse während des Erkennungsprozesses in zwei Teile zerlegt werden: in den Wortstamm, welcher vornehmlich semantisch-lexikalische Information trägt und Element der offenen Klasse ist, und das Flexionssuffix, welches vornehmlich syntaktische Information trägt und Element der geschlossenen Klasse ist. Die flektierten Wörter der geschlossenen Klasse, bei denen sowohl der Wortstamm wie die Flexionsendung syntaktische Information tragen, scheinen dagegen dann als Ganzes verarbeitet zu werden, wenn die vorausgehende Information die Aktivierung dieses speziellen Zugriffsmechanismus erlaubt. Die Daten lassen den

Schluß zu, daß die syntaktische Information, die von den Elementen der geschlossenen Klasse getragen wird, separat von der semantisch-lexikalischen Information im Lexikon repräsentiert ist. Die Elemente der offenen Klasse als Träger der semantisch-lexikalischen Information sind unabhängig von ihren Flexionssuffixen repräsentiert. Die Informationen der flektierten Elemente der geschlossenen Klasse scheinen dagegen als Ganzes repräsentiert und abrufbar zu sein. Erlaubt allerdings die vorausgehende Information die Aktivierung dieses speziellen Zugriffs zur geschlossenen Klasse nicht, so ist es möglich, daß auch die Elemente der geschlossenen Klasse zunächst gemäß ihrer Formaspekte mittels eines generellen Zugriffsmechanismus verarbeitet werden.

In teilweiser Übereinstimmung mit dieser Interpretation ist kürzlich vorgeschlagen worden (Caramazza et al., 1985), daß das Worterkennungssystem generell über zwei Verarbeitungsmechanismen verfügt, die allerdings nicht klassenspezifisch eingesetzt werden, sondern die grundsätzlich beim Erkennungsprozeß jedes Items parallel aktiviert werden: der eine Mechanismus zerlegt - ähnlich dem von uns postulierten generellen Verarbeitungsmechanismus - die Wörter in seine einzelnen Morpheme, der andere - ähnlich dem von uns speziell für die Verarbeitung von Wörtern der geschlossenen Klasse angenommenen - sucht das Wort als Ganzes im Lexikon auf. Bei der Diskussion dieses Unterschieds gilt es jedoch zu beachten, daß die von Caramazza und Mitarbeitern aufgestellte Hypothese auf einer Untersuchung beruht, die lediglich flektierte Elemente der offenen Klasse (der italienischen Sprache) berücksichtigte.

Dieser scheinbare Widerspruch in den Ergebnissen gibt nun zu einigen Überlegungen Anlaß. Es könnte sein, daß sprachliche Unterschiede zwischen dem Deutschen und Italienischen die unterschiedlichen Verarbeitungsmechanismen hervorgebracht haben. Beobachten wir flektierte Wörter der offenen Klasse im Deutschen (hier Adjektive) und flektierte Wörter der offenen Klasse im Italienischen (in diesem Falle Verben), so unterscheiden sich die Ergebnisse dahingehend, daß die Untersuchung für das Deutsche einen Dekomponierungsprozeß für das Erkennen von flektierten Wörtern der offenen Klasse darlegt, die Untersuchung für das Italienische zusätzlich einen ganzheitlichen Zugriff für solche Elemente nahelegt. Falls die Daten für das Italienische valide sind, so müssen wir annehmen, daß jede flektierte Form eines Elementes der offenen Klasse einen separaten Lexikoneintrag hat, sie jedoch zusätzlich in einer dekomponierten Form, d.h. Wortstamm und Flexion separat, repräsentiert sind. Der Nachteil von ganzheitlichen Lexikoneinträgen ist der, daß solche Repräsentationen den Wortstamm mehrfach abgespeichert haben und alle diese Erwähnungen während des Worterkennungsprozesses in der Initialphase aktiviert werden müssen. Ein wirklicher Vorteil dieser Repräsentationen läge dann vor, wenn der Zugriff zu solch ganzheitlichen Repräsentationen drastisch kürzer wäre, als der Zugriff zu separat repräsentierten Einheiten, die zwar parallel abgerufen werden könnten, jedoch dann auf ihre Kompatibilität überprüft werden müßten. Die Frage ist, ob sie - sind die Zugriffsmechanismen einmal automatisiert - nicht auch für die separaten Verarbeitungsmechanismen schnell genug sind, eine optimale Satzverarbeitung zu garantieren, zumal wenn diejenigen Elemente, die die Struktur des jeweiligen Satzes markieren, direkt und ohne Dekomponierungsprozeß vom Lexikon abgerufen werden. Unsere Ergebnisse weisen darauf hin, daß die Elemente der geschlossenen Klasse als Ganzes vom

Lexikon abgerufen werden können. Der schnelle und direkte Zugriff zu diesen Elementen ist für den Sprachverstehensprozeß von besonderer Bedeutung, da auf diese Weise die hereingekommene Lautinformation früh strukturiert werden kann und somit das Verstehen erleichtert wird.

Im Sinne einer Unterscheidung zwischen semantisch-lexikalischen und syntaktischen Aspekten muß auch innerhalb der Morphologie zwischen der Derivationsmorphologie und der Flexionsmorphologie unterschieden werden. Derivationsmorphologie trägt vornehmlich semantisch-lexikalische Information, während Flexionsmorphologie vornehmlich syntaktische Information trägt. Untersuchungen, die sich mit dem Abruf und der Verarbeitung morphologisch komplexer Wörter befassen, zeigen allerdings nicht immer in diesem Sinne einheitliche Ergebnisse (z.B. Taft und Forster, 1975; Manelis und Tharp, 1977; Kempley und Morton, 1982). Jedoch sammelt sich zunehmend Evidenz für eine unterschiedliche Verarbeitungsweise von Derivations- und Flexionsmorphologie an (z.B. Bradley, 1980). Am besten gesichert scheint das Ergebnis, daß flektierte Wörter der grammatischen Hauptkategorien dekomponiert werden (z.B. Taft, 1979; Stanners et al., 1979). Derivationsformen von Wörtern der offenen Klasse scheinen dagegen eher als Ganzes im Lexikon repräsentiert und von diesem abrufbar.

Segui und Zubizarreta (1984), die diese beiden Arten der Morphologie im Französischen verglichen haben, zeigen ebenfalls, daß das Derivationsmorphem in Einheit mit dem Wortstamm verarbeitet wird, während das Flexionsmorphem für die Verarbeitung von diesem abgetrennt wird. Sie argumentieren allerdings, daß die sequentielle Verarbeitung von morphologisch komplexen Wörtern Hauptgrund für diese unterschiedliche Verarbeitungsweise ist. Derivationsmorpheme treten in den häufig untersuchten Sprachen Englisch und Französisch häufig als Präfixe auf, während Flexionsmorpheme meist als Suffix vorkommen. Bei einer sequentiellen Verarbeitung des Wortes von links nach rechts kann der Worterkennungsprozessor häufig erst, nachdem er Teile des Wortstammes wahrgenommen hat, entscheiden, ob der Wortbeginn ein wirkliches Präfix ist (z.B. *réunion)* oder ein Pseudopräfix ist (z.B. *rébellion)*. Der eigentliche Suchprozeß im Lexikon könnte somit oft erst spät beginnen. Im Falle der Suffixe dagegen kann der Wortprozessor seinen lexikalischen Eintrag schon aufgrund des Wortstammes orten und kann das Flexionsmorphem getrennt von diesem aufsuchen. Falls diese Erklärung zutrifft, so müßte man voraussagen, daß in Sprachen, in denen die Flexionsmorphologie dem Wortstamm vorausgeht, diese mit dem Wortstamm jeweils einen eigenen Lexikoneintrag bildet. Solange dies nicht gezeigt ist, ist es gerechtfertigt, die Erklärung im Sinne einer strukturellen Unterscheidung von semantisch-lexikalischer Information und syntaktischer Information beizubehalten und die Erklärung im Sinne einer rein sequentiell prozeduralen Unterscheidung aufgrund mangelnder empirischer Evidenz einstweilen hintanzustellen.

Untersuchungen zur normalen wie auch zur pathologischen Sprachverarbeitung liefern zusätzlich Ergebnisse, die auf ein mentales Lexikon schließen lassen, das lexikalische und nicht-lexikalische Aspekte unabhängig voneinander repräsentiert. Die Analyse von Sprechfehlern normaler Versuchspersonen war Anlaß für die Annahme von unterschiedlichen Verarbeitungsmechanismen von offener und geschlossener Wortklasse (Garrett, 1975; 1980). Im Bereich zentral bedingter

Sprachstörungen hatte man festgestellt, daß eine bestimmte Form der Lesestörung - die Tiefendyslexie - sich dadurch charakterisieren läßt, daß Wörter der offenen Klasse gelesen werden, Wörter der geschlossenen Klasse jedoch nicht gelesen werden können (Marshall und Newcombe, 1983). Das Leseverhalten von Tiefenalektikern macht auch noch einmal den Unterschied zwischen Derivationsmorphologie und Flexionsmorphologie deutlich: während Flexionsmorpheme meist ausgelassen werden, werden Derivationsmorpheme häufig gelesen oder aber durch andere Derivationsmorpheme substituiert (z.B. *edition* statt *editor*). Diejenige Form der Sprachstörung, die als Agrammatismus bezeichnet wird, zeichnet sich durch selektive Verarbeitungsschwierigkeit für die Elemente der geschlossenen Klasse, d.h. sowohl der freien wie gebundenen syntaktischen Morpheme aus.

Agrammatische Sprecher boten daher - sofern diese Charakteristik der Sprachstörung stimmt - eine besonders gute Möglichkeit, das Problem der angenommen unterschiedlichen Verarbeitungsmechanismen weiter zu erhellen. Aus diesem Grunde wurde ein Experiment geplant, das die lexikalischen Zugriffsmechanismen bei agrammatischen Sprechern untersuchte.

6.2 Lexikalischer Abruf bei Aphasie

Die Beobachtung aphasischen Verhaltens erlaubt Aussagen bezüglich zweier Erkenntnisbereiche: zum einen die Charakterisierung verschiedener Aphasiesyndrome selbst, zum anderen aber erhofft man sich durch die Beobachtung selektiver Sprachausfälle Aufschlüsse über das normale Funktionieren von Sprache. Neuere Ansätze in der Aphasieforschung gehen davon aus, daß umschriebene Läsionen im Gehirn nicht eine völlige Umstrukturierung des zugrundeliegenden Sprachsystems zur Folge haben (Zurif, 1980), sondern daß das beobachtete aphasische Verhalten ein selektives Defizit im sonst intakten System widerspiegelt. Andere Autoren sind dagegen der Auffassung, daß das beobachtete Sprachverhalten bei Aphasie nicht Reflexion des zugrundeliegenden Defizits ist, sondern vielmehr Reflexion einer Reaktion auf das Defizit (Heeschen, 1985; Kolk et al., 1985). Ich habe an verschiedenen Stellen die Auffassung vertreten, daß sowohl das zugrundeliegende Defizit selbst, wie auch die Reaktion auf dieses Defizit beobachtet und erfaßt werden können, je nach dem, welche Meßmethoden angewandt werden (Friederici, 1985d; Friederici und Graetz, 1984). Unter der im Rahmen des Arbeitsmodells eingeführten Annahme, daß diejenigen Meßverfahren, die die Verarbeitungsprozesse zeitgebunden messen, eher die zugrundeliegenden Prozessen des Sprachsystems erfassen, während die Meßverfahren, die zeitungebunden messen, eher die Anwendung von Strategien erfassen, sollten zeitgebundene Messungen Aufschlüsse darüber geben, inwieweit die Defizite innerhalb der zugrundeliegenden Prozesse zu lokalisieren sind und inwieweit das normalerweise beobachtete Verhalten Reaktion auf eine zugrundeliegende Störung ist.

Vor dem Hintergrund dieser Überlegungen schien es sinnvoll, den lexikalischen Abruf bei Aphasie zeitgebunden zu messen. Einer der Ansätze zur Beschreibung des Agrammatismus war davon ausgegangen, daß sich dieser durch Schwierigkeiten beim lexikalischen Abruf bestimmter Elemente, d.h. der Elemente der geschlossenen Klasse, charakterisieren lasse. Bradley, Garrett und Zurif (1980) hatten postuliert, daß beim Agrammatismus jener spezielle Zugriffsmechanismus verloren gegangen sei, der dem normalen Sprecher den schnellen und direkten Zugriff zu den syntaktischen Informationen der geschlossenen Klasse ermöglicht. Die Befunde eines lexikalischen Entscheidungsexperimentes wiesen darauf hin, daß agrammatische Broca-Aphasiker die Elemente der geschlossenen Klasse wie Elemente der offenen Klasse behandeln. Gordon und Caramazza (1982) haben gegen diese Charakterisierung des Agrammatismus argumentiert, da der Unterschied der Verarbeitung von offener und geschlossener Klasse beim Normalsprecher nicht eindeutig nachweisbar sei. Wir haben jedoch dagegen gesetzt, daß die Beobachtung von Ähnlichkeiten in der Verarbeitung von offener und geschlossener Klasse hinsichtlich eines Merkmals nicht ausschließt, daß sich die Verarbeitung hinsichtlich anderer Merkmale unterscheidet.

Untersuchungen mit normalen Sprechern hatten ergeben, daß sich die Verarbeitungsmechanismen für die offene und geschlossene Klasse - oder, um es präziser auszudrücken, für die Information von Form und Bedeutung einerseits und von syntaktischer Information andererseits - dann als unterschiedlich darstellen, wenn Kontextinformation deren Aktivierung ermöglicht: flektierte Wörter der offenen Klasse werden im Erkennungsprozeß in Wortstamm und Flexion zerlegt, während Wörter der geschlossenen Klasse direkt und als Ganzes verarbeitet werden können - unabhängig davon, ob sie flektiert sind oder nicht.

Falls diese Unterscheidung in der Tat ein wesentlicher Aspekt für die Beschreibung lexikalischer Abrufmechanismen ist, so wäre möglich, daß der lexikalische Abruf bei der Broca-Aphasie sich hinsichtlich dieses Aspektes von den normalen Prozessen unterscheidet. Ein solcher Befund böte zusätzlich Evidenz für die Bewertung normaler Verarbeitungsprozesse.

6.2.1 Das Experiment: Abruf von flektierten Wörtern

Analog zu dem mit normalen Versuchspersonen durchgeführten Experiment der klassenhomogenen Präsentation der Wörter, sollte in diesem Experiment die Verarbeitung von flektierten Elementen der offenen und flektierten Elementen der geschlossenen Klasse untersucht werden. In dem Experiment sollte sowohl eine Gruppe agrammatisch sprechender Broca-Aphasiker sowie eine Gruppe von Wernicke-Aphasikern, die als aphasische Kontrollgruppe fungierte, getestet werden, um sicher zu gehen, daß die bei der Broca-Aphasie beobachteten Befunde in der Tat speziell für die Broca-Aphasie gelten und nicht für eine aphasische Störung im allgemeinen (Heeschen, Friederici und Drews, 1984).

In diesem Experiment wurden jeweils fünf verschiedene flexionsmorphologische Formen von insgesamt zwölf Items getestet, sechs dieser Items gehörten der offenen Klasse an, es waren Adjektive, und sechs gehörten zur geschlossenen Klasse, es waren Demonstrativpronomen, Possessivpronomen und Quantoren. Zusätzlich wurden 32 nicht-flektierbare Elemente der geschlossenen Klasse berücksichtigt, dies waren Konjunktionen, Präpositionen u.s.w. Für diese insgesamt 92 Wörter wurde eine ebensogroße Anzahl von Pseudowörtern konstruiert: die

Hälfte von ihnen waren illegale Kombinationen eines existierenden und in diesem Experiment bereits legal verwendeten Wortstammes mit einer existierenden, aber nicht-kompatiblen Endung. Die andere Hälfte der Pseudowörter waren Kombinationen von Pseudowortstämmen und jenen Flexionssuffixen, die zum Adjektiv bzw. Pronomen-Flexionssystem gehören. Die Pseudowortstämme wurden konstruiert, indem die in dem Experiment verwendeten realen Wörter um einen Buchstaben verändert wurden. Die Wortformfrequenz für diese Wörter wurde für die flektierten Wörter der offenen Klasse und die flektierten Wörter der geschlossenen Klasse gleichgehalten. Allerdings sind auch hier die Beziehung zwischen Wortformfrequenz und Frequenz der Flexionssuffixe für offene und geschlossene Klasse unterschiedlich. Für die offene Klasse sind Wortformfrequenz und Suffixfrequenz konfundiert, während dies für die geschlossene Klasse nicht der Fall ist.

Als Paradigma wurde eine lexikalische Entscheidungsaufgabe verwendet. Die experimentellen Items wurden in drei Blocks präsentiert: flektierte Wörter der offenen Klasse, flektierte Wörter der geschlossenen Klasse und nicht-flektierbare Wörter der geschlossenen Klasse mit den jeweiligen Pseudowörtern. Die Reihenfolge der Präsentation wurde systematisch variiert. Die Versuchspersonen waren angehalten, so schnell und so korrekt wie möglich durch Knopfdruck (JA/NEIN) anzuzeigen, ob die dargebotene Buchstabenfolge ein Wort der deutschen Sprache ist oder nicht. Die Reaktionszeiten sowie die Richtigkeit der Antwort wurden registriert.

Insgesamt wurden vier agrammatische Broca-Aphasiker, drei Wernicke-Aphasiker und sechs alterskorrelierte normale Kontrollpersonen examiniert. Die Patienten wurden mittels des Aachener Aphasie Tests (Huber et al., 1983) klassifiziert. Die agrammatischen Sprecher hatten die typische nichtflüssige Sprechweise, mit kurzen Sätzen und Auslassungen vieler Funktionswörter. Die Wernicke-Aphasiker hatten meist paragrammatische Sprachäußerungen und ein Sprachverständnis, das zumindest auf der Einwort-Ebene gut war.

Die Resultate für die normalen Versuchspersonen replizierten die früheren Ergebnisse (Tabelle 10). Die mittleren Reaktionszeiten waren schneller für die Wörter der geschlossenen Klasse, als für die Wörter der offenen Klasse. Die Entscheidungszeiten für diejenigen Pseudowörter, die illegale Kombinationen aus existierenden Wortstämmen und Flexionsendungen waren, erwiesen sich als langsamer als für solche, bei denen schon der Wortstamm selbst Pseudowort war.

Die Korrelation zwischen der Wortformfrequenz und der Reaktionszeit war sowohl für die offene, wie für die geschlossene Klasse signifikant (siehe Tabelle 11).

Die Mittelwerte der Reaktionszeiten zeigen, daß Wörter der geschlossenen Klasse generell schneller als Wörter der offenen Klasse erkannt werden; dies gilt insbesondere für die Gruppen der Wernicke-Aphasiker und der Normalsprecher. Bei den Reaktionen auf die Pseudowörter zeigen Broca-Aphasiker speziell bei den illegalen Kombinationen aus existierendem Wortstamm und Suffix weitaus mehr falsche Reaktionen als bei Pseudowörtern mit Pseudowortstämmen. Es scheint, als könnten sie die einzelnen Elemente als solche erkennen, jedoch nicht beurteilen, wie sie grammatisch korrekt zusammengesetzt werden.

	Flektierte Elemente der offenen Klasse	Flektierte Elemente der geschlossenen Klasse	Nicht-flektierbare Elemente der geschlossenen Klasse
Kontrollgruppe	811 (.5)	800 (.5)	781 (2.50)
Broca-Aphasie	1845 (11.25)	1656 (12.50)	1375 (11.75)
Wernicke-Aphasie	1353 (8.33)	1330 (6.33)	1130 (6.33)

Tabelle 10. Durchschnittliche Reaktionszeit (msek) und Prozentfehlerrate

	Flektierte Elemente der offenen Klasse	Flektierte Elemente der geschlossenen Klasse	Nicht-flektierbare Elemente der geschlossenen Klasse
Kontrollgruppe	-.57	-.23	-.54
Broca-Aphasie	-.37	-.09	-.56
Wernicke-Aphasie	-.30	-.45	-.50

Tabelle 11. Korrelation von durchschnittlicher Reaktionszeit × Wortform-Frequenz (log).

Diese Befunde scheinen zunächst Ergebnisse jener Studien mit normalen Versuchspersonen zu replizieren, in denen kein Unterschied zwischen der Frequenz der Wörter und der Schnelligkeit des Zugriffs zu den Elementen der beiden Klassen bestand (Gordon und Caramazza, 1982). Allerdings hatten wir festgestellt, daß die Faktoren der Wortformfrequenz, Suffixfrequenz und Wortklasse im Testmaterial interagieren: bei der offenen Klasse sind die ersten beiden Faktoren konfundiert, bei der geschlossenen Klasse nicht. Wenn wir also die Korrelation zwischen Wortformfrequenz und Reaktionszeiten betrachten, so ist nicht zu entscheiden, ob wir die Wirkung des Wortformfrequenzfaktors allein oder dessen Zusammenspiel mit dem Faktor der Suffixfrequenz beobachten.

Der Einfluß des Suffixes auf den Worterkennungsprozeß wurde mittels einer Varianzanalyse ermittelt, die die Faktoren Suffixtyp (*-Ø, -e, -er, -em, -es, -en*) ×Wortklasse (offene / geschlossene) ×Gruppe (Broca-Aphasie / Wernicke-Aphasie / Normale) berücksichtigt. Die Analyse zeigt eine signifikante Interaktion zwischen den drei Faktoren ($F(4,30) = 8.24$; $p < .01$). Eine genauere Analyse dieser Interaktion wurde vorgenommen. Eine Friedman-Rank-Analyse zeigte einen Effekt zwischen den verschiedenen Suffixtypen für die Wörter der offenen Klasse bei den normalen Sprechern und auch bei Broca-Aphasie vorhanden ist. Für die Wörter der geschlossenen Klasse dagegen ist bei den normalen Sprechern kein Suffixeffekt zu beobachten, wohl aber für die Gruppe der Broca-Aphasie. Das heißt, daß Broca-Aphasiker die Wörter der geschlossenen Klasse ähnlich wie die der offenen Klasse behandeln. Daß diese Verhaltensweise speziell für die Broca-Aphasie gilt und nicht aphasisches Verhalten generell widerspiegelt, läßt sich durch die aphasische Kontrollgruppe der Wernicke-Aphasie belegen. Das Verhaltensmuster dieser Gruppe ist dem der normalen Sprecher prinzipiell ähnlich, auch wenn die Reaktionszeiten insgesamt langsamer sind.

6.2.2 Abruf von lexikalischer und syntaktischer Information

Diese Befunde in Kombination mit denen des vorausgegangenen Experimentes der nicht alterskorrelierten Versuchspersonen legen nahe, daß normalerweise unterschiedliche Zugriffsmechanismen zu Wörtern der offenen und der geschlossenen Klasse - oder besser zu den semantisch-lexikalischen Aspekten eines Wortes und zu den syntaktischen Aspekten - benutzt werden können. Die Pathologie einer Broca-Aphasie manifestiert sich nicht erst auf der Satzebene, sondern in diesem Experiment schon bezüglich morpho-syntaktischer Aspekte auf der Ebene der Worterkennung. Agrammatische Broca-Aphasiker zeigen keinen Unterschied im Verhalten gegenüber den beiden Wortklassen, sie behandeln die flektierten Wörter der geschlossenen Klasse ebenso wie die flektierten Wörter der offenen Klasse, auch dann, wenn wortklassenspezifische Verarbeitung möglich ist. Der direkte Zugriff zu den flektierten Wörtern der geschlossenen Klasse, über den der normale Hörer oder Leser verfügt, scheint nicht mehr benutzbar. Allerdings deutet der Befund, daß sie morphologisch komplexe Wörter beider Klassen in einzelne Morpheme zerlegen, darauf hin, daß sie zumindest in der Lage sind, morphologische Strukturen zu erkennen. Wozu sie nicht mehr fähig sind, ist, die in den Elementen der geschlossenen Klasse enthaltene syntaktische Information adäquat zu verarbeiten.

Es scheint, als habe der normale Hörer einen direkten Zugang zum ganzheitlich repräsentierten Wort der geschlossenen Klasse - unabhängig davon, ob dies flektiert ist oder nicht. Die Wörter der offenen Klasse werden dagegen getrennt von ihren Flexionssuffixen im Lexikon abgerufen. Bei der Broca-Aphasie ist die spezielle Fähigkeit verloren gegangen, die Wörter der geschlossenen Klasse auf die direkte Weise abzurufen. Diese Fähigkeit scheint jedoch Voraussetzung für den Zugriff zu der in diesen Elementen enthaltene syntaktische Information.

Der Befund der pathologischen Sprachverarbeitung liefert einen weiteren Beweis dafür, daß die unterschiedlichen Erkennungsmechanismen im normalen Sprachverarbeitungssystem psychologisch real sind. Die Interpretation der Ergebnisse wird zwar durch die Konfundierung der Faktoren Wortformfrequenz und Suffixfrequenz im Material der offenen Klasse erschwert, doch werden die unterschiedlichen Verhaltensweisen gegenüber der offenen und geschlossenen Klasse gerade im Vergleich von normalen und aphasischen Versuchspersonen klar. Obwohl Normalsprecher für den Zugriff zu beiden Klassen ähnliche Abhängigkeiten von der Wortformfrequenz demonstrieren, verdeutlicht die weitere Analyse des Suffixeffektes, daß diese Abhängigkeit bei der geschlossenen Klasse nicht auf den Einfluß der Vorkommenshäufigkeit des Suffixes zurückzuführen ist, sondern alleinig auf die Frequenz der gesamten Wortform. Die Analyse der Daten der Normalsprecher erlaubt indes keine eindeutige Aussage über die Beziehung zwischen diesen Faktoren in der offenen Klasse, hier könnte sowohl die Frequenz der Wortform wie auch die Frequenz des Suffixes seinen Einfluß ausgeübt haben. Durch den Vergleich mit den pathologischen Sprechern wird diese Interpretationsschwierigkeit überwunden.

Der Worterkennungsprozeß der Broca-Aphasiker scheint eher durch die morphologische Form eines Wortes als durch dessen Zugehörigkeit zu einer bestimmten Wortklasse determiniert. Flektierte Wortformen werden immer unabhängig von ihrer Klassenzugehörigkeit während des Erkennprozesses dekomponiert. Die gleiche Behandlung von Wörtern der offenen und geschlossenen Klasse hat unterschiedliche Auswirkungen auf das Verhältnis von Reaktionszeit und Wortformfrequenz, da Wortformfrequenz und Suffixfrequenz in einem Fall konfundiert sind und im anderen Falle nicht. Eine Abhängigkeit von dem Faktor Flexionsmorphologie ist bei den Wörtern der offenen Klasse nicht direkt beobachtbar, da dieser Faktor hier mit der Wortformfrequenz konfundiert. Bei den Wörtern der geschlossenen Klasse muß er jedoch offensichtlich werden, da hier Wortformfrequenz und Suffixfrequenz unabhängig voneinander sind. Die Broca-Aphasie zeigt deutlich ein Verhaltensmuster, daß auf die Gleichbehandlung der beiden Wortklassen schließen läßt. Elemente der geschlossenen Klasse werden von diesen Patienten unabhängig von der Wortformfrequenz erkannt. Das bedeutet darüberhinaus, daß morphologisch komplexe Wörter beider Wortklassen von Broca-Aphasikern in Abhängigkeit von der Suffixfrequenz erkannt werden. Nun wird auch ersichtlich, daß die bei den Normalsprechern gefundene Wortformfrequenzabhängigkeit für beide Klassen von Items nicht bedeutet, daß beide Klassen gleich behandelt werden, sondern im Gegenteil Reflexion unterschiedlicher Verhaltensweisen bezüglich des flexionsmorphologischen Faktors bei offener und geschlossener Klasse ist. Die Frequenzabhängigkeit bei der offenen Klasse ist durch das Flexionssuffix mitbeeinflußt, während dies bei der geschlossenen Klasse nicht der Fall ist.

Diese Ergebnisse haben darüberhinaus Implikationen für die Aphasiologie. Die Beschreibung des Syndroms der Broca-Aphasie als der Verlust des normalerweise vorhandenen speziellen Zugriffsmechanismus für die geschlossene Klasse, stimmt mit den referierten Ergebnisse überein. Dieser spezielle Zugriff erlaubt dem normalen Hörer, die syntaktische Information, die diese Items tragen, direkt, d.h. automatisch und autonom von semantisch-lexikalischen Faktoren abzurufen. Die hereinkommende lautliche Information kann auf diese Weise schnell und unabhängig vom semantischen Kontext strukturiert werden. Der Verlust eines automatischen Zugriffs, speziell zu der syntaktischen Information eines Items, muß zur

Folge haben, daß während der Sprachwahrnehmung keine eindeutige Strukturanalyse vorgenommen werden kann: Fehlinterpretationen, die zum Teil auf Überinterpretationen von semantisch-lexikalischen sowie pragmatischen Faktoren beruhen, sind die Folge. Dies sind in der Tat Verhaltensweisen, die bei der Broca-Aphasie zu beobachten sind (z.B. Caramazza und Zurif, 1976).

Sofern dieser spezielle Zugriffsmechanismus wirklich lediglich für die in den Wörtern der geschlossenen Klasse enthaltene syntaktische Information zuständig ist, nicht jedoch für Informationen über Form und Bedeutung, können präzise Voraussagen über das Verhalten der Broca-Aphasie bezüglich dieser Faktoren gemacht werden. Erstens sollten sie fähig sein, die Form dieser Items zu erkennen und zu beurteilen, was durch die relativ niedrigen Fehlerraten in diesem und anderen lexikalischen Entscheidungsexperimenten (z.B. Bradley, Garrett und Zurif, 1980) belegt ist. Zweitens sollten sie fähig sein, die semantisch-lexikalische Information dieser Items - sofern vorhanden - zu verarbeiten. Untersuchungen mit Wörtern der geschlossenen Klasse, die lexikalisch-semantische Information tragen, scheinen dies zu bestätigen (Friederici, 1982; Friederici, Schönle und Garrett, 1982). In einer der dargestellten Studien zur Worterkennung im Satz konnte bereits gezeigt werden, daß Broca-Aphasiker die Wörter der geschlossenen Klasse anders wahrnehmen als normale Hörer. Es war deutlich geworden, daß zwar der schnelle und direkte Zugriff zu diesen Elementen bei Agrammatismus nicht mehr gewährleistet war, allerdings hatte sich die Verarbeitung dieser Elemente, ähnlich wie beim normalen Hörer, als relativ unabhängig von anderen linguistischen Kontextfaktoren erwiesen. Inwieweit sich der Verlust des speziellen Zugriffsmechanismus für syntaktische Information der Wörter der geschlossenen Klasse auf die Verarbeitung von Sätzen auswirkt, sollte in weiteren Untersuchungen geklärt werden.

6.3 Zusammenfassung

Das vorangegangene Kapitel untersuchte, wie die angenommenen spezifische Worterkennungsmechanismen für Elemente der offenen und der geschlossenen Klasse zu definieren sind. Die in diesem und im vorangegangenen Kapitel dargestellten Experimente lassen den Schluß zu, daß nicht Wortvorkommenshäufigkeit oder morphologische Aspekte für die Charakterisierung der verschiedenen Worterkennungsmechanismen wesentlich sind. Es wurde deutlich, daß der Aspekt der syntaktischen Information, die ein Element trägt, für die Verarbeitung wesentlich ist. Jene Elemente, die vornehmlich syntaktische Informationen tragen, sind durch einen speziellen Mechanismus schnell und strörungsfrei abrufbar. Es wird die These formuliert, daß es der Verlust dieses speziellen Abrufmechanismus ist, der zu der bei Agrammatismus zu beobachtenden Sprachverstehensstörung führt.

7. Wortordnung und geschlossene Klasse: Strategien der syntaktischen Sprachverarbeitung

Im vorangegangenen Kapitel sind vornehmlich die der syntaktischen Sprachverarbeitung zugrundeliegenden Prozesse diskutiert worden. Das als Arbeitshypothese formulierte Parallel-Interface-Modell der Sprachverarbeitung unterscheidet diese automatischen und autonomen Prozesse des linguistischen Systems von Verarbeitungsstrategien, die selbst nicht Teil des linguistischen, sondern des generellen kognitiven Systems sind. Die verschiedenen Komponenten des linguistischen Systems geben ihre Informationen sobald wie möglich an das generelle kognitive System weiter. Dieses beginnt sogleich aufgrund der gelieferten zunächst noch fragmentarischen linguistischen Information, mittels kognitiver Strategien mögliche Interpretationen des Gehörten zu erstellen. Diese Strategien basieren teils auf dem vorhandenen generellen Wissen über die Welt, teils auf metalinguistischem Wissen. Als Hinweisreize können für solche metalinguistischen Operationen - je nach Sprache - sowohl einzelne Elemente der offenen und der geschlossenen Klasse, als auch deren Reihenfolge im Satz dienen. Je nach Unvollständigkeit der Information, die das linguistische Verarbeitungssystem liefert, muß der Hörer für die Interpretation auf besonders prominente Hinweisreize oder gar auf das Weltwissen zurückgreifen.

Die unterschiedlichen Sprachen bieten aufgrund ihrer verschiedenen Formen auch unterschiedliche Hinweisreize für die Interpretation. Es gibt Sprachen, die z.B. durch eine strenge Wortordnung festlegen, welches Nomen im Satz Subjekt oder Objekt ist. So wird das Englische z.B. von Linguisten als "SVO"-Sprache beschrieben, d.h. als eine Sprache, deren Sätzen die Wortfolge Subjekt-Verb-Objekt zugrunde liegt. Selbst in den wenigen englischen Satztypen, denen diese Wortfolge nicht zugrundeliegt, bleibt zumindest die Subjekt-Verb und die Verb-Objekt Konfiguration erhalten. Zum Beispiel gibt es Sätze mit Objekt-Subjekt-Verb Struktur (*"What would you like to eat?"* oder *"The red one I like"*). In anderen Sprachen, so zum Beispiel einer Reihe der slavischen Sprachen, werden dagegen Subjekt und Objekt des Satzes nicht primär durch die Wortordnung im Satz, sondern durch morphologische Einheiten, d.h. durch die Kasusflexion markiert.

Bates und McWhinney (1982; Bates et al., 1982) haben diese Überlegungen in einem Satzverarbeitungsmodell vertieft, dem sie den Namen *Competition Model* gegeben haben. Dieses Modell versteht sich als eine Theorie des Sprachgebrauchs, also der Sprachperformanz, und erhebt somit nicht den Anspruch, Sprachkompetenz zu beschreiben. Grundlegende Annahme in diesem Modell ist, daß die Formen der natürlichen Sprachen sich im Dienste ihrer kommunikativen Funktion entwickelt haben, und die Kommunikationsfunktion auch Rahmenbedingung für ihren Erwerb und Gebrauch ist. Verschiedene Sprachen benutzen unterschiedliche Hinweisreize für die Zuordnungen von Form und Funktion. Der Erfolg der Anwendung von unterschiedlichen Hinweisreizen bestimmt sich laut Bates und MacWhinney durch deren Stärke und deren Validität. Die Validität eines Hinweisreizes definiert sich dadurch, daß er möglichst an derjenigen Stelle im Satz zur Verfügung steht, an dem die Information auch gebraucht wird und außerdem dadurch, daß er möglichst eindeutig ist.

Nach diesen Kriterien wäre die Wortordnung ein guter Hinweisreiz für das Englische, nicht jedoch für die deutsche Sprache, da diese im Gegensatz zum Englischen, eine weitaus größere Vielfalt in der Wortordnung erlaubt. In Fällen, in denen die Kasusmarkierung eindeutig ist, sowie im Falle des maskulinen Genus, wo *der* den Nominativ und *den* den Akkusativ markiert, kann der Kasushinweisreiz als valide gelten. Wenn die Kasusmarkierung für Subjekt (Nominativ) und Objekt (Akkusativ) jedoch mehrdeutig ist, wie im Femininum und im Neutrum, so müssen andere Hinweisreize, wie zum Beispiel die Übereinstimmung der Markierung von Subjekt und Verb, stärker gewichtet werden, um eine eindeutige Interpretation zu ermöglichen. Bei uneindeutiger Markierung treten Informationen mehrer Hinweisreize miteinander in Wettstreit. Die Interpretation, die durch die meisten oder die stärksten Hinweisreize ihre Unterstützung findet, ist diejenige, die den Wettstreit gewinnt.

Bates und McWhinney nehmen nun an, daß nicht nur strukturelle Informationen miteinander wettstreiten, sondern daß auch semantische Informationen mit den strukturellen Informationen konkurrieren. Die psycholinguistische Literatur belegt, daß z.B. die semantische Information "Belebtheit" eine entscheidende Rolle spielt, wenn Nomen hinsichtlich ihrer Funktion als Agent oder Patient einer Handlung interpretiert werden sollen. Nomen, die das semantische Merkmal "belebt" tragen, werden eher als Agenten einer Aktion, und somit als Subjekt eines Satzes interpretiert, als Nomen die dieses Merkmal nicht tragen. Linguisten sind sich allerdings nicht darüber einig, ob diese Information als systematischer Bestandteil der Grammatik zu verstehen ist oder eher im Bereich der Pragmatik anzusiedeln ist. Die erste Möglichkeit scheint nicht ganz unplausibel, da es Sprachen gibt, in denen bestimmte Strukturmerkmale (z.B. Wortordnung oder Kasusmarkierung) erst in Abhängigkeit von dem semantischen Merkmal "belebt" gesetzt werden. In Navajo werden zum Beispiel alle Nomen vor dem Verb in direkter Abhängigkeit von ihr Grad der Belebtheit geordnet. Das Russische und das Serbo-Kroatische markieren die Kasus Nominativ und Akkusativ nur für "belebte" maskuline Nomen unterschiedlich, "nicht-belebte" Nomen des Genus masculinus werden nicht hinsichtlich der Nominativ/Akkusativ- Unterscheidung markiert.

7.1 Erwerb von Verstehensstrategien

Die Mehrzahl der Studien, die sich dem Erwerb von Verstehensstrategien widmeten, zeigte, daß jüngere Kinder vornehmlich semantische oder pragmatische Strategien zur Satzinterpretation benutzen, während ältere Kinder ihre Interpretation eher auf die Ordnung der Wörter im Satz begründen (Bever, 1970). Sind jedoch keine semantischen Hinweisreize vorhanden, so erweisen sich sogar schon Zweijährige der Wortordnung gegenüber als sensibel (Strohner und Nelson, 1974). Neuere Untersuchungen haben darauf hingewiesen und belegen können, daß die Sensibilität gegenüber den verschiedenen strukturellen Hinweisreizen - sei es Wortordnung oder Morphologie - eine Funktion der spezifischen Sprache ist, die gerade erworben wird (Weist, 1983; Slobin und Bever, 1982; Bates, MacWhinney, Caselli, Descovi, Natale und Venza, 1984). Bei einem Vergleich zwischen dem Erwerb von kasusmarkierten und nicht-kasusmarkierten Sprachen wurden Unterschiede in der Satzverarbeitung deutlich. Kinder, die in einer Sprache aufwuchsen, die sowohl Wortordnungsinformation, wie auch Kasusinformation bereitstellte, waren sehr bald fähig, beide Informationen zu verarbeiten. Allerdings konstruiert das Kind auch in diesen Sprachen zunächst ein kanonisches Satzschema, das zwar die grundlegende Subjekt-Verb-Objekt Ordnung beinhaltet, darüberhinaus aber auch das Wissen um bestimmte morphologische Informationen einbezieht. Wird nun in einer Äußerung die kanonische S-V-O Wortordnung nicht eingehalten, sodaß das Objekt am Satzanfang steht, wird aber andererseits das Objekt des Satzes explizit markiert, so werden die Interpretationen schwierig, da sich die zwei gegebenen Interpretationshinweisreize widersprechen: aufgrund der Stellung im Satz müßte das erste Nomen als Subjekt, aufgrund der morphologischen Markierung jedoch als Objekt interpretiert werden. Die Folge ist, daß Subjekt und Objekt bei der Interpretation solcher Sätze am Anfang der Sprachentwicklung häufig vertauscht werden. Erst später im Laufe der Entwicklung geschieht es, daß das vorangestellte kasusmarkierte Objekt in O-V-S-Sätzen jene Interpretation, die auf der kanonischen Wortordnungsstrategie basiert, systematisch blockiert und die Sätze allein aufgrund ihrer Kasusmarkierung korrekt interpretiert werden (Slobin und Bever, 1982).

In einigen Studien fand man, daß Kinder, die eine Sprache mit relativ strikter Wortordnung - wie zum Beispiel das Englische - erwerben, zunächst das kanonische Satzschema S-V-O auch für die Interpretation von Passivsätzen benutzten und in diesen somit das erste Nomen als Agent interpretierten (Bever, 1970; Maratsos, 1974). Im Alter von zwei Jahren waren englischsprachige Kinder allerdings bereits fähig, Aktivsätze von Passivsätzen zu unterscheiden, denn sie interpretierten in einer Satz-Bild-Zuordnungsaufgabe Aktivsätze zu 95% korrekt. Passivsätze wurden jedoch auch nicht systematisch falsch verstanden, wie es bei Verwendung einer Agent-zuerst-Strategie zu erwarten gewesen wäre. Die Zuweisung der thematischen Rollen war in dieser Entwicklungsphase zu etwa 50% korrekt. Bei zwei gegebenen Bild-Wahlmöglichkeiten ist diese Leistung vom Zufallsniveau nicht zu unterscheiden. Dennoch deutet es darauf hin, daß Kinder in diesem Alter die Strukturen von Passiv- und Aktivsätzen unterscheiden können. Sie sind aber noch nicht fähig, die morphologischen Details in Struktur von Passivsätzen adäquat für eine zu Interpretation zu verwenden. Erst Vierjährige waren in der Lage, die gegebenen morphologischen Hinweisreize, die das Passiv markieren, für die Interpretation zu benutzen.

7.1.1 Das Experiment: Verarbeitung von Passivsätzen bei Kindern

Es stellt sich die Frage, ob diese Strategien universell sind oder ob die Interpretationsstrategien für Passivsätze in einer Sprache, die den Agenten - ähnlich wie das Englische - morphologisch durch eine Präposition markiert, die jedoch im Unterschied zum Englischen eine weniger strikte Wortordnung hat, nicht anders aussehen. Das Niederländische bietet die Möglichkeit, diese Frage zu beantworten. Das Niederländische wird zumeist als eine S-V-O-Sprache beschrieben, in der die Basis-Passiv-Konstruktion, wie im Englischen, den Patienten der Handlung an den Anfang des Satzes stellt.

(1) *De jongen wordt door het meisje gekust.*

Jedoch ist auch die Topikalisierung des grammatischen Objekts möglich

(2) *Door het meisje wordt de jongen gekust.*

Des weiteren sind je nach Satzkonstruktion andere Wortordnungen möglich: im Fragesatz

(3) *Op welk plaatje wordt de jongen door het meisje gekust?*

(4) *Op welk plaatje wordt door het meisje de jongen gekust?*

und in der Imperativ-Frage Konstruktion

(5) *Laat mij zien, waar de jongen door het meisje gekust wordt.*

(6) *Laat mij zien, waar door het meisje de jongen gekust wordt.*

Jeder dieser Satzmodi kann einmal den Patienten und einmal den Agenten der Handlung an den Anfang des Satzes stellen. In allen Sätzen ist jedoch der Agent immer eindeutig morphologisch durch die Präposition markiert.

Ein Experiment (Friederici, 1984b), das diese verschiedenen Wortordnungen systematisch variierte, sollte Aufschluß darüber geben, wann Kinder, die diese Sprache erwerben, einen morphologischen Hinweisreiz zu interpretieren verstehen, sowie auch darüber, wie dieser Hinweisreiz im Laufe der Entwicklung seinen Status als eindeutiger Informationsgeber erhält.

Um allein die syntaktischen Verarbeitungsaspekte analysieren zu können, wurden mögliche semantische Strategien ausgeschlossen, indem lediglich semantisch reversible Passivsätze als Testsätze benutzt wurden. Das bedeutet, daß beide Nomen mögliche Agenten der Handlung waren. In den aufgeführten sechs Wortordnungen wurden jeweils zwanzig von diesen Sätzen dargeboten. Zwanzig Aktivsätze wurden als Ablenkersätze benutzt. Das Experiment verwendete eine Satz-Bild-Zuordnungs-Aufgabe. Die Aufgabe der Versuchsperson bestand darin, zu dem jeweiligen auditorisch dargebotenen Satz das passende Bild aus einer Anzahl von drei Bildern herauszusuchen. Das Arrangement der drei Bilder bestand jeweils aus einem korrekten Bild, einem syntaktischen Ablenker, bei dem Agent und Patient vertauscht waren, und einem semantischen Ablenker, bei dem entweder der Agent oder der Patient im Bild nicht dem im Satz Genannten entsprach. Kinder im Alter von vier (4;9), fünf (5;10) und sechs (6;10) Jahren nahmen an dieser Untersuchung teil. Jede Gruppe bestand aus acht Kindern, die das Niederländische als ihre Muttersprache sprachen. Die Anworten wurden nach Anzahl sowie Art der Fehler, d.h. der drei Wahlmöglichkeiten der Bilder, ausgewertet.

Eine Varianzanalyse der Fehlerdaten (Abbildung 12) mit den Faktoren Altersgruppe (Vier- / Fünf- / Sechsjährige) × Satzkomplexität (einfaches Passiv / Passiv + Frage / Passiv + Frage + Imperativ) × Wortordnung (Patient-zuerst / Agent-zuerst) × Fehlertyp (syntaktisch / semantisch) wurde gerechnet. Alle vier Haupteffekte waren auf dem 5% Niveau signifikant. Altersgruppe: $F(2,21) = 9.35$; Komplexität: $F(2,42) = 16.27$; Wortordnung: $F(1,21) = 5.51$; Fehlertyp: $F(1,21) = 78.39$. Der Faktor Altersgruppe interagierte signifikant mit dem Faktor Wortordnung

(F(4,42) = 5.18), sowie dem Faktor Satzkomplexität (F(4,42) = 2.46), nicht jedoch mit dem Faktor Fehlertyp. Die Interaktion zwischen den Faktoren Satzkomplexität und Wortordnung war ebenfalls signifikant, was auf entwicklungsbedingte Unterschiede in der Verarbeitung von Wortordnungsinformation und morphologischer Markierung für die Satzinterpretation hinweist.

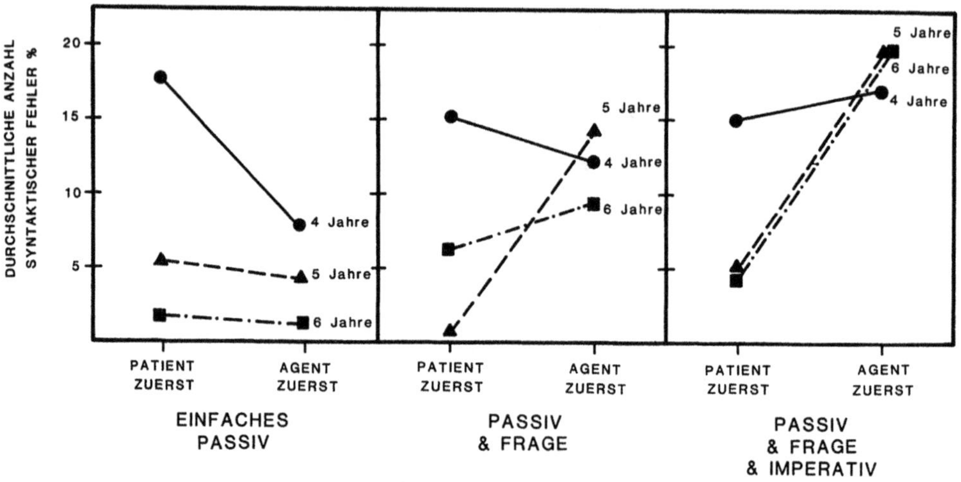

Bild 12. **Durchschnittliche Anzahl syntaktischer Fehler in Prozent für Vier-, Fünf-, und Sechsjährige.**

Obwohl vierjährige niederländisch sprechende Kinder bereits einfache Passivsätze von Aktivsätzen unterscheiden können - wie durch niedrige Fehlerquoten bei den Aktivsätzen belegt -, ist in dieser Altersgruppe trotzdem eine gewisse Tendenz nachweisbar, das erste Nomen im Sinne einer Agent-zuerst Strategie zu interpretieren. Bei der Interpretation von komplexeren Sätzen - wie Passiv-Frage oder Passiv-Frage-Imperativ-Konstruktionen - scheint diese Altersgruppe weder die Wortordnung noch die morphologische Markierung, d.h. die Präposition, die den Agenten der Handlung markiert, systematisch für die Interpretation zu benutzen. Im Alter von fünf Jahren interpretieren Kinder einfache Passivsätze fast immer korrekt. Bei den komplexeren Sätzen (Passiv-Frage und Passiv-Frage-Imperativ-Konstruktion) übergeneralisieren Fünfjährige die Interpretation von Passivsätzen dahingehend, daß sie eine Patient-zuerst-Strategie für die Interpretation aller Passivsätze, ungeachtet der Wortfolge, anwenden. Dies deutet darauf hin, daß sie in diesem Alter diejenigen strukturellen Elemente, die das Passiv markieren, als solche erkennen und den Passivmodus richtig wahrnehmen, ohne jedoch die spezielle Information, die die einzelnen Elemente tragen, unabhängig von der Wortordnung für die Interpretation zu benutzen. Sechsjährige unterscheiden sich von den Fünfjährigen dadurch, daß sie gelernt haben, die strukturellen Markierungen nicht nur in einfachen Passivsätzen, sondern auch in den komplexeren Passiv-Frage-Konstruktionen korrekt und im Zusammenhang mit möglichen Wortordnungen zu verarbeiten. Beim Verstehen der Passiv-Frage-Imperativ-Konstruktion wird jedoch immer noch die übergeneralisierende Passiv–Interpretationsstrategie, die das erste Nomen als Patient der Handlung interpretiert, deutlich.

7.1.2 Wortordnung und Morphologie in der Sprachentwicklung

Diese Befunde lassen den Schluß zu, daß die Fähigkeit, bestimmte strukturelle Hinweisreize zur Satzinterpretation zu benutzen, während der Sprachentwicklung nicht unabhängig ist von der Komplexität der zu verarbeitenden Satzkonstruktion. Selbst wenn Kinder gelernt haben, strukturelle Informationen in einer bestimmten Konfiguration zu interpretieren, so sind sie noch lange nicht fähig, diese Informationen als strukturelles Phänomen zu isolieren und in anderen Satzkonfigurationen zu verwenden. Die Ergebnisse legen vielmehr nahe, daß es erst der Isolierung bestimmter struktureller Phänomene bedarf, bevor diese im Zusammenhang mit anderen Informationen verarbeitet werden können.

Zu einem bestimmten Entwicklungszeitpunkt entdeckt das Kind zum Beispiel, daß es Sätze gibt, die sich in ihrer Struktur von einfachen Aktivsätzen unterscheiden. Geleitet von dem Ziel, sinnvolle Zuordnungen von sprachlichen Äußerungen und dem bereits angesammelten Weltwissen zu erstellen, entwickelt es die Hypothese, daß in solchen Sätzen, die ganz bestimmte Markierungen tragen (z.B. im Niederländischen das Hilfverb *wordt*, die Präposition *door* vor einem Nomen, und die Partizipform des Verbs *ge-*), das erste Nomen nicht Agent, sondern Patient der Handlung ist. Diese prototypische Passiv–Interpretationsstrategie wird nun auf alle Sätze angewandt, die diese Passivmarkierungen tragen, unabhängig davon, wo sich die einzelnen Elemente im Satz befinden. Nur allmählich lernt das Kind, beide Strukturinformationen - Morphologie und Wortordnung - gemeinsam zu verarbeiten. Erst nach einem Alter von sechs-einhalb Jahren beginnt das Kind, Wortordnung und morphologische Information zu koordinieren und im Interpretationsprozeß zu gewichten.

Es scheint, als müßte ein bestimmter linguistischer Hinweisreiz erst einmal in den Interessenfokus des Kindes geraten und dort als isoliertes Phänomen behandelt werden, bevor es in Kombination mit anderen, bereits erlernten linguistischen Phänomenen für eine adäquate Interpretation benutzt werden kann. Karmiloff-Smith (1979, 1983) spricht in diesem Zusammenhang davon, daß ein bestimmtes Phänomen in den linguistischen Problemkreis des Kindes tritt. Strategien, wie sie in diesem Experiment bei Kindern während des Spracherwerbs beobachtet werden, zielen darauf ab, Hypothesen zu testen, bevor endgültige und korrekte Verarbeitungsprozesse etabliert werden. Im Falle der Verarbeitung von Passivsätzen wird die Interpretation im Niederländischen dann korrekt sein, wenn morphologische Markierungen richtig erkannt werden und unabhängig von möglichen Wortordnungen zur Interpretation benutzt werden.

Es ist anzunehmen, daß linguistische Hypothesen aus dem linguistischen Problemkreis heraustreten, sobald sie als verifiziert gelten können. Sie werden dann bald Grundlage für einen automatisch ablaufenden Verarbeitungsprozeß werden.

Ist ein bestimmter Prozeß erst einmal als automatischer Mechanismus etabliert, so soll dieser unabhängig von anderen linguistischen Informationen arbeiten können und, ungeachtet dieser, zu einer Zuordnung von korrekter Satzstruktur und thematischen Rollen führen.

Das vorgeschlagene Modell sieht vor, daß nicht alle während der Entwicklung getesteten Strategien endgültig verworfen werden, sondern daß bestimmte Strategien, zum Beispiel solche, die auf Informationen über die Oberflächenstruktur eines Satzes basieren, sich als Teil des generellen kognitiven Systems etablieren, aktiviert werden, wenn die automatischen Verarbeitungsmechanismen nicht erfolgreich sind. Dies kann geschehen, wenn die Inputinformation lückenhaft oder unvollständig ist, oder auch wenn die Prozesse selbst durch zentrale Sprachstörungen in Mitleidenschaft gezogen wurden.

7.2 Verstehensstrategien bei aphasischen Defiziten

Der erwachsene Hörer ist bei der Interpretation einer wahrgenommenen Äußerung dann auf die Verwendung von Interpretationsstrategien angewiesen, wenn der sprachliche Input unvollständig ist. Es wird angenommen, daß der Hörer in diesem Fall Strategien verwendet, die auf einem Set von Prinzipien beruhen, die sich während der Sprachentwicklung herausgebildet und letztlich etabliert haben. Falls dies zutrifft, so ist anzunehmen, daß die Strategien, die ein erwachsener Hörer verwendet, sich zumindest teilweise von denen unterscheiden, die Kinder während der frühen Sprachentwicklung als mögliche Verarbeitungshypothesen testen, dann aber zugunsten anderer Strategien verwerfen. Wenn beim erwachsenen Hörer Teile des automatisch ablaufenden Sprachverarbeitungssystems durch eine zentrale Sprachstörung beeinträchtigt sind, so scheint es nicht unplausibel anzunehmen, daß auch der sprachgestörte Hörer für seine Interpretation auf eben dieses Set von Strategien, das dem normalen Hörer zur Verfügung steht, zurückgreift. Je nachdem, auf welcher der Verarbeitungsebenen seine Störung liegt, d.h. je nachdem, welche Informationen der Parser, d.h. das System, daß die Zergliederung der hereinkommenden Information vornimmt, nicht bereitstellen kann, werden sicherlich unterschiedliche Strategien aus dem gesamten Set benutzt werden müssen. Alle die Strategien, die spontan von einem Sprachgestörten zur Interpretation benutzt werden, entstammen jedoch dem Set von Strategien, das auch der normale erwachsene Hörer unter bestimmten, nicht-optimalen Input-Bedingungen zur Interpretation verwendet.

Diese Überlegungen führen zu zwei möglichen Annahmen über die Anwendungen von Interpretationsstrategien bei Aphasie. Broca- und Wernicke-Aphasiker könnten die gleichen Strategien anwenden, sofern die linguistische Repräsentation, die der Parser dem generellen kognitiven System zur Verfügung stellt, bei beiden Aphasieformen im gleichen Maße unvollständig ist. Dies kann entweder durch das gleiche zugrundeliegende Defizit bedingt sein, oder aber durch dadurch, daß unterschiedliche linguistische Defizite auf den unteren Verarbeitungebenen zu einer vergleichbaren inadäquaten Repräsentation auf einer höheren Verarbeitungsebene führen. Es ist auch denkbar, daß der Output, den der Parser der beiden Aphasieformen an die Ebene der Satzinterpretation weitergibt, in unterschiedlicher

Weise unvollständig ist und somit auch jeweils andere Strategien für die Interpretation erforderlich sind.Der Nachweis von unterschiedlichen Strategien würde somit als Hinweis dafür gewertet werden, daß den beiden Aphasieformen unterschiedliche Defizite zugrundeliegen. Umgekehrt läßt der Befund gleicher Strategien keinen direkten Schluß über den oder die zugrundeliegenden Defizite zu.

7.2.1 Die Experimente: Verarbeitung von Präpositionen in zeitungebundenen Tests

Diesem Problem sind wir nachgegangen (Friederici und Kolk, 1983; Kolk und Friederici, 1985). Wir haben ein Experiment entworfen, in dem die Interpretationsstrategien von Broca- und Wernicke-Patienten untersucht werden sollten. Das Experiment verwendete eine Satz-Bild-Zuordnungsaufgabe, bei der dem Patienten keine zeitliche Begrenzung für seine Antwort - sprich Interpretation - gegeben war. Aufgrund der vorher formulierten Annahme über den zeitlichen Ablauf von automatischen Prozessen und die Anwendung nicht-automatischer Strategien, hofften wir, mit diesem Paradigma die Anwendung von Strategien zur Satzinterpretation messen zu können.

Das linguistische Material war so konzipiert, daß unterschiedliche Ebenen der Satzverarbeitung angesprochen waren. Lexikalisch-semantische und syntaktische Verarbeitung wurden systematisch variiert. Im Anschluß an vorangegangene Experimente (Friederici, 1982, 1983a) entschieden wir uns, die Verarbeitung von unterschiedlichen präpositionalen Formen zu untersuchen:

(1) lexikalische Präpositionen, die, wie wir gesehen hatten, in semantisch-lexikalische wie auch in syntaktische Prozesse involviert sind, z.B.

(1) *Der Junge geht hinter dem Mädchen.*

(2) obligatorische Präpositionen, die zwar zusammen mit dem Verb im Lexikon spezifiziert sein mögen, aber dennoch erst auf der strukturellen Ebene verarbeitet werden, z.B.

(2) *Der Junge träumt von der Mutter.*

(3,4), rein syntaktische Präpositionen, die allein strukturelle Information tragen. Als syntaktische Präposition kann zum Beispiel jene Präposition angesehen werden, die das syntaktische Objekt des Satzes beim (3) Passiv markiert, z.B. im Deutschen:

(3) *Der Junge wird von der Mutter geküßt.*

Ebenso fungieren (4a) Präpositionen als rein syntaktische Markierung in den Fällen, in denen sie einen bestimmten Kasus - im Niederländischen zum Beispiel den Dativ anzeigen

(4a) *De moeder geeft de doos aan het meisje.*

Der Dativ, der im Niederländischen durch die Präposition *aan* markiert wird, wird im Deutschen innerhalb des Artikels, der dem Nomen vorausgeht, markiert (4b), z.B.

(4b) *Die Mutter gibt die Schachtel dem Mädchen.*

Diese vier präpositionalen Formen wurden in unterschiedlichen Bedingungen getestet, zum einen wurde der Einfluß möglicher semantisch-pragmatischer Strategien variiert, die Hälfte der Sätze war semantisch reversibel (wie die angeführten Testsätze), die andere Hälfte erlaubte Interpretationen aufgrund von semantischem oder pragmatischem Wissen (nicht-reversible Sätze) (5), z.B.

(5) *Der Junge träumt von dem Auto.*

Eine korrekte Interpretation dieses Satzes ist bereits möglich, wenn allein die Elemente der offenen Klasse (*Junge, träumt, Auto*) erkannt und diese als Agent-Handlung-Patient interpretiert werden. Ebenso könnte auch der Satz (2) aufgrund der Wortfolge (*Junge, träumt, Mutter*) als Agent-Handlung-Patient richtig interpretiert und verstanden werden. Um untersuchen zu können, ob nicht nur die Wortfolge, sondern wirklich die Präposition (*von*) verarbeitet wird, wurden alle Sätze auch mit topikalisierten Präpositionalphrasen (6), d.h. am Satzbeginn stehenden Objekt-Präpositionalphrasen, präsentiert, z.B.

(6) *Von der Mutter träumt der Junge.*

Die Interpretation der einfachen Wortfolge Nomen-Verb-Nomen als Agent-Handlung-Patient muß ohne die Verarbeitung der Elemente der geschlossenen Klasse bei diesen topikalisierten Satzformen zu einer falschen Interpretation von Agent und Patient führen (*Mutter, träumt, Junge*).

Das Experiment wurde sowohl im Deutschen (Kasusmarkierung durch den Artikel) als auch im Niederländischen (Kasusmarkierung durch Präposition) durchgeführt. Das Satzmaterial in jeder der beiden Sprachen bestand aus je 456 Sätzen. Folgende Faktoren wurden variiert: Präpositionstyp (lexikalisch / obligatorisch / Kasus / Passiv) × semantische Plausibilität (semantisch reversible / irreversible Sätze) × Wortfolge (Präpositionalphrase topikalisiert / nicht topikalisiert). Zu jedem dieser Sätze gab es ein Set von drei Bildern, von denen ein Bild der korrekten Interpretation des Satzes entsprach, ein zweites, das als syntaktischer Ablenker die Umkehrung von Patient und Agent der Handlung zeigte, ein drittes, das als lexikalischer Ablenker eine Person oder Sache abbildete, die den erwähnten Nomen im Satz nicht ensprach.

Dieses Material wurde in zwei Test-Sets (A und B) aufgeteilt, sodaß die jeweils topikalisierte und nicht-topikalisierte Form eines Satzes in verschiedenen Sets auftauchte. Allen Versuchspersonen wurden beide Sets präsentiert: der Hälfte jeder Versuchspersonengruppe in der Reihenfolge AB, der anderen Hälfte in der Reihenfolge BA. Zwischen den beiden Testsitzungen lag mindestens eine Woche.

Insgesamt wurden im Deutschen sieben agrammatische Broca-Patienten und sieben Wernicke-Patienten getestet. Die Patienten waren aufgrund des Aachener Aphasie Tests (Huber et al., 1983) als Broca bzw. Wernicke-Aphasiker klassifiziert worden. Im Niederländischen wurden acht Broca-Patienten und sieben Wernicke-Patienten untersucht. Diese Patienten waren anhand der niederländischen Version des Aachener Aphasie Tests (De Bleser et al., in Vorbereitung) klassifiziert worden. Eine detaillierte Beschreibung der Patienten ist an anderer Stelle aufgeführt (Kolk und Friederici, 1985).

Die durchschnittlichen Fehlerzahlen pro Gruppe sind aus den Tabellen 12 - 15 ersichtlich. Zunächst fällt auf, daß sich in beiden Sprachen Broca- und Wernicke-Aphasie nicht deutlich unterscheiden, auch sehen die Verhaltensmuster in beiden Sprachen sehr ähnlich aus.

	REVERSIBEL		NICHT-REVERSIBEL	
	nicht topikalisiert	topikalisiert	nicht topikalisiert	topikalisiert
BROCA				
Deutsch	9.5	27.4	3.6	6.6
Niederl.	10.5	16.7	2.6	3.7
WERNICKE				
Deutsch	15.3	34.7	7.6	15.3
Niederl.	29.7	41.7	19.8	16.2

Tabelle 12. Fehlerraten deutschsprachiger und niederländisch-sprachiger Aphasiker für syntaktische Präpositionen (Kasus) in Prozent.

Zur Analyse der geplanten Vergleiche zwischen Gruppen und Bedingungen wurde eine Reihe non-parametrischen Tests durchgeführt. Für den Vergleich zwischen den Gruppen wurde der Mann-Whitney-U-Test benutzt, für die Vergleiche innerhalb der Gruppen der Wilcoxon-matched-pairs-signed-ranks-Test. Die hier als signifikant diskutierten Unterschiede können auf dem 5% Niveau als gesichert gelten.

Beide Gruppen zeigen signifikant weniger Fehler bei den semantisch irreversiblen Sätzen. Dies deutet darauf hin, daß semantisch-pragmatische Hinweisreize von beiden Aphasieformen zur Interpretation benutzt werden, sofern sie vorhanden sind. Das wird auch dadurch bestätigt, daß im Gegensatz zu den reversiblen Sätzen bei den irreversiblen Sätzen die Wortfolge keinen Einfluß auf die Interpretation eines Satzes hat. Ein signifikanter Effekt der Wortfolge war jedoch bei den semantisch reversiblen Sätzen zu verzeichnen. Hier wurden die Agent-zuerst-Sätze generell deutlich besser verarbeitet als die Patient-zuerst-Sätze, was auf die Anwendung einer Agent-zuerst-Strategie für die Interpretation von Sätzen schließen läßt. Allerdings benutzten die Patienten diese Strategie nicht in allen Fällen, denn sonst hätten die Interpretationen der topikalisierten Sätze zu 100% inkorrekt sein müssen. Dies war jedoch nicht der Fall. Im Folgenden soll genau analysiert werden, in welchen Fällen welche Patientengruppe bei topikalisierten semantisch reversiblen Sätzen Fehler macht.

Agrammatische Broca-Aphasiker

Deutsch sprechende agrammatische Patienten wenden eine Agent-zuerst-Strategie bei kasusmarkierten vorangestellten Objekten (Tabelle 12) nur in 27% der Fälle fälschlicherweise an, niederländisch sprechende Agrammatiker in 17% der Fälle. Dieser Unterschied kann auf sprachspezifische Unterschiede, die Kasusmarkierung betreffend, zurückgeführt werden. Kasusmarkierungen scheinen leichter erkennbar, wenn der Kasus durch ein alleinstehendes Morphem, wie im Niederländischen durch eine Präposition, markiert wird, als wenn er mittels eines gebundenen Morphems wie im Deutschen, d.h. innerhalb eines Artikels signalisiert. Abgesehen von diesem sprachspezifischen Unterschied wird deutlich, daß Agrammatiker beider Sprachen der Kasusmarkierung gegenüber sensibel sind. Sie scheinen zu erkennen, daß das Nomen nicht die Nominativmarkierung, sondern eine davon abweichende Markierung trägt. Der Befund, daß sie jedoch 17% bzw. 28% der Sätze falsch interpretieren, deutet darauf hin, daß diese Markierung zwar als vom Nominativ abweichend erkannt wird - denn sonst würde das erste Nomen bei den semantisch reversiblen Objekt-topikalisierten Sätzen häufiger falsch interpretiert - die spezifische Information dieser Markierung aber nicht für die Konstruktion einer korrekten syntaktischen Repräsentation benutzt werden kann.

Diese Interpretation findet weitere Unterstützung durch die Analyse der Verstehensleistung von Sätzen mit Präpositionalphrasen, die obligatorische und lexikalische Präpositionen beinhalten. Falls Agrammatiker fähig wären, die Präposition für die Konstruktion einer Präpositionalphrase zu benutzen, so wäre kein Unterschied zwischen den Verstehensleistungen von Sätzen mit obligatorischen und lexikalischen Präpositionen zu erwarten. Wir finden aber einen deutlichen Unterschied zwischen den beiden Präpositionsarten. Sätze mit obligatorischen Präpositionen (Tabelle 13) wurden in den zwei verschiedenen Wortordnungen - topikalisierte versus nicht-topikalisierte Präpositionalphrasen - unterschiedlich verarbeitet. Sätze mit obligatorischen Präpositionen wurden ohne Schwierigkeiten interpretiert, wenn sie als Agent-zuerst-Sätze präsentiert wurden (2). Diese Sätze können, wie wir gezeigt hatten, bereits ohne detaillierte strukturelle Informationsverarbeitung richtig verstanden werden, indem das Nomen, das dem Verb vorausgeht, als Agent und das Nomen, das dem Verb folgt, als Patient interpretiert wird.

In Patient-zuerst-Sätzen (6) jedoch kann der Satz nur dann korrekt interpretiert werden, wenn der Hörer die Konstruktion einer Präpositionalphrase als Träger des Objekts des Satzes erkennt und so den Patienten der Handlung festlegt. Diese Patient-zuerst-Sätze werden sowohl von deutschsprachigen wie von niederländischsprachigen Agrammatikern signifikant häufiger falsch interpretiert (deutsch: 35%, niederländisch: 28%) als der gleiche Satz in der Agent-zuerst-Anordnung (deutsch: 7%, niederländisch: 8%). Die Fehlerrate für Patient-zuerst-Sätze ist dennoch relativ gering. Dies deutet darauf hin, daß Agrammatiker wohl in der Lage sind, Objekt-zuerst-Sätze von Subjekt-zuerst-Sätzen zu unterscheiden, indem

	REVERSIBEL		NICHT-REVERSIBEL	
	nicht topikalisiert	topikalisiert	nicht topikalisiert	topikalisiert
BROCA				
Deutsch	7.1	34.9	4.8	6.4
Niederl.	7.6	27.8	4.9	4.9
WERNICKE				
Deutsch	28.5	47.2	20.8	22.2
Niederl.	13.0	35.2	14.8	13.0

Tabelle 13. Fehlerraten deutschsprachiger und niederländischsprachiger Aphasiker für obligatorische Präpositionen in Prozent.

sie die Präposition als syntaktischen Marker erkennen, jedoch diese Markierung nicht in jedem Falle zur Bildung einer korrekten syntaktischen Struktur verwenden können.

Ein gänzlich anderes Bild zeigt sich bei den lexikalischen Präpositionen. Es gibt einige Studien, die die Verarbeitung von lexikalischen Präpositionen bei Aphasie untersuchen (z.B. Friederici et al., 1982; Seron und Deloche, 1981; Schwartz, Saffran und Marin, 1980). Unter Bezugnahme auf die Ergebnisse von Schwartz et al. versucht Caplan (1983), eine Reihe einfacher Prinzipien für die Interpretation von Sätzen mit Präpositionalphrasen aufzustellen. Der Agrammatiker gründet demzufolge seine Satzkonstruktion für Präpositionalphrasen mit lexikalischen Präpositionen auf zwei Prinzipien: erstens auf dem Wissen, daß in einer Lokativ-Konstruktion das Nomen nach der Präposition der Lokativ ist und zweitens auf dem Prinzip, daß das unbelebte Nomen der Lokativ ist. Die Voraussagen der Verstehensleistung aufgrund dieser Interpretationsprinzipien sind wie folgt. Bei Anwendung des ersten Prinzips sind keine Unterschiede in der Verstehensleistungen von Subjekt-zuerst- und Objekt-zuerst-Sätzen zu erwarten. Die in Tabelle 14 dargestellten Daten zeigen, daß Sätze mit nicht-topikalisiertem Objekt geringfügig, jedoch nicht signifikant besser verarbeitet werden, als Sätze mit topikalisiertem Objekt. Das zweite Prinzip kann nur dann eindeutig angewandt werden, wenn nicht beide Nomen belebt oder beide unbelebt sind. Semantisch nicht-reversible Sätze müßten besser verstanden werden als semantisch reversible Sätze. Dies wird durch die vorliegenden Daten belegt.

Wie erklärt sich nun der signifikante Unterschied im Verarbeiten von lexikalischen und obligatorischen Präpositionen? Das Lokativ-Prinzip, wie von Caplan formuliert, kann zwar für lexikalische, nicht jedoch für obligatorische Präpositionen ver-

	REVERSIBEL		NICHT-REVERSIBEL	
	nicht topikalisiert	topikalisiert	nicht topikalisiert	topikalisiert
BROCA				
Deutsch	14.3	19.4	6.1	6.1
Niederl.	14.3	22.3	0.9	5.4
WERNICKE				
Deutsch	38.4	35.7	11.6	19.6
Niederl.	19.1	19.1	7.1	7.1

Tabelle 14. Fehlerrate deutschsprachiger und niederländischsprachiger Aphasiker für lexikalische Präpositionen in Prozent.

wendet werden. Das Belebtheits-Prinzip kann nur für die semantisch nicht-reversiblen Sätze eindeutig angewandt werden. Der signifikante Unterschied zwischen semantisch nicht-reversiblen und reversiblen Sätzen bestätigt diese Annahme. Da das Lokativ-Prinzip für die Verarbeitung von obligatorischen Präpositionen nicht anwendbar ist, war zu erwarten, daß Agrammatiker diese Elemente - wie andere syntaktische Markierungen - zwar erkennen, sie aber nicht zur eindeutigen Zuordnung von syntaktischen Funktionen verwenden können. Die Ergebnisse für obligatorische Präpositionen stehen im Einklang mit dieser Erwartung. Sätze mit obligatorischen Präpositionen werden von Agrammatikern ähnlich wie Sätze mit Kasusmarkierung verarbeitet. Agent-zuerst-Sätze werden signifikant besser verstanden, als Patient-zuerst-Sätze, wobei die Leistungen für die Patient-zuerst-Sätze immer noch signifikant über dem Zufallsniveau liegen. Es gibt keinen Unterschied für die Verarbeitung von Kasusmarkierung und obligatorischen Präpositionen. Dies deutet darauf hin, daß beide morphologischen Markierungen - gebundene und ungebundene Morpheme - auf derselben Ebene, das heißt auf der strukturellen Ebene, verarbeitet werden. Die Markierung wird erkannt, jedoch nicht für die Erstellung einer eindeutigen syntaktischen Struktur genutzt.

Die Passivsätze (Tabelle 15) zeigen wiederum ein anderes Verhaltensmuster, das aber ebenfalls im Rahmen der vorgebrachten Hypothesen erklärt werden kann.

Agrammatiker sind fähig, syntaktische Markierungen in der Oberflächenform des Satzes zu erkennen. Es ist daher anzunehmen, daß sie Aktivsätze von Passivsätzen unterscheiden können. Und in der Tat liegen die Verstehensleistungen für beide Satztypen über dem Zufallsniveau. Caplan hat versucht, ein ähnliches Ergebnis in der Schwartz et al.-Studie auf ein Prinzip zurückzuführen, das lautet

	REVERSIBEL		NICHT-REVERSIBEL	
	nicht topikalisiert	topikalisiert	nicht topikalisiert	topikalisiert
BROCA				
Deutsch	24.3	24.3	11.4	8.6
Niederl.	23.8	20.0	1.3	1.3
WERNICKE				
Deutsch	31.7	20.0	11.7	5.0
Niederl.	53.8	37.5	13.8	13.8

Tabelle 15. Fehlerrate deutschsprachiger und niederländischsprachiger Aphasiker für syntaktische Präpositionen (Passiv) in Prozent.

„In Passiv-Sätzen weise dem Nomen nach dem Verb den Status des Agenten zu“.

Dieses Prinzip kann für die hier untersuchten Sprachen nicht gelten. Ein allgemeines Prinzip, daß sich auf Wissen über die Oberflächenform von Sätzen im Deutschen, im Niederländischen und im Englischen gründet, könnte eher besagen:

„In Passiv-Sätzen weise dem Nomen nach der Präposition den Status des Agenten zu“.

Falls der Agrammatiker Passivsätze auf der Basis dieses Wissens interpretiert, so müßte er gleiche Leistungen bei Agent-zuerst- und Patient-zuerst-Passivsätzen zeigen. Der Unterschied in der Verarbeitung dieser Sätze ist in der Tat in beiden Sprachen nicht signifikant. Allerdings sollte der Agrammatiker, falls er dieses Wissen uneingeschränkt und unabhängig von anderen Faktoren benutzen kann, in der Lage sein, alle Passivsätze korrekt zu interpretieren. Der Befund, daß er dennoch in etwa zwanzig Prozent der Fälle zu fehlerhaften Interpretationen kommt, legt nahe, daß er dieses Wissen nicht uneingeschränkt benutzt oder benutzen kann. Es gilt nun zu erforschen, welches die Bedingungen für diese Beschränkungen sind.

Grodzinsky (1984) hat versucht, auf einer rein linguistischen Beschreibungsebene die Verarbeitung von Passivsätzen bei Agrammatismus zu erklären. Innerhalb der linguistischen Theorie Chomskys (1981) lassen sich zwei Beschreibungsebenen definieren, eine davon repräsentiert alle Elemente der offenen Klasse in spezifizierter Form sowie Platzhalter für die Elemente der geschlossenen Klasse, die andere spezifiziert die strukturellen Merkmale. Die Ebene, auf der die Elemente der grammatischen Hauptkategorien repräsentiert sind, enthält aber auch bereits lexikalisch spezifizierte Präpositionen, sowie auch jene Präposition, die den

Agenten im Passiv markiert. Das agrammatische Defizit läßt sich gemäß dieser Beschreibung dadurch charakterisieren, daß es nur noch über die Ebene, die die lexikalischen Elemente, einschließlich der Präpositionen, spezifiziert, verfügt. Wird der Agrammatiker nun mit einem (englischen) Passivsatz konfrontiert, so wird er Grodzinksky zufolge - bei einer Verarbeitung des Satzes von links nach rechts - zunächst das erste Nomen im Satz als Agenten interpretieren, da jedoch ein zweites Nomen durch die Präposition ebenfalls als Agent markiert ist, gerät der Agrammatiker in einen Konflikt, den er nicht lösen kann. Er reagiert deshalb mit zufälligen Agentzuweisungen. Im Rahmen dieses Ansatzes können zwar die Daten der englisch-sprachigen Agrammatiker, nicht jedoch die hier dargestellten Ergebnisse der deutsch- und niederländisch-sprachigen Agrammatiker erklärt werden.

Die für die Agrammatiker berichteten Daten stehen dagegen in Einklang mit der Ansicht, daß sich der Agrammatismus durch die mangelnde Fähigkeit auszeichnet, die Elemente der geschlossenen Klasse für die Erstellung von korrekten syntaktischen Stukturen zu benutzen. Allerdings scheinen diese Patienten fähig, die Elemente dieser Klasse als Strukturträger zu identifizieren, ohne ihnen jedoch die korrekte syntaktische Funktion zuweisen zu können. Welches allerdings die Bedingungen sind, unter denen korrekte Zuweisungen trotzdem möglich werden, ob dies aufgrund linguistischer Prinzipien geschieht, bleibt zu klären.

Broca- und Wernicke-Aphasie im Vergleich

Die Frage, ob diese Beschreibung für das Syndrom des Agrammatismus spezifisch ist, oder aber eher für aphasische Störungen im allgemeinen gilt, taucht beim Vergleich dieser Ergebnisse mit den Befunden der Wernicke-Aphasiker unweigerlich auf. Broca- und Wernicke-Aphasiker zeigen, bis auf eine Ausnahme (Passivsätze), sehr ähnliche Verhaltensweisen beim Verarbeiten der verschiedenen präpositionalen Formen.

In einem der vorangegangenen Kapitel hatten wir bereits mögliche ähnliche Verhaltensweisen von Broca- und Wernicke-Aphasie in zeitungebundenen off-line Aufgaben diskutiert. Im Rahmen des vorgeschlagenen Modells war deutlich geworden, daß bei zeitungebundenen Aufgaben die Messung der Anwendung von Strategien wahrscheinlicher ist als bei zeitgebundenen Aufgaben. Dies gilt umso eher, wenn die notwendigen automatischen Verarbeitungsprozesse gestört sind. Bei der Broca-Aphasie ließ sich eine Störung bei der Verarbeitung der Elemente der geschlossen Klasse charakterisieren, bei der Wernicke-Aphasie scheint sich die Störung - wie Daten aus der Sprachproduktion als auch aus dem zeitgebundenen Verstehen nahelegen - auf einer anderen Ebene zu manifestieren. Wernicke-Aphasiker verarbeiten Wörter beider grammatischer Klassen auf den primären Prozeßebenen ähnlich wie Normalsprecher. Es ist daher anzunehmen, daß ihre Störung eher auf einer Verarbeitungsebene zu lokalisieren ist, auf der semantisch-lexikalische und syntaktische Information zu einer Interpretation integriert werden.

Die zugänglichen Daten in der Aphasieliteratur lassen ebenfalls den Schluß zu, daß Wernicke-Aphasiker immer dann Störungen bei der Verarbeitung von semantisch-lexikalischer Information zeigen, wenn die Verarbeitung dieser Information bewußte Prozesse fordert. Die automatische Verarbeitung von lexikalisch-semantischer Information scheint dagegen weitgehend intakt (Milberg und Blumstein, 1981). Ebenso demonstrieren Wernicke-Aphasiker keine besonderen Probleme bei der automatischen Verarbeitung von Elementen der geschlossenen Klasse (Friederici, 1983b). Das bedeutet, daß die Probleme der Wernicke-Aphasiker beim Satzverständnis eine der höheren Verarbeitungsebenen betreffen. Entweder gelangt die primär verarbeitete Information nur unvollständig auf die höhere Ebene oder aber diese höhere Ebene selbst ist gestört. Welche der beiden möglichen Erklärungen letztlich zutreffen mag, klar ist, daß der Sprachprozessor selbst nur einen unvollständigen Output für die Interpretation bereitstellt, denn anders wären die schweren Sprachverständnisstörungen, die bei dieser Aphasieform beobachtet werden, nicht zu erklären.

Falls Wernicke-Aphasiker die Elemente der offenen Klasse und die der geschlossenen Klasse zwar auf der Ebene der Worterkennung relativ automatisch verarbeiten, diese jedoch auf der semantisch-interpretativen Ebene nicht korrekt weiterverarbeiten können, so werden Wernicke-Aphasiker auch für die Interpretation einer Äußerung auf allgemeine Strategien zurückgreifen müssen. Falls sich diese Strategien auf semantisch-pragmatisches Wissen begründen, so sollten nicht-reversible Sätze besser verstanden werden als reversible Sätze. Auch ist anzunehmen, daß Wernicke-Aphasiker Elemente der geschlossenen Klasse anders verwenden als Broca-Aphasiker. Während Broca-Aphasiker der geschlossenen Klasse trotz oder gerade wegen ihrer Schwierigkeiten mit diesen Elementen besondere Aufmerksamkeit schenken, mögen Wernicke-Aphasiker diesen Elementen, die sie auf einer primären Ebene recht gut verarbeiten, weniger Beachtung schenken und Sätze eher mithilfe allgemeiner Strategien interpretieren. Falls dies zutrifft, so ist zu erwarten, daß Wernicke-Aphasiker auch bei der Interpretation von topikalisierten Satzkonstruktionen häufig die Agent-zuerst-Strategie anwenden.

Die Ergebnisse bestätigen diese Erwartungen nur zum Teil. Für semantisch-reversible topikalisierte Satzformen des Typus "Kasusmarkierung", "obligatorische Präposition" und Passiv-Konstruktionen wird die Verwendung einer Agent-zuerst-Strategie in etwa 40 bis 50% der Fälle sichtbar. Interessant ist, daß es auch bei den semantisch nicht-reversiblen Sätzen zu falschen Agent-Patient-Zuweisungen kommt. Dieses Ergebnis deutet darauf hin, daß die Interpretation nicht vornehmlich auf semantischen Merkmalen beruht. Die Probleme mit der Interpretation semantisch-lexikalischer Aspekte werden auch bei der Verarbeitung lexikalischer Präpositionen sichtbar. Topikalisierte und nicht-topikalisierte Satzkonstruktionen werden mit gleichem Erfolg oder Mißerfolg interpretiert.

Keine der vorhandenen Beschreibungsansätze für aphasische Defizite macht die korrekten Voraussagen für alle Einzelergebnisse in dieser Studie. Die Annahme vom gleichen zugrundeliegenden Defizit bei Broca- und Wernicke-Aphasie kann den Unterschied bezüglich der Passivsätze nicht erklären - noch weniger allerdings die Ergebnisse der zeitgebundenen Experimente. Die Annahme vom aphasiespezifischen zugrundeliegenden Defizit erklärt zwar die Ergebnisse der on-line Studie, allerdings nur Teile dieser off-line Studie.

Eine mögliche Erklärung für die Gesamtheit der Ergebnisse der Wernicke-Gruppe wäre die, daß Wernicke-Aphasiker die primär verarbeiteten Informationen der geschlossenen Klasse und auch die automatisch verarbeiteten lexikalisch-semantischen Informationen der unteren Prozeßebene auf eine höhere weitergeben, daß der Verarbeitungsprozeß, der diese Informationen zu einer Interpretation integriert, gestört ist. Mögliche Interpretationen werden dann einerseits mithilfe von semantisch-pragmatischen Aspekten versucht, andererseits kommt bei deren Abwesenheit syntaktische Information der Satzoberfläche stärker zum Tragen.

7.2.2 Verarbeitung von Passivsätzen

Dieser Hypothese sind wir in einem Folgeexperiment nachgegangen (Friederici und Graetz, 1984). Wir hatten argumentiert, daß ähnliche Verhaltensweisen der beiden Aphasiegruppen durch die Anwendung allgemeiner Strategien zu erklären seien, die allerdings nicht notwendigerweise auf die gleichen Defizite zurückzuführen sind. Dieses Argument wäre von wenig Nutzen, könnte nicht nachgewiesen werden, daß je nach Defizit auch syndrom-spezifische Strategien benutzt werden (Friederici, 1983c). Das vorangegangene Experiment hatte bestimmte aphasiespezifische Strategien bei der Verarbeitung von Passivsätzen nahegelegt. Die Ergebnisse hatten gezeigt, daß Broca-Aphasiker den Elementen der geschlossenen Klasse - trotz oder vielmehr vielleicht gerade wegen der Verarbeitungsschwierigkeiten, die sie mit diesen Elementen haben - eine gewisse Aufmerksamkeit schenken. Es scheint als würden diese Elemente von den Agrammatikern nicht einfach ignoriert, sondern als böten die Elemente der geschlossenen Klasse eher die Basis für mögliche metalinguistische Interpretationsstrategien. Wernicke-Aphasiker schienen dagegen eher einer Strategie zu folgen, die auf bestimmten Wortfolgeprinzipien beruht. Diese unterschiedlichen Strategien waren jeweils mit dem spezifischen zugrundeliegenden Defizit erklärt worden. Um die Anwendung unterschiedlicher Verarbeitungsstrategien bei Broca- und Wernicke-Aphasikern hinsichtlich dieses Aspektes genauer zu untersuchen, wurde ein Experiment entworfen, das sich auf das Verarbeiten von Passivsätzen konzentrierte.

Die niederländische Sprache mit ihrer relativ freien Wortordnung gab die Möglichkeit, Passivsätze mit den verschiedensten Wortfolgen zu konstruieren. Sätze mit sechs verschiedenen Wortfolgen variierten in drei syntaktischen Komplexitätsgraden oder Satzmodi (einfache Passivsätze, Frage + Passiv, Imperativ + Frage + Passiv), sowie in der Anordnung von Subjekt und Objekt im Satz (Agent-zuerst, Patient-zuerst).

1. Einfaches Passiv, Patient-zuerst:
   De jongen wordt door het meisje geslagen.

2. Einfaches Passiv, Agent-zuerst:
   Door het meisje wordt de jongen geslagen.

3. Frage + Passiv, Patient-zuerst:
   Op welk plaatje wordt de jongen door het meisje geslagen.

4. Frage + Passiv, Agent-zuerst:
   Op welk plaatje wordt door het meisje de jongen geslagen.

5. Imperativ + Frage + Passiv, Patient-zuerst:
   Laat u mij zien, waar de jongen door het meisje geslagen wordt.

6. Imperativ + Frage + Passiv, Agent-zuerst:
   Laat u mij zien, waar door het meisje de jongen geslagen wordt.

Das Material wie auch die experimentelle Prozedur war mit dem im vorangegangenen Kapitel beschriebenen Experiment identisch. Aufgrund der dargestellten Überlegungen wurden unterschiedliche Erwartungen für Broca- und Wernicke-Aphasie formuliert. Falls die Annahme zutrifft, daß Broca-Aphasiker in Abwesenheit von semantischen Hinweisreizen die Präposition als Markierung des Agenten erkennen und diese unabhängig von der Wortfolge interpretieren, so sollten Broca-Aphasiker in allen sechs Wortfolgen eine ähnliche - relativ gute - Leistung zeigen. Falls Wernicke-Aphasiker in Abwesenheit von semantisch-pragmatischer Information eher auf eine allgemeine Agent-zuerst-Strategie zurückgreifen, so sollten von ihnen Passivsätze in allen drei Satzmodi häufig mit einer Agent-zuerst-Strategie interpretiert werden.

Insgesamt wurde eine Gruppe von acht Broca-Patienten und eine Gruppe von acht Wernicke-Patienten untersucht. Die Patienten sprachen alle Niederländisch als ihre Muttersprache. Sie waren nach der niederländischen Version des Aachener Aphasie Tests (De Bleser et al., 1983) den jeweiligen Aphasiegruppen zugewiesen worden. Das durchschnittliche Alter der Broca-Patienten betrug 59.5 Jahre (43-66), das der Wernicke-Patienten 65.3 Jahre (55-71).

Als Methode wurde eine Satz-Bild-Zuordnungsaufgabe gewählt. Die fehlerhaften Zuordnungen von Satz und Bild wurden registriert, wobei zwischen syntaktischen Fehlern (falsche Zuordnung bezüglich des Agent-Patient-Verhältnisses) und lexikalischen Fehlern (falsche Zuordnung des Agent-Nomens oder des Patient-Nomens) unterschieden wurde.

Eine Varianzanalyse der Fehlerdaten (Tabelle 16) mit den Faktoren Aphasiegruppe (Broca / Wernicke) × Komplexität (einfaches Passiv / Frage + Passiv / Imperativ + Frage + Passiv) × Wortordnung (Agent-zuerst / Patient-zuerst) × Fehlertyp (syntaktisch / lexikalisch) wurde gerechnet. Alle diskutierten Ergebnisse sind auf dem 5%-Niveau signifikant.

Der Haupteffekt Aphasiegruppe war signifikant ($F(1,14) = 5.5$), Broca-Aphasiker zeigten bessere Leistungen als Wernicke-Aphasiker. Der Haupteffekt Fehlertyp war ebenfalls signifikant ($F(1,14) = 58.67$), es wurden generell mehr syntaktische als lexikalisch-semantische fehlerhafte Zuordnungen gemacht. Die Interaktion zwischen den Faktoren Aphasiegruppe und Wortordnung macht deutlich, daß Wernicke-Aphasiker Patient-zuerst-Sätze eher falsch interpretieren, während Broca-Aphasiker keinen Unterschied zwischen Patient-zuerst- und Agent-zuerst-Sätzen zeigen. Die Interaktion war mit $F(1,14) = 4.43$ schwach signifikant ($p < .06$). Die signifikante Interaktion zwischen Fehlertyp und Wortordnung zeigt, daß syntaktische Fehler eher bei Patient-zuerst-Sätzen als bei Agent-zuerst-Sätzen gemacht werden, während es für die lexikalisch-semantischen Fehler keinen Unterschied gibt.

KOMPLEXITÄT	Einfaches Passiv		Passiv + Frage		Passiv + Frage + Imperativ	
WORTORDNUNG	Patient zuerst	Agent zuerst	Patient zuerst	Agent zuerst	Patient zuerst	Agent zuerst
SYNTAKTISCHE FEHLER						
Broca-Aphasie	11.9	8.1	11.9	10.0	12.5	11.2
Wernicke-Aphasie	23.7	11.2	21.3	13.1	23.7	9.4
LEXIKALISCHE FEHLER						
Broca-Aphasie	1.3	1.9	0.6	1.3	0.0	3.8
Wernicke-Aphasie	3.1	3.1	3.8	1.9	4.4	3.8

Tabelle 16. Durchschnittliche Fehleranzahl (Prozent) pro Aphasiegruppe

7.2.3 Verstehensdefizit und Verstehensstrategie

Die gemeinsamen Ergebnisse weisen darauf hin, daß beide, Broca- und Wernicke-Aphasiker Störungen im Sprachverständnis haben, die jedoch bei Broca- und Wernicke-Aphasiker deutlich unterschiedlich ist. Der Befund, daß Broca-Aphasiker keinen Leistungsunterschied zwischen den einzelnen Wortordnungen und den verschiedenen Komplexitätsgraden zeigen und die Leistungen durchweg über dem Zufallsniveau liegen, bestätigt die Annahme, daß diese Patienten die Elemente der geschlossenen Klasse teilweise erkennen, ohne jedoch ihren vollen syntaktischen Gehalt verarbeiten zu können. Wernicke-Aphasiker, die keine besonderen Probleme beim primären Erkennen der Elemente der geschlossenen Klasse haben (Friederici, 1983a), zeigen besonders dann Schwierigkeiten, wenn die syntaktische Information, die diese Elemente tragen und die semantische Information zu einer Interpretation zusammengefügt werden sollen. Dann scheint bei diesen Patienten das Verstehen eher durch eine Strategie bestimmt zu sein, die die globale sequentielle Konfiguration der Wörter im Satz für die Interpretation grammatischer Relationen benutzt.

Die Strategien, die Aphasiepatienten zur Satzinterpretation einsetzen, unterscheiden sich zum größten Teil von denen, die Kinder für ihre Interpretation verwen-

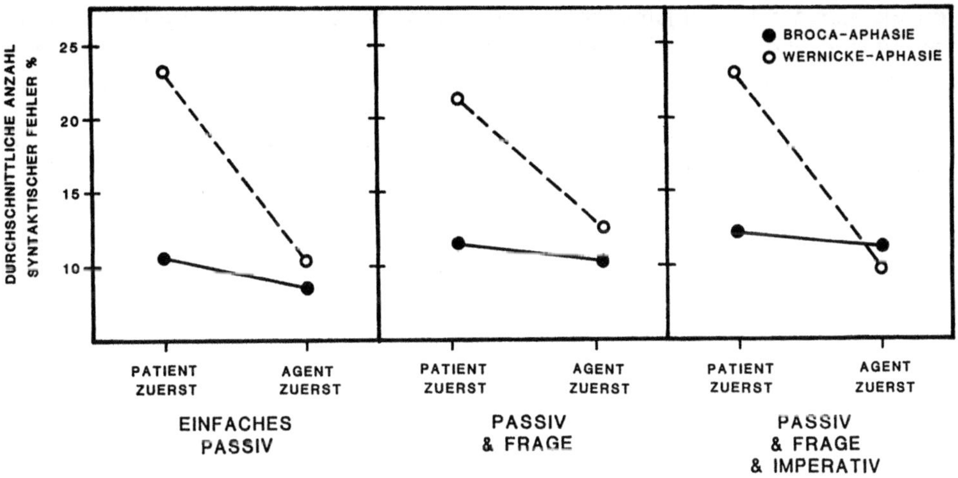

Bild 13. **Durchschnittliche Anzahl syntaktischer Fehler in Prozent für Aphasiegruppen.**

den. Zwar lassen sich alle diese Gruppen durch semantisch-pragmatische Faktoren stark beeinflussen, bei Abwesenheit dieser Information zeigen sie jedoch unterschiedliches Verhalten. Die Agent-zuerst-Strategie, die von den Wernicke-Aphasikern benutzt wird, ist zwar bei Kindern im Alter von vier Jahren bei der Interpretation einfacher Passivsätze zu beobachten, mit zunehmendem Alter jedoch testen Kinder neue Hypothesen über die mögliche Struktur von Passivsätzen.

Jene Strategien, die sich auf die Oberflächenstruktur eines Satzes beziehen, sind im Spracherwerb und im Erwachsenenalter jeweils andere. Während des Spracherwerbs werden unterschiedliche Strategien als Hypothesen über bestimmte Satzstrukturen getestet, im Erwachsenenalter scheinen die Strategien auf bereits getesteten Hypothesen zu beruhen. Bezüglich des aufgestellten Modells des Sprachverstehens bleibt allerdings zu zeigen, daß die bei aphasischen Störungen nachgewiesenen Strategien in der Tat Teil eines Sets von Strategien sind, die auch vom normalen erwachsenen Hörer bei unvollständigem linguistischen Input verwendet werden.

7.3 Zusammenfassung

Kapitel sieben erörtert, welches die Wissensquellen sind, auf der Basis derer das generelle kognitive System zu Interpretationen einer Äußerung kommt. Die Frage ob kanonische Satzschemata oder die Reihenfolge der zu verarbeitenden Elemente für die Interpretation von Wortsequenzen ausschlaggebend sind, wird untersucht. Daten aus der Sprachentwicklung zeigen, daß anfangs Sätze mittels kanonischer Satzschemata interpretiert werden, daß diese Strategie jedoch bald von Sprachverarbeitungsmechanismen ersetzt wird, die die aktuelle Reihenfolge der Wörter und morphologische Hinweisreize als Basis der Satzinterpretation verwenden. Auch im Falle der Sprachstörung des Agrammatismus zeigt sich, daß die eingeschränkte syntaktische Verarbeitungskapazität nicht durch Interpretationsstrategien ersetzt wird, die kanonische Satzschemata als Grundlage verwenden. Ob die in diesem Falle verwendeten Interpretationsmechanismen Teil einer syntaktischen Kompetenz sind, oder Teil des erworbenen metalinguistischen Wissens, das seinerseits Teil des generellen kognitiven Wissens ist, wird diskutiert.

8. Sprachspezifische Verarbeitungsmechanismen: Prozeß oder Strategie?

In dem Bemühen um das Verständnis des Zusammenhangs zwischen Sprachsystem und Sprachverhalten steht als eine der wichtigsten Fragen die Frage im Vordergrund, in wieweit dieses Verhältnis universal, das heißt unabhängig von der jeweiligen beobachteten Sprache ist. Es scheint nicht von zwingender Notwendigkeit, daß die Schlüsse, die aus einzelsprachlichen Beobachtungen gezogen werden, für sprachliches Verhalten im allgemeinen gelten. Wenn es gelänge, einzelsprachliche von universalen Prozessen zu trennen, wären wir in der Lage, Aussagen über das essentielle Verhältnis von Sprachsystem und Sprachverhalten zu machen. Sind zum Beispiel jene Prozesse und Entwicklungsschritte, die wir untersucht und dargestellt haben, nur für den Umgang mit der deutschen, der niederländischen oder der englischen Sprache gültig, oder sind sie allgemein menschliche Verhaltensweisen im Erwerb und Gebrauch von Sprache? Diese Frage ist sicherlich nicht leicht zu beantworten, da die Möglichkeit besteht, daß beide, einzelsprachliche und universale Verhaltensweisen, in den sprachlichen Prozessen interagieren. Die Herausarbeitung der universalen linguistischen Prozesse ist vor allem für Theorien des Spracherwerbs von großer Bedeutung, denn bei Existenz solcher universaler Sprachprozesse läge es nahe, dieses Wissen als dem Menschen implizit anzusehen. Falls dieses Wissen nicht auf spezifisch sprachliche Universalien sondern auf allgemeine kognitive Universalien zurückführbar ist, so müßte man zumindest annehmen, daß das menschliche Wesen mit eben diesen kognitiven Prinzipien ausgestattet ist und darüberhinaus fähig ist, diese auf sprachliche Muster abzubilden.

Als ein solches kognitives Prinzip könnte zum Beispiel folgender Sachverhalt gelten: eine Aktion setzt immer einen Agenten voraus. Übertragen in eine zeitliche Sequenz bedeutet das, daß erst der Agent da sein muß, und dann erst kann die Aktion stattfinden. Der Agent ist - so wurde durch häufige Perzeption eines solchen Sachverhaltes gelernt - zumeist belebt. Zwar kann auch ein unbelebtes Objekt Agent einer Handlung sein, z.B. *„Der Stein traf den Mann"*, doch sind dies erstens weniger häufige Sachverhalte, und zweitens wird für deren Abbildung zumeist eine andere sprachliche Form gewählt, nämlich das Passiv, z.B. *„Der Mann wurde von dem Stein getroffen"*, oder aber durch das „agentlose" Passiv *„Der Mann wurde getroffen"*. Dieser lexikalisch-semantische Aspekt, daß Agenten einer Handlung meist belebt sind, könnte mögliche Basis solcher Abbildungen von kognitiven Prinzipien auf den sprachlichen Bereich sein. Ergebnisse aus dem Spracherwerb besagen, daß Kinder am Anfang der Entwicklung Sätze in der Tat vornehmlich aufgrund solcher semantischer Aspekte interpretieren (Bever, 1970).

Eine andere Möglichkeit, solche Abbildungen vorzunehmen, ist auch auf der syntaktischen Ebene gegeben und zwar dadurch, daß die logische Ordnung von Agent und Handlung durch die Anordnung der Wörter im Satz wiedergegeben wird, z.B. Agent - Nomen vor Verb. Dieses Abbildungsverhältnis ist tatsächlich in mehreren Sprachen beobachtet worden, nicht nur in Sprachen, die, wie das Englische, einer strikten Subjekt-Verb-Objekt Wortordnung folgen (Strohner und Nelson, 1974), sondern auch in den ersten Sprachentwicklungsstufen bei Sprachen, die, wie zum Beispiel das Deutsche, bedingt durch seine Kasusmarkierung, weniger strikte Wortordnungsbedingungen haben (Stern und Stern, 1907). Pinker (1981) hat Ergebnisse dieser Art zum Anlaß genommen, eine Entwicklungsuniversalie zu postulieren, die besagt, daß Kinder im Erwerb kasusflektierter Sprachen Sätze in der dominanten Wortordnung äußern und sie auch so interpretieren, bevor sie die Morphologie ihrer Sprache meistern. Zwar gibt es Befunde aus dem Englischen, die bestätigen, daß Kinder beim Produzieren (Brown, 1973) und beim Verstehen (Keeney und Wolfe, 1972) von Sätzen das Wissen um die Wortordnung vor dem der Morphologie erwerben, jedoch weisen Daten aus anderen Sprachen darauf hin, daß diese Erwerbsreihenfolge keine Universalie sein kann. Hakuta (1982) hat gezeigt, daß japanische Kinder Wortordnung und Flexionsmorphologie gleichzeitig erwerben und daß die eine Information nur bei gleichzeitiger Präsenz der jeweils anderen verarbeitet werden kann. Für das Polnische hat Weist (1983) gefunden, daß schon zweijährige Kinder sowohl Kasusmorphologie wie auch Wortordnung zur Interpretation benutzen können. In einem Vergleich von insgesamt vier Sprachen (Slobin und Bever, 1982) zeigte es sich, daß türkisch-sprachige Kinder im Alter von zweieinhalb Jahren die Kasusmorphologie bereits gut beherrschen. Slobin und Bever schließen daher, daß es keine universale Prädisposition dafür gibt, Wortordnung als ersten und dominanten Hinweisreiz für die Interpretation von Sätzen zu benutzen. In einer Studie, die Strategien der Satzinterpretation bei englisch- und italienisch-sprachigen Kindern vergleicht, fanden Bates und Mitarbeiter (1984), daß Kinder - gleich den erwachsenen Sprechern - unterschiedliche Hinweisreize zur Satzinterpretation verwenden: italienische Kinder gründeten ihre Interpretation hauptsächlich auf semantische Hinweisreize, während englisch-sprachige Kinder die Anordnung der Wörter im Satz zur Grundlage ihrer Interpretation machten. Aufgrund dieses Ergebnisses weisen die Autoren universale Hypothesen über den Erwerb von Wortordnung und Morphologie zurück. Als Hauptdeterminante für die Entwicklung von Satzverstehensstrategien sehen sie die Validität eines bestimmten Hinweisreizes, den eine bestimmte Sprache zur Verfügung stellt.

Es fällt auf, daß bei den diskutierten Arbeiten meist von Verstehensstrategien die Rede ist. Das ist insofern angebracht, als viele der Studien erstens Satzmaterial benutzten, das nur zum Teil grammatisch korrekt war und die Verarbeitung von inkorrekten Sequenzen die Anwendung von Interpretationsstrategien fördert, und sie darüberhinaus Paradigmen benutzten, die lediglich eine zeitungebundene (*off-line*) Messung des Satzverstehens erlaubten. Es drängt sich, angesichts der oben dargelegten Unterscheidung zwischen Prozeß und Strategie, die Frage auf, ob solch sprachspezifische Mechanismen nur im Bereich der Strategien zu beobachten sind, oder ob sie sich auch in den obligatorischen und automatisierten Verarbeitungsprozessen nachweisen lassen. Leider gibt es meines Wissens jedoch keine sprachvergleichende Studie, die zeitgebundene Messungen während des Sprachverstehens anwendet. Schauen wir uns deshalb zunächst einmal die vorhandene sprachvergleichende Literatur bezüglich der ausgereiften Sprachverarbeitungsmechanismen an.

8.1 Sprachspezifische Verarbeitung beim erwachsenen Hörer

Die Literatur zu sprachspezifischen Verstehensstrategien bei Erwachsenen beschränkt sich auf einige wenige Untersuchungen. Cutler, Mehler, Norris und Segui (1983) konnten kürzlich zeigen, daß Sprecher des Englischen und des Französischen den sprachlichen Input primär in unterschiedlichen Einheiten wahrnehmen, bevor sie ihn weiterverarbeiten. Die Wahrnehmungseinheit für den Franzosen ist die Silbe, und zwar unabhängig davon, ob der Input, der verarbeitet wird, französisch ist oder englisch. Den Sprechern des Englischen dagegen war die Silbe nicht grundlegende Wahrnehmungseinheit, gleich ob sie Englisch oder Französisch zu verarbeiten hatten. Diese Befunde weisen darauf hin, daß es schon auf der untersten Verarbeitungsebene Verarbeitungsmechanismen gibt, die abhängig von der jeweiligen Muttersprache sind.

MacWhinney, Bates und Kliegl (1984) fanden bei zeitungebundenen Verstehensaufgaben sprachspezifische Verarbeitungsstrategien beim englisch-, deutsch- und italienischsprechenden Erwachsenen. Den Versuchspersonen wurde in einem Experiment eine Reihe von grammatischen und semi-grammatischen Sätzen, die je aus einem flektierten Verb und zwei Nomen bestanden, auditorisch dargeboten. Ihre Aufgabe bestand darin, jeweils anzugeben, wer oder was Subjekt des Satzes bzw. Agent der Handlung sei. Das Stimulusmaterial variierte systematisch die Faktoren "Belebtheit" des Nomens, Wortordnung, Übereinstimmung der Flexionen von Subjekt und Verb, sowie Betonung einzelner Satzelemente. Die Befunde dieses Experiments zeigen, daß von den Sprechern unterschiedlicher Sprachen auch verschiedene Strategien zur Interpretation angewendet werden. Sprecher des Englischen verlassen sich bei ihren Interpretationen hauptsächlich auf die Anordnung der Wörter im Satz, Deutsche basieren bei Abwesenheit eindeutiger Kasusmarkierung ihre Interpretation sowohl auf die Information von Subjekt-Verb-Übereinstimmung, wie auf den Aspekt der "Belebtheit" des Nomens, während sich dagegen Italiener hauptsächlich auf den Faktor Subjekt-Verb-Übereinstimmung verlassen. Diese Ergebnisse bestätigen nicht die oft postulierte Universalie, daß normale erwachsene Sprecher - im Gegensatz zu Kindern - strukturellen Hinweisreizen mehr Gewicht zuschreiben als lexikalisch-semantischen. Die Befunde der italienischen Sprecher stehen im Einklang mit dieser Hypothese. Für das Deutsche zeigt sich jedoch ein völlig anderes Bild, zumindest dann, wenn die Kasusmarkierung keine eindeutige Festlegung von Subjekt und Objekt erlaubt, z.B. im Femininum. In solchen Fällen benutzten deutschsprachige Erwachsene den vornehmlich lexikalisch-semantischen Hinweisreiz "Belebtheit" zur Interpretation des Satzes.

Inwieweit die für den deutschsprachigen erwachsenen Hörer beobachtete Verhaltensweise den natürlichen Sprachverstehensprozeß wiedergibt oder aber spezielles Produkt des in diesem Experiment verwendeten Paradigmas ist, kann aufgrund vorliegender Daten nicht geklärt werden. Es ist jedoch nicht auszuschließen, daß die Tatsache, daß die in der italienischen Version des Experimentes verwendeten Sätze alle grammatisch waren, bei der Übertragung ins Deutsche jedoch zum großen Teil ungrammatisch wurden, dazu geführt hat, daß im Deutschen Interpretationsstrategien verwendet wurden, die im natürlichen Verstehensprozeß nicht ausschlaggebend sind. In der deutschen Version waren zwei Drittel der Sätze eine ungrammatische Folge von Wörtern. Dies könnte einer der Gründe dafür sein, weshalb bei diesem Experiment normale Versuchspersonen vornehmlich eine semantische Strategie für die Interpretation der Wortfolgen wählten.

Bei ungrammatischem oder unvollständigem Input kann der Sprachprozessor allein zu keiner vollständigen Repräsentation gelangen. Das kognitive System wird in diesen Fällen die von ihm auf die Basis der gegebenen sprachlichen Teilinformationen und des Weltwissens gegründete Interpretation als mögliche anbieten. Der bei der Interpretation von größtenteils ungrammatischen Sätzen beobachtete Effekt der Verwendung semantischer Information mag somit ebensogut Ergebnis dieser vom generellen, kognitiven System bereitgestellten Interpretationsstrategien und nicht Reflexion der zugrundeliegenden Prozesse sein.

8.2 Die Rolle des sprachspezifischen Inputs beim Spracherwerb

Das Wissen über die Gewichtung der in einer Äußerung enthaltenen unterschiedlichen Hinweisreize erwirbt das Kind im allgemeinen wahrscheinlich, sowie es sich über das Stadium der Zweiwort-Sätze hinaus entwickelt. Es ist möglich, daß die unterschiedlichen Inputvariablen, mit denen das sich entwickelnde Sprachsystem konfrontiert wird, einen Einfluß auf den zeitlichen Ablauf der Entwicklungsprozesse haben. Bestimmte grammatische Funktionen mögen z.B. früher oder später erworben werden, je nachdem, in welcher Form sie in einer bestimmten Sprache kodiert sind. Unterschiedliche Form-Funktions-Beziehungen in verschiedenen Sprachen können Unterschiede im zeitlichen Verlauf der Sprachentwicklung zur Folge haben.

Zum Beispiel, angenommen die Unterscheidung zwischen semantisch-lexikalischen Einheiten (Elementen der offenen Klasse) und syntaktischen Einheiten (Elementen der geschlossenen Klasse) ist nicht oder nicht ausschließlich auf den Faktor des Bedeutungsgehaltes zurückzuführen, sondern, wie von Kean (1979, 1981) behauptet, auf den phonologischen Status der jeweiligen Elemente, so ist zu erwarten, daß sich dies auch im Erwerb dieser Elemente zeigt. Kean (1979) hatte die Elemente der offenen Klasse (im Englischen) als eigenständige phonologische Wörter (nicht-klitische Elemente) beschrieben, d.h. als Einheiten, die Wortbetonung tragen können. Die Elemente der geschlossenen Klasse werden dagegen als phonologisch klitische Elemente, d.h. als Einheiten, die keine Betonung tragen, beschrieben. Der Unterschied zwischen der Verarbeitung von Elementen der offenen Klasse und Elementen der geschlossenen Klasse im Spracherwerb könnte diesem Ansatz zufolge auf den phonologischen Status dieser Elemente zurückgeführt werden.

In einem der vorangegangenen Kapitel wurde bereits beschrieben, daß Kinder betonte Wörter der offenen Klasse tatsächlich als erste Elemente im fortlaufenden Sprachstrom der erwachsenen Sprecher wahrnehmen. Diese bedeutungstragenden Wörter - einmal im Satz isoliert - werden dann auch als erste Elemente von Kindern produziert. Die meist unbetonten Elemente der geschlossenen Klasse, die die grammatischen Relationen zwischen den bedeutungstragenden Einheiten ausdrücken, werden erst später erworben. Unterschiedliche Form-Funktions-Relationen in verschiedenen Sprachen ermöglichen es, die verschiedenen, für den Spracherwerb wesentlichen Faktoren, wie Wortklasse, lexikalischer Status und phonologische Form unabhängig voneinander zu beobachten.

In einem Experiment zum Erwerb von Funktionswörtern konnte bereits gezeigt werden, daß der lexikalische Status nicht nur für die Unterscheidung zwischen den zwei Wortklassen relevant ist, sondern auch innerhalb der geschlossenen Klasse für die Verarbeitung unterschiedlicher Elemente von Bedeutung ist. Diejenigen Funktionswörter, die eine referentielle Bedeutung tragen - im dargelegten Fall Präpositionen - wurden von Kindern eher gemeistert als diejenigen, die selbst keine referentielle Bedeutung haben. Der Konstrast zwischen lexikalischen und obligatorischen Präpositionen im Deutschen hatte es ermöglicht, die Faktoren von semantisch-lexikalischer und syntaktischer Information unabhängig von der Klassenzugehörigkeit und dem phonologischen Status eines Elements zu beobachten.

Das Französische erlaubt nun, den Faktor des phonologischen Status der Elemente der geschlossenen Klasse, unabhängig von dem lexikalisch-semantischen Gehalt und der syntaktischen Funktion zu variieren. Dieser spezifische Fall gilt für das System der Personalpronomen. Das französische Pronomensystem verfügt sowohl über klitische (*me, te, se*) pronominale Formen, wie auch über nicht-klitische Formen (*moi, toi, soi*), während das Deutsche nur über nicht-klitische Formen verfügt (*mich, dich, sich*). Die Verwendung der klitischen (unbetonten) Formen (1) im Französischen:

1. *Le garçon le lui montre.*

und von nicht-klitischen (betonten) Formen (2)

2. *Le garçon le montre à lui.*

ist allerdings nicht unabhängig von einer Reihe von Variablen, die sich aus dem Diskurs oder dem situativen Kontext ergeben. Trotzdem sind beide Verwendungsarten auch im isolierten Satz grammatisch korrekt. Falls der phonologische Status des Pronomens einen Einfluß auf den Erwerb von pronominalen Elementen hat, so ist zu erwarten, daß französisch-sprachige Kinder nicht-klitische Elemente früher meistern als klitische Elemente. Darüberhinaus könnte die Abbildung einer bestimmten Funktion auf zwei unterschiedliche Formen den Erwerb des Pronominalsystems des Französischen insgesamt gegenüber dem des Deutschen, wo alle Elemente des Systems der Personalpronomen nur eine, d.h. die nicht-klitische Realisation haben, verzögern.

Neben dem phonologischen Status gibt es noch eine Reihe anderer Faktoren, die für die Verarbeitung von Pronomen eine entscheidende Rolle spielen können. Als erstes seien hier (a) die semantisch / lexikalischen und die syntaktisch-morphologischen Eigenschaften zu nennen. Im Deutschen ist die pronominale Form *sie* zum Beispiel hinsichtlich der Markierung des Kasus, des Numerus und des Genus mehrdeutig, während die Form *ihn* hinsichtlich dieser Aspekte eindeutig markiert ist. Tabelle 17 verdeutlicht die Mehrdeutigkeiten der Formen des deutschen Personalpronomensystems.

	MASKULIN	FEMININ	NEUTRUM
SINGULAR			
Nominativ	er	sie	es
Genitiv	sein	ihr	sein
Dativ	ihm	ihr	ihm
Akkusativ	ihn	sie	es
PLURAL			
Nominativ	sie	sie	sie
Genitiv	ihr	ihr	ihr
Dativ	ihnen	ihnen	ihnen
Akkusativ	sie	sie	sie

Tabelle 17. Personalpronomensystem des Deutschen

Als weiteren Faktor gilt es (b), den Stellungs- und Konstruktionsparameter, in dem sich die pronominale Form befindet, zu besichtigen. Pronomen können eine präverbale oder postverbale Stellung einnehmen (im Französischen: *Il le lui montre / Il le montre à lui)*. Pronominalphrasen können mit und ohne Präposition konstruiert werden (im Französischen: *lui / à lui*, im Englischen: *him / to him)*. Während im Französischen der Stellungs- und Konstruktionsfaktor mit dem Faktor „phonologischer Status" konfundiert ist, erlaubt das Englische, den Konstruktionsfaktor unabhängig vom Faktor Stellung und phonologischer Status zu beobachten, da im Englischen beide Pronomen-Konstruktionen - mit und ohne Präposition - postverbal als nicht-klitische Elemente auftauchen.

8.2.1 Das Experiment: Erwerb des Pronomensystems im Sprachenvergleich

Um die Rolle dieser Faktoren für den Erwerbsprozeß im einzelnen bestimmen zu können, wurde eine Studie entworfen, die diese Faktoren im Sprachvergleich untersuchte (Weissenborn, Friederici und Kail, 1984). Die Faktoren, (1) Anzahl der pronominalisierten Elemente im Satz, (2) Mehrdeutigkeit, (3) phonologischer Status sowie (4) Konstruktion wurden systematisch, soweit möglich, innerhalb oder aber zwischen einzelnen Sprachen variiert. Der zwischensprachliche Vergleich enthielt (5) drei verschiedene Sprachen, das Französische, das Englische und das

Deutsche. Gemäß unseren Überlegungen wurden die folgenden Voraussagen getroffen:

1. Sätze mit einer pronominalisierten Nominalphrase werden eher verstanden als solche mit zwei Pronomen;
2. mehrdeutige Formen werden später beherrscht als eindeutige Formen;
3. nicht-klitische Pronominalformen werden eher gemeistert als klitische;
4. Pronomen, die durch eine Präposition markiert sind, werden eher verarbeitet als Pronomen, die nicht auf diese Weise markiert sind;
5. das französische Pronominalsystem, das in Bezug auf diese Faktoren komplexer ist als das deutsche und
6. das englische, wird später beherrscht als die Pronominalsysteme der letzteren Sprachen.

Die von uns durchgeführte Untersuchung konzentrierte sich auf den Erwerb eines Teils des Personalpronomensystems, nämlich auf die Objektpersonalpronomen der dritten Person Singular und Plural. Eine Reihe von Studien hat sich bereits dem Erwerb von Pronomen gewidmet, von denen die meisten jedoch das Problem des Bezugs zwischen Anapher und vorausgehendem Nomen untersucht haben (Maratsos, 1973; Kail und Leveillé, 1977; Tyler, 1983). Während diese Arbeiten sich mit den eher „topologischen" Aspekten des Pronomengebrauchs beschäftigen, sollte unsere Studie sich den „lokalen" Aspekten des Pronomengebrauchs widmen. Wir untersuchten zusätzlich zu den oben genannten Variablen auch die semantisch-syntaktischen Variablen Genus, Numerus und Kasus. Der Kasus des Pronomens (Akkusativ / Dativ) wurde systematisch innerhalb des linguistischen Stimulusmaterials variiert. Genus und Numerus wurden in dieser Studie, die ein Satz-Bild-Zuordnungsparadigma verwendet, auf zwei Weisen experimentell beobachtet. Zum einen wurde dieser Faktor im linguistischen Material selbst variiert, zum anderen wurde das Verstehen dieser Aspekte aber auch mittels des Bildmaterials getestet. In Verbindung mit jedem auditorisch dargebotenen Satz wurden der Versuchsperson jeweils zwei Bilder gezeigt, von denen eines der Interpretation des Satzes entsprach und das andere hinsichtlich der kritischen Pronominalform in Genus, Numerus oder Genus und Numerus abwich. Das Stimulusmaterial für die verschiedenen Sprachen stellt sich wie folgt zusammen:

- Das englischsprachige Stimulusmaterial bestand aus insgesamt vierundzwanzig Sätzen, wovon achtzehn Sätze eine pronominalisierte Präpositionalphrase hatten und sechs Sätze zwei pronominale Formen beinhalteten. Zwölf der insgesamt achtzehn Sätze mit einem Pronomen hatten eine Pronominalphrase, die ohne Präpositionen konstruiert war, die restlichen sechs Sätze waren mit Präpositionen gebildet. Die Hälfte der Pronominalphrasen ohne Präposition fungierten als direkte Objekte (Akkusativ), die andere Hälfte als indirekte Objekte (Dativ). Alle Pronominalphrasen mit Präpositionen waren notwendigerweise indirekte Objekte. Genus und Numerus wurden sowohl in den Sätzen selbst wie auch im Bildmaterial variiert.

- Im Französischen wurden insgesamt zwanzig Sätze konstruiert, zehn Sätze mit einem Pronomen, wovon bei sechs das direkte Objekt und bei vier das indirekte Objekt pronominalisiert war. In diesen vier Sätzen war das indirekte Objekt bei zweien durch eine Präposition markiert, bei den anderen zwei Sätzen nicht. Die restlichen zehn Sätze beinhalteten zwei Pronomen, sechs davon waren ohne Präposition konstruiert, vier markierten das indirekte Objekt durch eine Präposition. Genus und Numerus wurde sowohl bei den Pronomen selbst, wie auch in den Ablenkerbildern variiert.
- Im Deutschen wurden insgesamt zwanzig Sätze als Stimulusmaterial verwendet: zehn Sätze mit einem, zehn Sätze mit zwei Pronomen; jeweils fünf hatten als kritische Pronomen das direkte und fünf das indirekte Objekt. Des weiteren wurden Genus und Numerus analog der anderen Sprachen variiert.

Die Aufgabe der Versuchspersonen bestand darin, zu dem von dem Versuchsleiter auditorisch präsentierten Satz das korrespondierende Bild aus zwei dargebotenen Bildern herauszusuchen. Die Aufgabe wurde ohne Zeitdruck durchgeführt.

Kinder verschiedener Altersstufen wurden in den drei Sprachen getestet. Im Englischen Vierjährige (4;8-4;10 Jahre, mit einem Mittel von 4;9 Jahren) und Fünfjährige (5;0-5;6 Jahre, mit einem Mittel von 5;3 Jahren), im Französischen Vierjährige (4;8-5;0 Jahre mit einem Mittel von 4;10 Jahren), Fünfjährige (5;4-5;6 Jahre, mit einem Mittel von 5;5 Jahren) und Sechsjährige (5;10-6;2 Jahre, mit einem Mittel von 6;0 Jahren), und im Deutschen Vierjährige (4;3-5;1 Jahre, mit einem Mittel von 4;8 Jahren), Fünfjährige (5;4-5;9 Jahre, mit einem Mittel von 5;6 Jahren) sowie Sechsjährige (5;9-6;8 Jahre mit einem Mittel von 6;1 Jahren). Alle Altersgruppen - mit Ausnahme der vierjährigen englischen Kinder ($N = 8$) - bestanden aus zehn Versuchspersonen. Alle Kinder sprachen die Sprache, in der sie getestet wurden, als ihre Muttersprache. Kinder in allen drei Sprachgruppen entstammten einem soziokulturell gehobenen Niveau.

Die Ergebnisse dieser Studie, die zusammen mit Weissenborn und Kail durchgeführt wurde (Weissenborn, Friederici und Kail, 1984), sollen zunächst kurz bezüglich jeder Sprachgruppe und danach in einem zwischensprachlichen Vergleich dargestellt werden. Da eine der vornehmlichen Fragen in dieser Studie dem Aspekt der Klitisierung und dessen Einfluß auf den Erwerb des Pronominalsystems galt, sollen im Folgenden erst die Ergebnisse der französischen Sprache berichtet werden.

Das Französische

(1) Grad der Pronominalisierung

In allen drei Altersgruppen werden Sätze mit einem pronominalisierten Element eher verstanden als mit zwei Pronomen (Vierjährige: $F(1,9) = 22.1$; $p < .01$; Fünfjährige: $F(1,9) = 188.1$, $p < .001$; Sechsjährige: $F(1,9) = 20.9$, $p < .01$).

	1 PRONOMEN			2 PRONOMEN	
	klitisch		nicht-klitisch	klitisch	nicht-klitisch
Alter in Jahren	direktes Objekt	indirektes Objekt	indirektes Objekt	indirektes Objekt	indirektes Objekt
4	65	50	70	8	42
5	86	60	100	36	70
6	90	45	90	38	75

Tabelle 18. Korrekte Reaktionen (Prozent) für Pronomen bei französischsprachigen Kindern.

(2) Mehrdeutigkeit

Die Hypothese, daß mehrdeutige Formen später beherrscht werden als eindeutige Formen, interagiert mit dem Alter der Kinder. Vierjährige verarbeiten beide Formen gleich gut bzw. gleich schlecht in Sätzen mit einer Pronominalform ($F(1,9) = 1.64$). Fünfjährige zeigen bereits eine Tendenz, die eindeutigen Formen besser zu verstehen als die mehrdeutigen Formen, jedoch erreicht der Unterschied nicht die volle Signifikanz ($F(1,9) = 4.2$ $p < .1$). Bei den Sechsjährigen ist dieser Unterschied schließlich signifikant ($F(1,9) = 11.0$, $p < .01$). Interessant ist, daß die Leistung für die Verarbeitung der eindeutigen Formen mit dem hier beobachteten Alter ansteigt, die Verarbeitungsleistung bezüglich der mehrdeutigen Formen jedoch nicht zunimmt. Vierjährige haben ebenso große Schwierigkeiten beim Verarbeiten von eindeutigen wie mehrdeutigen klitischen Formen. Das weist darauf hin, daß in diesem Alter der Faktor Klitisierung die Hauptursache für die Verarbeitungsschwierigkeiten ist. Bei den Sechsjährigen dagegen scheint die Schwierigkeit nicht in der Klitisierung, sondern im Faktor der Mehrdeutigkeit begründet. Kinder im Alter von sechs Jahren verarbeiten eindeutige Formen signifikant besser als mehrdeutige Formen.

(3) Klitisierung

Die Hypothese, wonach nicht-klitische Formen leichter verstanden werden als klitische Pronominalformen, bestätigt sich für alle Altersgruppen, sowohl für Sätze mit einer Pronominalform die Vierjährigen ($F(1,9) = 6.0$, $p < .05$), die Fünfjährigen ($F(1,9) = 10.3$, $p < .05$) und die Sechsjährigen ($F(1,9) = 10.5$, $p < .05$)), als auch für Sätze mit zwei Pronomen (Vierjährige: $t(9) = 18.5$, $p < .01$, Fünfjährige: $t(9) = 8.4$, $p < .05$, Sechsjährige: $t(9) = 12.4$, $p < .01$). In den Sätzen mit zwei pronominalisierten Formen war immer eine Form klitisch, die zweite Form war entweder nicht-klitisch *(le montre à lui)* oder ebenfalls klitisch *(le lui montre)*.

(4) Markierung durch Präposition.

Die Hypothese, daß durch Präposition markierte Pronomen leichter verarbeitet werden als solche, die nicht durch Präposition markiert sind, stimmt mit den französischen Daten überein. Allerdings sind die Faktoren Markierung und Klitisierung vollständig konfundiert, so daß diese Daten nicht als eindeutiger Beleg für den einen oder anderen Faktor gesehen werden können.

(5) Zeitpunkt des Erwerbs des Pronomensystems

Es wird deutlich, daß das pronominale System im Alter von sechs Jahren noch nicht völlig gemeistert wird. Schwierigkeiten treten in diesem Alter insbesondere noch bei Konstruktionen mit zwei aufeinanderfolgenden klitischen Elementen auf (z.B. *le lui, le les* usw.); es werden nur 38% korrekte Antworten für diese Art von Konstruktionen gegeben. Enthält der Satz dagegen nur eine klitisierte Form, ist die Anzahl der korrekten Antworten deutlich höher: sowohl für die Konstruktion „eine klitische Form plus volle Nominalphrase" (z.B. *le montre au garçon*) mit 90% korrekten Antworten, als auch mit der Konstruktion „eine klitische Form plus eine nicht-klitische Form" (z.B. *le montre à lui)* mit einer durchschnittlichen Anzahl von 75% korrekten Antworten.

Die niedrigen Verstehensleistungen für pronominale Elemente bei Konstruktionen mit zwei klitischen Formen kann jedoch auch durch Mehrfachfunktion der klitischen Elemente *le, la, les* bedingt sein. Diese Elemente haben neben den Pronomenfunktionen im Französischen auch die Funktion von bestimmten Artikeln (z.B. *le garçon, la femme, les enfants*). Die Annahme, daß die Mehrfachfunktion zu Verarbeitungsschwierigkeiten führt, wird durch Kommentare, die von den Kindern selbst gegeben werden, bestätigt. So äußerte ein Kind als es mit dem Satz *Il les lui montre* konfrontiert war, zum Beispiel:

«Les lui, les lui, ca veut dire quoi?

Ah oui, ça veut dire qu'il y a deux lui».

Diese Äußerung macht deutlich, daß das Element *les* in dieser Konstruktion als zu einer Nominalphrase gehörig interpretiert wird, wobei *les* den Artikel in Pluralform repräsentiert und *lui* den Platz des Nomens einnimmt. Die Mehrfachfunktion von bestimmten Formen des Pronominalsystems könnte generell eine zusätzliche Erschwernis beim Erwerb des Pronomensystems im Französischen bedeutet haben.

Das Englische

Die Daten für das Englische zeigen überraschenderweise einen *Floor*-Effekt bei den Vierjährigen, das bedeutet, daß sich die korrekten Antworten bei den Kindern im durchschnittlichen Alter von 4;9 Jahren um den Zufallslevel (50%) bewegen.

Die Altersgruppe von durchschnittlich 5;3 Jahren zeigt mit 100% korrekten Antworten bereits einen *Ceiling*-Effekt.

Somit können diese Daten keine der aufgestellten Hypothesen für innersprachliche Unterschiede unterstützen.

	1 PRONOMEN			2 PRONOMEN	
Alter in Jahren	direktes Objekt	indirektes Objekt	indirektes Objekt + Präposition	direktes Objekt	indirektes Objekt + Präposition
4	53	55	51	51	54
5	100	100	100	100	100

Tabelle 19. Korrekte Reaktionen (Prozent) für Pronomen bei englischsprachigen Kindern.

Für den zwischensprachlichen Vergleich scheint bemerkenswert, daß englischsprachige Kinder bereits im Alter von fünf Jahren das Pronomensystem voll erworben haben.

Das Deutsche

Die Ergebnisse der deutschsprachigen Experimente belegen dagegen sehr wohl innersprachliche Unterschiede. Eine Varianzanalyse mit den Faktoren Altersgruppe × Grad der Pronominalisierung × Kasus (Akkusativ / Dativ) ergab einen signifikanten Haupteffekt für die Altersgruppen ($F(2,32) = 13.01$, $p < .001$). Mit zunehmendem Alter verbessert sich die Gesamtverstehensleistung. Ebenso war der Haupteffekt für den Faktor „Grad der Pronominalisierung" signifikant ($F(1,16) = 4.46$, $p < .05$). Sätze mit einem Pronomen werden leichter verstanden als solche mit zwei Pronomen.

Grad der Pronominalisierung

Obwohl alle drei Altersgruppen bessere Leistungen in Sätzen mit nur einer pronominalen Form als mit zwei pronominalen Formen zeigen, erreichte dieser Unterschied im Vergleich innerhalb der Gruppe lediglich für die Sechsjährigen den vollen Signifikanzlevel (Wilcoxon, $p < .05$).

(2) Mehrdeutigkeit

Die Hypothese, daß mehrdeutige pronominale Formen weniger gut verstanden werden als eindeutige Formen, interagiert mit dem generellen Leistungsniveau

	1 PRONOMEN		2 PRONOMEN	
Alter in Jahren	direktes Objekt	indirektes Objekt	direktes Objekt	indirektes Objekt
4	56	64	46	58
5	76	86	78	68
6	82	94	84	78

Tabelle 20. Korrekte Reaktionen (Prozent) für Pronomen bei deutschsprachigen Kindern.

und somit mit dem Alter. Vierjährige, deren Satz-Bild-Zuordnungsleistungen insgesamt nahe dem Zufallsniveau liegen, zeigen deutlich bessere Leistungen für eindeutige Formen als für mehrdeutige Formen (Wilcoxon, $p < .07$). Dieser Unterschied ist bei den Fünf- und Sechsjährigen nicht mehr zu beobachten.

Eine Testung der Hypothese (3) *Klitisierung* und (4) *Markierung* war hier nicht möglich. Hinsichtlich der Hypothese (5) *Zeitpunkt des Erwerbs* läßt sich festhalten, daß deutschsprachige Kinder im Alter von sechs Jahren das Pronomensystem noch nicht vollständig erworben haben.

8.2.2 Erwerb des Pronomensystems im zwischensprachlichen Bereich

Vergleichen wir den zeitlichen Ablauf des Erwerbs des Pronomensystems im Französischen, Deutschen und Englischen, so werden enorme Unterschiede ersichtlich. Während vierjährige englischsprachige Kinder sowohl bei Sätzen mit einer pronominalisierten Nominalphrase (53%), als auch mit zwei pronominalen Elementen (53%) auf dem Zufallslevel agieren, werden von den deutschsprachigen Kindern lediglich die Sätze mit zwei Pronomen auf dem Zufallslevel (52%) beantwortet. Für das Französische ist ein dem Deutschen analoges Ergebnis nur für die nicht-klitischen Formen zu erkennen (42%). Die Verstehensleistung der klitischen Formen liegt dagegen weit unter dem Zufallslevel (8%). Die schlechten Leistungen für die englischsprachigen Kinder, vor allem für Sätze mit einem Pronomen, könnte darauf zurückgeführt werden, daß im Englischen die Formen *him*, *her*, *them* bezüglich des Kasus mehrdeutig sind. Denn es zeigt sich, daß sich auch im Deutschen die Verstehensleistungen für kasus-eindeutige Formen bei Vierjährigen um das Zufallsniveau bewegen (ein Pronomen: 50%, zwei Pronomen: 58%). Kasus-eindeutige Formen werden dagegen bei Präsenz eines Pronomens weitaus besser verstanden (70%), die Leistung sinkt bei Präsenz von zwei Pronomen allerdings wieder auf das Zufallsniveau ab (46%). Auch im Französischen ist eine gleichermaßen schlechte Leistung für - in diesem Falle - genus-mehrdeutige Formen (50%) festzustellen. Im Vergleich mit dem Englischen zeigt sich allerdings, daß die Formen *him*, *her*, *them* als indirektes Objektpronomen auch dann von

Vierjährigen nicht besser verarbeitet werden, wenn sie durch eine Präposition bezüglich des Kasus eindeutig markiert werden. Angesichts dieses Ergebnisses muß der im Französischen gefundene Unterschied zwischen der klitischen Form *lui* und der nicht-klitischen Form *à lui* dem Faktor Klitisierung zugeschrieben werden. Die zusätzliche Markierung durch die Präposition scheint keinen deutlichen Einfluß auf die Verarbeitung zu nehmen.

Bei den Fünfjährigen zeigt sich, daß zu diesem Entwicklungszeitpunkt das englische Pronomensystem bereits voll erworben ist. Im Deutschen und Französischen werden Sätze mit einem Pronomen relativ gut verarbeitet (81% bzw. 84%). Interessanterweise haben französischsprachige Kinder zu diesem Entwicklungszeitpunkt keine Schwierigkeiten mehr, einzelne nicht-klitische pronominale Formen, die zusätzlich durch eine Präposition markiert sind, zu verstehen. Da die nicht-klitischen Formen des Deutschen im selben Entwicklungsalter jedoch nicht vollständig beherrscht werden, könnte es möglich sein, daß die zusätzliche Markierung durch die Präposition doch eine Rolle für die Verarbeitung spielt. Diese Annahme konnte jedoch durch die englischen Daten nicht gestützt werden. So bleibt als alternative Erklärung die Stellung der nicht-klitischen Form im Satz. Während sie im Französischen am Satzende steht

Le garçon montre le clown ***à lui***,

steht sie im Deutschen nicht satzfinal,

Der Junge zeigt ***ihm*** *den Clown.*

Bei Sätzen mit mehreren Pronomen werden von französischen Kindern Sätze mit zwei Pronomen, von denen eines nicht-klitisch ist, ebenso gut verarbeitet (70%), wie Sätze mit zwei Pronomen von deutschsprachigen Kindern (73%). Deutliche Schwierigkeiten treten für die französischen Kinder dann auf, wenn ein Satz zwei klitisierte Objektpronominalphrasen enthält.

Die Sechsjährigen zeigen im Französischen und im Deutschen generell noch das gleiche Leistungsmuster wie die Fünfjährigen; obwohl die französischen sechsjährigen Kinder in unserem Experiment im Durchschnitt sieben Monate älter waren als die Fünfjährigen und die deutschen sechsjährigen Kinder durchschnittlich ebenfalls sieben Monate älter waren als die Fünfjährigen, ist kein deutlicher Leistungsanstieg zu verzeichnen. Es scheint, als stehe das pronominale System während dieser Entwicklungsphase nicht im Vordergrund des linguistischen Problemfeldes des Kindes, oder aber es unterliegt einer funktionalen Neuordnung.

Bezüglich der Komplexität der Pronominalsysteme der hier untersuchten Sprachen wird die Hypothese unterstützt, daß komplexe Systeme später erworben werden als weniger komplexe Systeme. „Komplex" meint in diesem Fall Systeme, bei denen Mehrfachzuordnungen von Form und Funktion vorliegen.

Zusammenfassend lassen die Ergebnisse dieser Studie den Schluß zu, daß für die Verarbeitung von Elementen der geschlossenen Klasse nicht nur das Ausmaß lexikalisch-semantischer Aspekte eine Rolle spielt, sondern daß auch Inputfaktoren, wie phonologischer Status und Stellung im Satz, für Verarbeitung von Elementen der geschlossenen Klasse eine bedeutende Rolle spielen - und zwar unabhängig von der syntaktischen Funktion, die diesen pronominalen Elementen zugeschrieben wird.

8.3 Aphasie: Universales oder sprachspezifisches Defizit?

Eine mögliche Konfundierung zwischen universalen Verarbeitungsmechanismen und sprachspezifischen Faktoren hat nicht nur für Theorien von Sprachverarbeitung und Sprachentwicklung eine eklatante Bedeutung, sondern nimmt auch einen wesentlichen Einfluß auf die Interpretation von aphasischem Verhalten und die damit verbundenen Definition des zugrundeliegenden Defizits. Das spezifische Verhalten einer bestimmten Aphasiegruppe in einer spezifischen Sprache wird - wie wir gesehen haben - nicht nur zur Erklärung verschiedener Sprachdefizite herangezogen, sondern nimmt selbst wieder Einfluß auf die Modellbildung normalen Sprachverhaltens (z.B. Bradley, Garrett und Zurif, 1980; Friederici, 1984).

Aus diesem Grunde schien es angebracht, den sprachvergleichenden Ansatz auch in die Erforschung aphasischer Defizite einzubringen. Dies wird umso deutlicher, wenn wir uns die neueren Aphasietheorien noch einmal kurz vor Augen führen. Einer der Ansätze schreibt die Broca-Aphasie einem zentralen zugrundeliegenden syntaktischen Defizit zu, das sich sowohl in der Sprachproduktion wie auch im Sprachverstehen manifestiert (e.g. Caramazza und Zurif, 1976; Berndt und Caramazza, 1980). Ein anderer Ansatz führt das agrammatische Defizit auf die spezielle Unfähigkeit zurück, Elemente der geschlossenen Klasse hinsichtlich ihres syntaktischen Gehaltes zu verarbeiten (Bradley, Garrett und Zurif, 1980). Diese Theorie sagt gleichzeitig voraus, daß die Fähigkeit, Wortordnung korrekt zu verarbeiten, weitgehend erhalten sei. Sofern diese Beschreibung, die auf der Unterscheidung von Morphologie und Wortordnung beruht, universal gilt, ist zu erwarten, daß der Agrammatismus sich in unterschiedlichen Sprachen mit unterschiedlichen Verhaltensbildern manifestiert, da verschiedene Sprachen bestimmte syntaktische Funktionen mit unterschiedlichen Mitteln zum Ausdruck bringen. Im Englischen zum Beispiel, einer Sprache mit strikter Wortordnung, werden Agent-Objekt-Relationen durch die sequentielle Anordnung der Wörter im Satz festgelegt. Andere Sprachen wie das Italienische oder Französische, die ähnlich wie das Englische auch über keine Kasusmarkierung zur Identifikation von Subjekt und Objekt verfügen, erlauben aber im Gegensatz zum Englischen deutlich mehr Variation in der Wortordnung durch die Verwendung von bestimmten syntaktischen Konstruktionen. Die Information, die im Englischen von der Wortordnung getragen wird, wird in diesen Sprachen durch andere morphologische Hinweisreize gegeben. Topik-Fokus-Relationen werden durch die Übereinstimmung von Subjekt und Verb oder auch die Hinzufügung von klitischen Pronomen verdeutlicht. Zum Beispiel im Französischen (1-5)

(1) *La fille, il la lui montre.*

(2) *C'est au garçon qu'il la lui montre.*

(3) *Il la lui montre, la fille.*

(4) *Il la lui montre, le policier.*

(5) *Le policier la montre à lui.*

Im Deutschen sind für die Interpretation einer Äußerung sowohl Prinzipien der Flexionsmorphologie wie der Wortordnung wesentlich. Untersuchungen mit normalen Sprechern hatten ergeben, daß Sprecher dieser drei Sprachen unterschiedliche Strategien bei der Interpretation von grammatischen und experimentell bedingten semi-grammatischen Sätzen verwenden (MacWhinney, Bates und Kliegl, 1984). Sprecher des Englischen benutzten hauptsächlich Wortordnungshinweisreize zur Interpretation, Italiener basierten die Interpretation vornehmlich auf der Übereinstimmung von morphologischer Markierung bei Subjekt und Verb, Deutsche bezogen sich bei ihren Interpretationen falls möglich auf die Kasusmarkierung, bei mehrdeutiger Kasusmarkierung wurden der Faktor „Belebtheit" der zu verarbeitenden Nomen sowie auch die morphologische Übereinstimmung von Subjekt und Verb zur Interpretation von Sätzen herangezogen.

Falls es in der Tat einen universalen Zusammenhang zwischen der Verarbeitung von verschiedenen Aspekten des grammatischen Systems gibt und falls diese Aspekte durch Hirnschädigung selektiv gestört sein können, so ist zu erwarten, daß vergleichbare Hirnschädigungen in unterschiedlichen Sprachen zu unterschiedlichen Verhaltensmustern führen. Die Flexibilität des Sprachverarbeitungssystems hinsichtlich verschiedener Sprachen einerseits und die nachweislichen systematischen Zusammenhänge zwischen bestimmten Sprachverhalten und deren kortikaler Repräsentation andererseits unterstützen unsere Grundannahmen und machen eine sprachvergleichende Betrachtung aphasischen Sprachverhaltens sinnvoll. Eine solche Untersuchung ermöglicht Aufschlüsse in zweierlei Hinsicht, zum einen darüber, inwieweit die Beziehung zwischen bestimmten sprachlichen Komponenten und ihrer Repräsentation im Gehirn universal ist, zum anderen aber auch darüber, inwieweit die Organisation der Sprachsysteme selbst als universal anzusehen ist, bzw. welches ihre sprachspezifischen Variationen sind.

In einer sprachvergleichenden Studie sind Forscher verschiedener Forschergruppen (Bates, Friederici, Miceli, Smith, Wulfeck und Zurif, 1984) diesen Fragen nachgegangen und haben Aphasiker im Englischen, Deutschen und Italienischen untersucht. Parallele Experimente zum Sprachverstehen und zur Sprachproduktion wurden in allen drei Sprachen durchgeführt. Die Verstehensexperimente bedienten sich der Vergleichbarkeit halber (MacWhinney, Bates und Kliegl, 1984) eines Paradigmas, das bereits in vorherigen Experimenten benutzt worden war.

In dieser sprachvergleichenden Studie zur Wortordnung und Morphologie wurde deutlich, daß Patienten mit Broca-Aphasie im Deutschen und Italienischen zwar noch eine gewisse Sensibilität gegenüber morphologischen Hinweisreizen zeigen, daß jedoch die Fähigkeit, diese zu verarbeiten, in weitaus größerem Maße gestört war als die Fähigkeit, Wortordnung zu verarbeiten. Es scheint, als hätten bestimmte Hirnschädigungen in relativ universaler Weise Beziehungen zu bestimmten Verarbeitungsschwierigkeiten. Im konkreten Falle der Broca-Aphasie zeigte sich durchgehend eine besondere Schwierigkeit bei der Verarbeitung von Elementen der geschlossenen Klasse. Allerdings wird den Elementen der geschlossenen Klasse in den verschiedenen Sprachen unterschiedliche Aufmerksamkeit geschenkt. In solchen Sprachen, in denen sie einen großen Teil syntaktischer Information tragen - wie zum Beispiel im Deutschen, wo der Artikel Informationen über Kasus, Genus und Numerus trägt, und im Italienischen, wo er Informationen über Genus und Numerus beinhaltet - wird diesen Elementen mehr Aufmerksamkeit geschenkt als in Sprachen, in denen die grammatischen Rollen des Satzes durch die Anordnung der Wörter festgelegt sind. So zum Beispiel im Englischen, wo der bestimmte Artikel keine der oben genannten Informationen trägt. Es hat den Anschein, als ob Broca-Aphasiker die Elemente der geschlossenen Klasse sehr wohl als wichtige strukturelle Elemente in ihrer Form erkennen könnten, als seien sie jedoch nicht in der Lage, der syntaktischen Information, die diese Elemente tragen, voll habhaft zu werden. Die bereits dargestellten Untersuchungen zur Verarbeitung unterschiedlicher präpositionaler Formen stützen diese Annahme. Präpositionale Formen mit lexikalischem Charakter wurden von Agrammatikern weitaus besser verarbeitet als sogenannte obligatorische Präpositionen, die eine vornehmlich syntaktische Rolle spielen.

Kean (1979) hatte bezüglich der Verarbeitung der Elemente der geschlossenen Klasse dagegen vor einigen Jahren die Hypothese aufgestellt, daß nicht der Grad der syntaktischen und/oder semantischen Information der Elemente der geschlossenen Klasse für die Verarbeitungsschwierigkeiten bei der Broca-Aphasie verantwortlich sei, sondern eher der diesen Elementen eigene phonologische Status. Elemente der geschlossenen Klasse wurden anhand des Englischen als phonologisch klitische Elemente beschrieben im Gegensatz zu den Elementen der offenen Klasse, die als phonologische Wörter bzw. nicht-klitische Elemente charakterisiert wurden.

Um diese aufgrund der phonologischen Verhältnisse des Englischen aufgestellte Hypothese als eine Universalie zu überprüfen, wurde eine Studie konzipiert, die verschiedene Sprachen im Vergleich betrachtete.

8.3.1 Verarbeitung von Pronomen bei Aphasie

Diese Studie (Friederici, Weissenborn und Kail, 1984) verglich die Verarbeitung von pronominalen Formen mit unterschiedlichem phonologischen Status dreier verschiedener Sprachen: dem Französischen, dem Niederländischen und dem Deutschen. Das Französische bietet die Möglichkeit, Elemente der geschlossenen Klasse zum einen als klitische zum anderen als nicht-klitische Elemente zu betrachten, wobei für die gleiche syntaktische Funktion zum Teil die gleiche Form (klitisch *lui*, nicht-klitisch *à lui*), zum Teil unterschiedliche Formen (klitisch *leurs*, nicht-klitisch *à eux*, *à elles*) benutzt werden. Allerdings variiert neben dem phonologischen System ebenfalls die Stellung in Bezug auf das Verb (klitische Elemente stehen präverbal, nicht-klitische Elemente postverbal), sowie auch die Art der Phrasenkonstruktion (klitische Elemente ohne Präposition, nicht-klitische Elemente mit Präposition). Die Isolierung des Faktors präpositionale Markierung vom Faktor Klitisierung sollte die niederländische Sprache garantieren, da im Niederländischen (wie im Englischen) indirekte Objekte sowohl in Konstruktionen mit wie ohne Präposition auftauchen. Die Markierung durch eine Präposition wird allerdings obligatorisch, wenn zwei Objekte pronominalisiert werden, da nur die Präposition den Dativ (*aan hem*) vom Akkusativ (*hem*) unterscheidet. Das Deutsche unterscheidet dagegen die Dativ und Akkusativ eindeutig (*ihm/ihn*); allerdings sind im deutschen Pronominalsystem andere Formen hinsichtlich Numerus, Genus und Kasus mehrdeutig. Die Form *sie* ist auf diese Weise in mehrfacher Hinsicht mehrdeutig (siehe auch Tabelle 18):

(1) 3. Person, Singular, Nominativ, feminin
(2) 3. Person, Singular, Akkusativ, feminin
(3) 1. Person, Plural, Nominativ, feminin
(4) 1. Person, Plural, Nominativ, maskulin
(5) 1. Person, Plural, Nominativ, neutrum
(6) 1. Person, Plural, Akkusativ, feminin
(7) 1. Person, Plural, Akkusativ, maskulin
(8) 1. Person, Plural, Akkusativ, neutrum

Die französischen klitischen Formen der Pronomen sind zum Teil ebenfalls mehrdeutig: *lui* als 3. Person, Singular, Dativ, feminin und 3. Person, Singular, Dativ, maskulin, während ihre korrespondierenden nicht-klitischen Formen eindeutig sind: z.B. maskulin *à lui* und feminin *à elle*. Im Französischen ist also der Aspekt der lexikalischen Eindeutigkeit (Genus) zum Teil mit dem Faktor Klitisierung konfundiert, im Deutschen dagegen kann dieser Faktor zumindest im Singular isoliert betrachtet werden.

Untersuchungen zur Verarbeitung von Pronomen im Englischen (Zurif, Caramazza und Myerson, 1972; Blumstein et al., 1983) weisen darauf hin, daß Broca-Aphasiker Pronomen im Vergleich zu anderen Elementen der geschlossenen Klasse relativ gut verarbeiten. Zurif und Caramazza (1976) führten dies auf den relativ hohen semantischen Informationsgehalt, den diese Elemente tragen, zurück. Blumstein et al. (1983) fanden, daß Broca- und Wernicke-Patienten zur Herstellung pronominaler Referenz lexikalische und morphologische Hinweisreize in unterschiedlicher Weise benutzen. Broca-Aphasiker verarbeiten Reflexivpronomen besser, wenn der Antezedent zusätzlich zur syntaktischen Feststellung (1)

(1) *The boy is watching the chef bandaged himself.*

auch durch einen eindeutigen Genus-Hinweisreiz (2) markiert ist.

(2) *The boy is watching the girl bandaged himself.*

Ist der Antezedent neben der syntaktischen Festlegung (1) zusätzlich durch eine Numerusmarkierung (3) festgelegt,

(3) *The boy is watching the men bandaged himself.*

so hat dies keinen erleichternden Einfluß auf das Satzverstehen bei Broca-Patienten. Die Verstehensleistungen der Wernicke-Patienten zeigten sich besonders auffällig, wenn zu dem syntaktischen Hinweisreiz ein lexikalischer (Genus) Hinweisreiz hinzugefügt wurde: in diesem Fall sanken die Leistungen signifikant. Der morphologische Hinweisreiz hatte bei Wernicke-Patienten ebenso wie bei den Broca-Patienten keinen wesentlichen Einfluß auf die Verarbeitung von Reflexivpronomen.

Den Einfluß von semantischen Variablen auf das Verstehen von Pronomen bei Aphasie untersuchten auch Grober und Kellar (1981). Sie fanden im Gegensatz zu Blumstein et al. (1983), daß alle Aphasiegruppen - also Broca- und Wernicke-Patienten - in gleicher Weise von gegebenen Genushinweisreizen profitieren.

Unsere Studie zum Problem der Verarbeitung von Pronomen (Friederici, Weissenborn und Kail, 1984) sollte neben den Faktoren Klitisierung des pronominalen Elements, Konstruktion der Pronominalphrase, Mehrdeutigkeit der pronominalen Form auch den Einfluß von lexikalischen Hinweisreizen (Genus) und morphologischen Hinweisreizen (Numerus) untersuchen. Während die ersteren Faktoren im Vergleich innerhalb und zwischen den Sprachgruppen betrachtet werden sollten, wurden letztere innerhalb der einzelnen Sprachen beobachtet.

Die Studie wurde in den Sprachen Französisch, Niederländisch und Deutsch an zwei Gruppen von aphasischen Sprechern mit unterschiedlichen aphasischen Syndromen - Broca- und Wernicke-Aphasie - durchgeführt. Das experimentelle Paradigma war in allen drei Sprachen das gleiche; es wurde eine Satz-Bild-Zuordnungs-Aufgabe gewählt. Analog dem im vorangegangenen Kapitel dargestellten Experiment mit Kindern wurden die Faktoren Klitisierung, Konstruktion und Mehrdeutigkeit mittels des linguistischen Materials variiert, die Aspekte von Genus- und Numerus-Hinweisreizen beim Zuordnen von Pronomen und Referenz wurden durch das präsentierte Bildmaterial abgetestet.

Die Voraussagen für die einzelnen Aphasiegruppen unterscheiden sich für die unterschiedlichen Sprachen. Falls die von Kean (1979) aufgestellte Hypothese vom phonologischen Defizit bei der Broca-Aphasie zutrifft, so ist zu erwarten, daß französischsprachige Broca-Aphasiker nicht-klitische Pronomen generell besser verarbeiten als klitische Pronomen. Im Französischen ist der Faktor der Klitisierung mit dem Faktor Konstruktion (Präpositionalphrase) konfundiert. Falls der Faktor der Klitisierung für das aphasische Verhalten determinierend ist, so sollte im Französischen ein Unterschied zwischen diesen beiden Konstruktionen gefunden werden, nicht jedoch im Niederländischen, wo beide Konstruktionen nicht-klitische Elemente enthalten. Im Französischen ist der Faktor Klitisierung jedoch mit dem Faktor der Stellung (präverbal/postverbal) sowie zum Teil auch mit dem Faktor Mehrdeutigkeit konfundiert. Es ist anzunehmen, daß mehrdeutige Formen als solche schon wegen ihres höheren Formkomplexitätsgrades bei Aphasiepatienten im allgemeinen zu einer erhöhten Anzahl von falschen referentiellen Zuordnungen führen - und zwar in allen Sprachen.

Falls es zutrifft, daß Broca-Aphasiker eher die lexikalischen als die morphologischen Aspekte verarbeiten (Blumstein et al., 1983), so ist zu erwarten, daß diese Gruppe von Patienten deutlich mehr Fehler hinsichtlich der Genuszuweisung als hinsichtlich der Numerusmarkierung macht. Wernicke-Aphasiker sollten aufgrund von Schwierigkeiten lexikalischer Aspekte häufiger falsche Genus- als Numeruszuweisungen machen.

Die Experimente, die in den drei Sprachen mit insgesamt sechzig Patienten durchgeführt wurden, benutzten dieselbe Methode und prinzipiell das gleiche Material, das auch in den im vorangegangenen Kapitel beschriebenen Experimenten mit Kindern verwendet wurde (mit Ausnahme des französischen Materials, das um fünf Sätze mit jeweils zwei klitischen Elementen erweitert wurde). Die Experimente sollen zunächst für jede Sprache einzeln dargestellt und später im Vergleich diskutiert werden.

Das Deutsche

Im Deutschen wurden je zehn Broca- und zehn Wernicke-Patienten getestet. Individuelle Hintergrunddaten der an diesem Test beteiligten Patienten sind der Tabelle 21 zu entnehmen.

Die Patienten konnten aufgrund der Testergebnisse des Aachener Aphasie Tests (Huber et al., 1983) eindeutig den zwei klassischen Aphasieformen Broca- und Wernicke-Aphasie zugeordnet werden. Alle Patienten sprachen Deutsch als Muttersprache. Das in diesem Experiment benutzte Material bestand insgesamt aus zwanzig Sätzen, von denen die Hälfte ein Objektpronomen, die andere Hälfte zwei Objektpronomen beinhaltete. Bei den Sätzen mit einem Pronomen war in fünf Fällen das direkte Objekt, in fünf Fällen das indirekte Objekt pronominalisiert. Bei den Sätzen mit zwei pronominalisierten Objekten wurde die Verarbeitung der unterschiedlichen Pronomen (fünfmal direktes und fünfmal indirektes Pronomen) wie folgt getestet. Es wurde in diesem Experiment eine Satz-Bild-Zuordnungsaufgabe verwendet, bei der einem wahrgenommenen Satz ein ihm jeweils korrespondierendes Bild aus einem Set von zwei Bildern zugeordnet werden mußte. In fünf Fällen wich das Ablenkerbild bezüglich des direkten, in fünf Fällen bezüglich des indirekten Pronomens von der korrekten Satzinterpretation ab.

Die Prozedur sah vor, daß der Versuchsperson der jeweilige Testsatz auditorisch dargeboten wurde, wobei der Satz auf Wunsch wiederholt wurde. Der Patient war aufgefordert, dem gehörten Satz das Bild zuzuordnen, das der Interpretation dieses Satzes entsprach. Das Bildmaterial bestand für jeden Testsatz aus zwei Bildern, wovon eines dem Testsatz entsprach, ein anderes als Ablenker fungierte und eine Person darstellte, die hinsichtlich des in diesem Falle untersuchten Pronomens in Genus und/oder Numerus abwich. Der Versuchsperson waren keine zeitlichen Grenzen bei dieser Aufgabe gesetzt. Der gesamte Test wurde von allen Versuchspersonen innerhalb einer halben Stunde bewältigt. Richtige und falsche Antworten wurden registriert. Prozent-Mittelwerte der korrekten Zuordnungen für Kondition und Gruppe sind in Tabelle 22 dargestellt.

Die Analyse der Ergebnisse zeigt folgendes Bild. Eine Varianzanalyse mit den Faktoren Klinische Gruppe × Anzahl der Pronomen × Kasus (Akkusativ / Dativ) ergab keinen signifikanten Haupteffekt. Die Interaktion zwischen allen Faktoren war lediglich schwach signifikant ($F(1,16) = 3.12$, $p < .09$). Geplante individuelle Vergleiche der einzelnen Bedingungen mögen die schwache Interaktion erhellen. Bei der Betrachtung des Faktors Anzahl der pronominalen Elemente scheint sich die Tendenz abzuzeichnen, daß Broca-Aphasiker weniger Probleme mit Sätzen haben, in denen nur eine der Nominalphrasen pronominalisiert ist. Der Unterschied zwischen Sätzen mit einem und Sätzen mit zwei Pronomen erreicht jedoch nicht das festgelegte Signifikanz-Niveau von 5% ($t(10) = 1.7$). Der Unterschied ist bei den Wernicke-Patienten weniger ausgeprägt ($t(10) = 0.65$). Der Faktor Kasus

	ALTER	ÄTIOLOGIE	TOKEN TEST	KLASSIFIKATION
KN	70	vaskulär	34	Broca
WA	31	Trauma	14	Broca
JU	46	vaskulär	20	Broca
WI	53	vaskulär	18	Broca
RE	43	vaskulär	28	Broca
DI	47	vaskulär	28	Broca
BA	61	vaskulär	10	Broca
PR	63	vaskulär	33	Broca
TH	54	vaskulär	41	Broca
LA	56	vaskulär	31	Broca
EI	63	vaskulär	34	Wernicke
BÇ	44	Trauma	17	Wernicke
GE	50	Trauma	36	Wernicke
HA	69	vaskulär	22	Wernicke
HI	74	vaskulär	11	Wernicke
PE	71	vaskulär	24	Wernicke
SI	50	vaskulär	24	Wernicke
DI	62	vaskulär	28	Wernicke
BR	54	vaskulär	43	Wernicke
OR	49	vaskulär	46	Wernicke

Tabelle 21. Individuelle Patientendaten für deutschsprachige Patienten

	1 PRONOMEN		2 PRONOMEN	
	direktes Objekt	indirektes Objekt	direktes Objekt	indirektes Objekt
Broca Aphasie	78	70	56	66
Wernicke Aphasie	64	76	54	78

Tabelle 22. Korrekte Reaktionen (Prozent) für Pronomen bei deutschsprachigen Broca- und Wernicke-Patienten.

spielt bei der Broca-Aphasie keine signifikante Rolle. Bei der Wernicke-Aphasie ergibt sich der Kasuseffekt lediglich für Sätze, die zwei pronominale Objekte beinhalten. Indirektes Objekt wird häufiger richtig interpretiert als das direkte Objekt ($t(10) = 2.45$, $p < .05$). Für Sätze mit einem Objekt-Pronomen gibt es keinen solchen Effekt. Dies mag durch die Tatsache zu erklären sein, daß in Sätzen mit zwei Objekt-Pronomen das indirekte Objekt am Satzende steht, während in Sätzen mit einem pronominalisierten Objekt das Pronomen der vollen Nominalphrase immer vorausgeht und damit nicht die gleiche herausragende Stelle im Satz hat. Bezüglich des Aspektes der Mehrdeutigkeit ist festzustellen, daß dieser für beide Aphasiegruppen bei Sätzen mit einem Pronomen keinen Einfluß auf die Verstehensleistung ausübt; sind jedoch zwei Pronominalobjekte in einem Satz, so werden eindeutige Formen von beiden Aphasiegruppen besser verstanden als mehrdeutige Formen.

Deutliche Unterschiede zwischen Broca- und Wernicke-Aphasie hinsichtlich der Verarbeitung von Pronomen lassen sich erst bei der Fehleranalyse erkennen. Broca-Aphasiker machen deutlich weniger Fehler bezüglich der Genusmarkierung als bezüglich der Numerusmarkierung. Weicht der im Ablenkerbild dargestellte Protagonist in Numerus und Genus vom Pronomen im Testsatz ab, so führt die zusätzliche Markierung durch Genus nicht zu einer Verbesserung gegenüber den Sätzen, die nur mit einem Numerushinweis ausgestattet sind. Wernicke-Aphasiker verarbeiten Numerusmarkierungen besser als Genusmarkierungen. Sie haben mit der Verarbeitung des lexikalischen Aspekts besondere Probleme. Ist das fragliche Pronomen hinsichtlich Numerus und Genus vom Ablenker verschieden, so scheint die Verarbeitung des Numerus ausschlaggebend. Die zusätzliche Markierung durch das Genus hat keinen negativen Einfluß auf die Verarbeitung des Pronomens.

Das Niederländische

Das Niederländische unterscheidet sich vom Deutschen in seinem Pronomensystem dadurch, daß das indirekte Pronomen in Konstruktionen, bei denen das direkte Objekt eine volle Nominalphrase ist, sowohl alleine wie auch in einer Präpositionalphrase stehen kann, z.B. (1) und (2):

(1) *De moeder toont het meisje* ***aan hem***.

(2) *De moeder toont* ***hem*** *het meisje*.

Sind das direkte und indirekte Objekt pronominalisiert, so muß das indirekte Pronomen in einer Präpositionalphrase stehen, z.B. (3):

(3) *De moeder toont haar* ***aan hem***.

Das linguistische Material, das in diesem Experiment verwendet wurde, bestand aus insgesamt fünfundzwanzig Sätzen: in fünfzehn Sätzen war nur ein Objekt pronominalisiert, in zehn Sätzen jeweils zwei. Die fünfzehn Sätze mit jeweils einem pronominalisierten Objekt bestanden aus fünf Sätzen, in denen das direkte Objekt pronominalisiert war, fünf Sätzen, in denen das indirekte Pronomen ohne Präpositionalkonstruktion auftauchte (2), und fünf Sätzen, in denen das indirekte Pronomen in einer Präpositionalphrase stand (1). In den Sätzen mit zwei pronominalen Objekten, war fünf Mal das direkte und fünf Mal das indirekte (3) Objekt pronominalisiert.

Im Niederländischen wurden je acht Broca-Aphasiker und acht Wernicke-Aphasiker untersucht. Die individuellen Daten zur klinischen Historie der beteiligten Patienten sind in Tabelle 23 aufgeführt. Die Klassifikation der Patienten wurde aufgrund der Testergebnisse der niederländischen Version des Aachener Aphasie

Tests (De Bleser et al., 1983) vorgenommen. Die Patienten waren muttersprachlich Niederländisch.

	ALTER	ÄTIOLOGIE	TOKEN TEST	KLASSIFIKATION
SE	64	vaskulär	--	Broca
ZO	66	vaskulär	22	Broca
KA	50	vaskulär	16	Broca
DR	50	vaskulär	35	Broca
WE	70	vaskulär	25	Broca
SO	64	vaskulär	28	Broca
HO	60	vaskulär	19	Broca
VS	67	vaskulär	19	Broca
JA	66	vaskulär	30	Wernicke
KA	69	vaskulär	26	Wernicke
KE	73	vaskulär	22	Wernicke
VL	70	vaskulär	32	Wernicke
RI	64	vaskulär	22	Wernicke
RO	65	vaskulär	8	Wernicke
HE	64	vaskulär	39	Wernicke
VE	73	vaskulär	35	Wernicke

Tabelle 23. Individuelle Patientendaten für niederländischsprachige Patienten.

In diesem Experiment wurde wie im vorausgegangenen Experiment im Deutschen eine Satz-Bild-Zuordnungsaufgabe verwendet. Das oben beschriebene linguistische Material wurde der Versuchsperson auditorisch dargeboten und auf Wunsch wiederholt. Die Aufgabe der Versuchsperson bestand darin, dem wahrgenommenen Satz ein Bild zuzuordnen, das der Satzinterpretation entsprach. Ausgewählt werden sollte dieses aus einem Set von zwei Bildern, wovon eines die korrekte Zuordnung war, das andere hinsichtlich des Genus oder Numerus eines der pronominalisierten Elemente vom Testsatz abwich. Die Auswahl des jeweiligen Bildes stand unter keiner zeitlichen Begrenzung. Richtige und falsche Antworten wurden registriert. Prozent-Mittelwerte der korrekten Zuordnungen für Kondition und Gruppe sind in Tabelle 24 aufgeführt.

Die Analyse der vorliegenden Daten zeigt folgendes Muster. Eine Varianzanalyse mit den Faktoren Klinische Gruppe (Broca / Wernicke) × Kondition (1 Pronomen direktes Objekt / 1 Pronomen indirektes Objekt ohne Präposition / 1 Pronomen indirektes Objekt mit Präposition / 2 Pronomen direktes Objekt / 2 Pronomen indirektes Objekt) zeigte einen schwach signifikanten Haupteffekt für die Klinische Gruppe ($F(1,14) = 4.16$, $p < .06$). Der Haupteffekt der Kondition sowie die Interaktion zwischen den beiden Faktoren war nicht signifikant.

	1 PRONOMEN			2 PRONOMEN	
	direktes Objekt	indirektes Objekt	indirektes Objekt + Präposition	direktes Objekt	indirektes Objekt
Broca Aphasie	72.5	80.0	77.5	72.5	72.5
Wernicke Aphasie	47.5	57.5	75.0	55.0	65.5

Tabelle 24. Korrekte Reaktionen (Prozent) für Pronomen bei niederländischsprachigen Aphasiepatienten.

Individuelle Vergleiche zwischen den einzelnen Konditionen für die beiden Gruppen zeigen, daß Broca-Aphasiker direkte Pronomen ebenso gut verarbeiten wie indirekte und zwar unabhängig davon, ob bei einer pronominalisierten Form das indirekte Pronomen ohne Präposition ($t(8) = .19$) oder mit Präposition ($t(8) = .36$) verwendet wird. Ein Kasuseffekt ist auch bei zwei pronominalen Objektformen nicht erkennbar. Für die Wernicke-Aphasiker ergeben sich bei den Einzelvergleichen keine signifikanten Unterschiede.

Das Fehlerverhalten der niederländischsprechenden Aphasiker ist ähnlich dem Verhalten, das die deutschsprachigen Aphasiker für die nicht form-ambigen Pronomen zeigen. Broca-Aphasiker machen häufiger Fehler, wenn der Ablenker im Numerus abweicht, als wenn er im Genus abweicht, während Wernicke-Aphasiker eher Genus- als Numerusfehler machen. Dies deutet darauf hin, daß Broca-Aphasiker mehr Probleme beim Verarbeiten der syntaktischen Aspekte als der lexikalischen Aspekte haben, während Wernicke-Aphasiker sich mit den lexikalischen Aspekten schwerer tun als mit den syntaktischen.

Der Faktor Mehrdeutigkeit der Form spielt auch im Niederländischen für die Verarbeitung der Pronomen eine entscheidende Rolle. Im Niederländischen sind fast alle Formen mehrdeutig (siehe Tabelle 25).

Von den in diesem Experiment verwendeten Objektpronomen sind die Singularformen mehrdeutig hinsichtlich des Kasus. Im Plural gibt es auch eine Mehrdeutigkeit bezüglich des Genus. Zwischen den wenigen eindeutigen Formen (Dativ, Plural, maskulin = „*hun*") und den übrigen Formen besteht für die Broca-Aphasiker kein Unterschied (25% inkorrekt versus 25% inkorrekt). Für die Wernicke-Aphasie zeigt sich eine Verschiebung zugunsten der eindeutigen Formen (eindeutig: 27% inkorrekt versus mehrdeutig: 44% inkorrekt).

	NOMINATIV		DATIV	AKKUSATIV
Singular				
maskulin	hij		(aan) hem	hem
feminin	zij		(aan) haar	haar
Plural				
maskulin	zij		(aan) hun	hen
feminin	zij		(aan) hun/haar	hen
		oder	(aan) haar	haar

Tabelle 25. Mehrdeutigkeit der Form im Niederländischen

Das Französische

Das französische Pronomensystem beinhaltet den Unterschied von klitischen und nicht-klitischen Formen. Direktes und indirektes Objektpronomen sind als klitische Formen vorhanden (*le*, *lui*), das indirekte verfügt über eine nicht-klitische Form (*à lui*). Analog den oben beschriebenen Experimenten wurde linguistisches Material erstellt, das bezüglich der Faktoren Anzahl der pronominalisierten Objektformen und des syntaktischen Status der pronominalisierten Formen (direktes / indirektes Objekt) sowie des phonologischen Status variiert.

Das Material bestand insgesamt aus dreißig Sätzen. In der Hälfte der Sätze war eine Objektnominalphrase, in der anderen Hälfte zwei Nominalphrasen pronominalisiert. Bei den Sätzen mit einem Pronomen gab es fünf mit pronominalisiertem direktem (klitischen) Objekt, fünf mit indirektem klitischen Objektpronomen und fünf mit indirektem nicht-klitischen Objektpronomen. Bei den Sätzen mit zwei Pronomen lag dieselbe Verteilung über die einzelnen Objektpronomen hinsichtlich der untersuchten Elemente vor. Zwar sind in diesen Sätzen beide grammatischen Objekte pronominalisiert, doch erlaubt die hier verwendete Satz-Bild-Zuordnungsaufgabe die Beobachtung der Verarbeitung des jeweiligen Pronomens. Das zugehörige Bildmaterial bestand pro Satz aus jeweils zwei Bildern, wovon eines der Interpretation des Satzes entsprach, das andere jedoch eine Person darstellte, die vom grammatisch korrekten Objekt in Genus und/oder Numerus abwich.

Im Französischen wurde wie in den anderen Sprachen eine Gruppe Broca-Patienten (N = 8) und eine Gruppe Wernicke-Patienten (N = 7) untersucht. Die Patienten wurden durch das Centre de Recherche, Cote-des-Neiges in Montreal, Kanada kontaktiert. Die Klassifikation der Patienten basiert auf dem dort gebräuchlichen Aphasietest (Beta) sowie der klinischen Beurteilung der Patienten durch Neurologen. Der verwendete Aphasietest im Französischen ist nicht direkt mit dem deutschen und holländischen Test vergleichbar, allerdings stützt auch er seine Klassifikation vornehmlich auf den Bereich Spontansprache und Sprachverständnis. Angaben zu den einzelnen Aphasiepatienten befinden sich in Tabelle 26. Alle Patienten waren muttersprachlich Französisch.

	ALTER	ÄTIOLOGIE	KLASSIFIKATION
JA	39	vaskulär	Broca
LA	73	--	Broca
CA	52	vaskulär	Broca
YL	65	vaskulär	Broca
ST	40	vaskulär	Broca
RL	61	vaskulär	Broca
CQ	30	vaskulär	Broca
MT	59	vaskulär	Wernicke
LM	63	vaskulär	Wernicke
MV	58	vaskulär	Wernicke
MV	--	vaskulär	Wernicke
MB	56	vaskulär	Wernicke
LG	58	vaskulär	Wernicke
YB	58	vaskulär	Wernicke

Tabelle 26. Individuelle Patientendaten für französischsprachige Patienten.

Das Experiment wurde von einem muttersprachlichen Sprecher des „Quebequois“ - des in Montreal beheimateten Französisch, das zum Teil in der Aussprache vom Standard-Französisch abweicht - durchgeführt. Die Prozedur war mit der der anderen Experiment identisch.

Die Analyse der Daten zeigte Ergebnisse, die von denen anderer Sprachen verschieden sind. Die Prozentmittelwerte der korrekten Antworten sind in Tabelle 27 aufgeführt.

	1 PRONOMEN			2 PRONOMEN		
	klitisch		nicht-klitisch	klitisch		nicht-klitisch
	direktes Objekt	indirektes Objekt	indirektes Objekt	direktes Objekt	indirektes Objekt	indirektes Objekt
Broca Aphasie	82.9	68.8	82.9	82.9	68.6	94.3
Wernicke Aphasie	88.6	85.7	85.7	88.6	94.3	97.1

Tabelle 27. Korrekte Reaktionen (Prozent) für Pronomen bei französischsprachigen Aphasiepatienten.

Bei einer Varianzanalyse mit den Faktoren *Klinische Gruppe* (Broca / Wernicke-Aphasie) und *Kondition* (1 Pronomen direktes Objekt, klitisch / 1 Pronomen indirektes Objekt, klitisch / 1 Pronomen indirektes Objekt, nicht-klitisch/ 2 Pronomen direktes Objekt, klitisch / 2 Pronomen indirektes Objekt, klitisch / 2 Pronomen indirektes Objekt, nicht-klitisch) ergab sich ein signifikanter Haupteffekt für die Kondition ($F(5,60) = 2.28$, $p < .06$), sowie eine schwach signifikante Interaktion zwischen den beiden Faktoren. Individuelle Vergleiche der einzelnen Konditionen für die zwei klinischen Gruppen sollen diese Interaktion erhellen.

Für die Wernicke-Aphasie war keiner der Vergleiche zwischen den Konditionen signifikant. Im Gegensatz hierzu zeigten Broca-Aphasiker ein deutlich anderes Verhaltensmuster. Sie verarbeiten das indirekte klitische Pronomen leichter als das direkte klitische Pronomen und zwar sowohl in Sätzen, in denen ein Objekt pronominalisiert ist ($t(8) = 3.87$, $p < .01$) wie auch in denen mit zwei Pronominalobjekten ($t(8) = 2.5$, $p < .05$). Vergleichen wir die klitischen mit den nicht-klitischen Formen des indirekten Objekts, so erweist sich der Unterschied bei Sätzen mit einem Pronomen als nicht signifikant. Für die Sätze mit zwei Pronominalobjekten ist jedoch ein signifikanter Unterschied nachweisbar. Sind beide grammatischen Objekte pronominalisiert, werden die nicht-klitischen besser verarbeitet als die klitischen ($t(8) = 4.5$, $p < .01$). Es gilt dabei allerdings zu beachten, daß in den Sätzen mit zwei klitischen Objektpronomen beide Formen präverbal stehen (1),

(1) *Le garçon* ***le lui*** *montre.*

während in den Sätzen, in denen eines der Objektpronomen eine nicht-klitische Form hat, das klitische Pronomen präverbal, das nicht-klitische jedoch postverbal steht (2), was ebenso zu einer Erleichterung in der Verarbeitung geführt haben mag:

(2) *Le garçon* ***le*** *montre à lui.*

Die Anhäufung von aufeinanderfolgenden klitischen Elementen in einer Sequenz scheint eine zusätzliche Schwierigkeit bei der Verarbeitung zu bedeuten.

Die Ergebnisse dieses Experimentes können nicht als eindeutige Unterstützung der Hypothese Keans vom phonologischen Defizit der Broca-Aphasie interpretiert werden. Die Abwesenheit eines signifikanten Unterschiedes zwischen der Verarbeitung von klitischen und nicht-klitischen Formen in Sätzen mit einem Pronomen deutet darauf hin, daß der Faktor der Klitisierung als Erklärungsansatz für die Broca-Aphasie nicht hinreichend ist. Es scheint vielmehr, als sei der phonologische Status eines zu verarbeitenden Elementes nur eine zusätzliche Belastung für das Verarbeitungssystem der Broca-Aphasiker, das bereits hinsichtlich anderer Aspekte gestört ist.

8.3.2 Phonologische, morphologische und Wortstellungsaspekte bei Aphasie: Der Sprachenvergleich

Der Vergleich zwischen den Sprachen macht deutlich, welche Faktoren für die Verarbeitung von Pronomen bei Aphasikern eine wesentliche Rolle spielen. Der Vergleich kann jedoch nur auf einer deskriptiven Ebene geschehen, da nicht alle drei Sprachen über alle hier untersuchten linguistischen Faktoren verfügen. Betrachten wir das Deutsche und das Niederländische, so fällt vor allem auf, daß die zusätzliche Markierung des indirekten Objektes durch die Präposition nicht generell zu einer Verarbeitungserleichterung führt. Die Performanz der Broca-Aphasiker bleibt davon unbeeinflußt. Der innersprachliche Vergleich im Niederländischen deutet darauf hin, daß Wernicke-Aphasiker die Präposition als zusätzliche Markierung benutzen können. Im zwischensprachlichen Vergleich zwischen dem Deutschen und dem Niederländischen zeigt sich jedoch, daß Wernicke-Aphasiker auch im Deutschen das indirekte Objekt, das hier nicht zusätzlich markiert ist, leichter verarbeiten als das direkte Objekt. Dieser Unterschied war im Deutschen allerdings lediglich für Sätze mit zwei pronominalisierten Objekten signifikant.

Im Deutschen steht das indirekte Objektpronomen normalerweise nach dem direkten Objektpronomen - in den in diesem Experiment verwendeten Sätzen sogar **satzfinal** (1):

(1) *Der Junge zeigt ihn* ***ihm***.

In Sätzen, in denen allein das indirekte Objekt pronominalisiert ist, steht es dagegen **vor** der vollen Nominalphrase des direkten Objektes (2):

(2) *Der Junge zeigt* ***ihm*** *den Koch*.

Im Niederländischen dagegen steht das mit Präposition markierte Objektpronomen immer **nach** dem direkten Objekt, ob pronominalisiert (3) oder nicht (4):

(3) *De jongen toont hem* ***aan hem***.

(4) *De jongen toont de kok* ***aan hem***.

Der Vergleich zwischen diesen beiden Sprachen legt die Vermutung nahe, daß für die Verarbeitung von Pronomen bei Wernicke-Patienten die Stellung dieses Elementes im Satz eine entscheidende Rolle spielt - zumindest dann, wenn mehrere Elemente pronominalisiert sind. Eine Anhäufung dieser Elemente könnte beim auditorischen Sprachverständnis zu Schwierigkeiten führen, die bereits auf der Ebene der phonetischen Diskrimination liegen - ein Defizit auf dieser Verarbeitungsebene ist für die Wernicke-Aphasie unter anderem charakteristisch (Blumstein et al., 1983).

Vergleichen wir die Ergebnisse des Deutschen und Niederländischen mit dem Französischen, so kommen zunächst Zweifel über die Wichtigkeit des Faktors Stellung für die Verarbeitung bei der Wernicke-Aphasie auf. Im Französischen, wo die durch Präposition markierten indirekten Objektpronomen - wie im Niederländischen - immer nach dem direkten Objekt stehen (5) und (6)

(5) *Le garçon le montre* ***à lui***.

(6) *Le garçon montre le cuisinier* ***à lui***.

zeigt sich kein Unterschied in der Verarbeitung der durch Präposition und Stellung markierten nicht-klitischen indirekten Objektpronomen (6) und deren klitischen Form (7)

(7) *Le garçon le lui montre.*

Allerdings ist zu beachten, daß die im Französischen untersuchten Wernicke-Aphasiker insgesamt einen weitaus geringeren Störungsgrad aufweisen als die Wernicke-Patienten der anderen Sprachgruppen. Es ist daher nicht auszuschließen, daß dadurch der vermutete Verarbeitungsunterschied zwischen der klitischen und der nicht-klitischen, durch Präposition markierten Pronominalform bei der Wernicke-Aphasie nicht offensichtlich wird.

Die Broca-Aphasie, deren Pronomenverständnis in den Sprachen Deutsch und Niederländisch weitgehend unbeeinflußt bleibt von den Faktoren Kasus, Stellung im Satz und Markierung durch Präposition, scheint nun im Französischen deutlich durch die Faktoren Kasus und Klitisierung determiniert. Dieses Ergebnis läßt sich zum Teil durch einen dritten - allerdings nicht experimentell variierten - Faktor, nämlich den der Mehrdeutigkeit erklären. Im Vergleich innerhalb der klitischen Elemente wird deutlich, daß indirekte Objektpronomen (*lui*, *leur*) schlechter verarbeitet werden als direkte Objektpronomen (*le*, *la*, *les*.). Bei den direkten Objektpronomen ist im Gegensatz zu den indirekten zumindest die Mehrdeutigkeit bezüglich des Genus aufgehoben, was die eindeutige Interpretation dieser Elemente erleichtert. Betrachten wir die nicht-klitischen Objektpronomen, so besteht zwar phonetisch eine Mehrdeutigkeit für die femininen Formen, allerdings sind diese eindeutig gegen die maskulinen Formen (*à elle*, *à elles*, *à lui*, *à eux*) abgegrenzt. Diese mehrdeutigen Formen werden von den Broca-Aphasikern in einem ebenso hohen Maße inkorrekt verarbeitet wie die klitischen Formen des direkten Objektpronomens. Dies muß als Hinweis dafür gewertet werden, daß der Faktor des phonologischen Status allein nicht als Erklärung für das Verhalten der Broca-Aphasie gelten kann, sondern der Faktor der Mehrdeutigkeit eine wesentliche Rolle spielt.

Die Hypothese Keans (1979), daß die Broca-Aphasie als ein phonologisches Defizit beschrieben werden kann, muß aufgrund dieser Daten als universale Definition der Broca-Aphasie in Frage gestellt werden. Dieses Experiment zeigte keinen durchgehenden Unterschied in der Verarbeitung von klitischen und nicht-klitischen Elementen, sofern andere Faktoren wie Wortklasse, grammatische Funktion und Bedeutungsgehalt konstant gehalten wurden. Diese Befunde werden durch Ergebnisse komplementär ergänzt, die zeigen, daß die Verarbeitung von Präpositionen, d.h. von Elementen der geschlossenen Klasse, bei denen die Wortform und der phonologische Status konstant gehalten wurde, jedoch deren syntaktische Funktion im Satz verändert wurde, von Broca-Aphasikern unterschiedlich erfolgt (Friederici, 1982; 1985a). Zusammengenommen lassen diese Ergebnisse vielmehr den Schluß zu, daß der klitisch phonologische Status eines Elementes allein nicht für dessen Verarbeitung ausschlaggebend ist, sondern daß vielmehr der lexikalische und syntaktische Status für die Verarbeitung dieser Elemente bei Broca-Aphasie von vornehmlicher Bedeutung ist.

Die hier referierten sprachvergleichenden Studien haben deutlich werden lassen, mit welcher Vorsicht Beschreibungen von Sprachprozessen sowie deren Störung zu behandeln sind, die sich auf Beobachtungen von nur einer Sprache beziehen. Zwar vermögen auch Experimente in einer Sprache wesentliche Beiträge zu der

Definition dieser Sachverhalte zu liefern, jedoch nur insofern, als sie sich auf die Beziehung zwischen Form und Funktion beziehen.

8.3.3 Sprachspezifische Strategie oder sprachspezifischer Prozeß: Eine zusammenfassende Erörterung

Im Sprachvergleich konnte gezeigt werden, daß das aphasische Verhalten sowohl syndrom-spezifische, wie auch sprachspezifische Aspekte reflektiert. Die unterschiedlichen Strategien, die ein normaler Hörer einer Sprache zur Interpretation benutzt, werden zum Teil auch im Falle der Sprachstörung verwendet. Das dem Syndrom zugrundeliegende spezifische Defizit bedingt die Auswahl der Strategien, die angewendet werden. Unterschiedliche zugrundeliegende Störungen können je nach Sprache von möglichen Strategien gut oder weniger gut kompensiert werden. In zeitungebundenen Aufgaben ist daher auch die beobachtete Interaktion zwischen den Faktoren Syndrom und Sprache zu erwarten.

Die Frage, ob dies lediglich für die strategischen Verhaltensweisen gilt oder aber auch für die zugrundeliegenden automatisierten Prozesse, die, wie wir angenommen hatten, eher in *on-line* Messungen reflektiert werden, soll im folgenden Gedankengang erörtert werden.

Als Voraussetzung für die funktionale Lokalisation der aphasischen Defizite benötigen wir präzise Annahmen über die Struktur und die Prozesse des normalen Sprachverhaltens. Nehmen wir an, das *on-line* Verstehensverhalten der normalen Hörer sei nicht sprachspezifisch, wohl aber deren *off-line* Verstehensverhalten. Sofern nun verschiedene aphasische Defizite innerhalb der zugrundeliegenden Prozesse lokalisiert sind, so ist zu erwarten, daß das aphasische *on-line* Verstehensverhalten ebenfalls nicht sprachspezifisch, wohl aber syndrom-spezifisch ist. Das *off-line* Verstehensverhalten muß dabei nicht notwendigerweise syndromspezifisch sein, da die verschiedenen Defizite teils mit ähnlichen, teils mit unterschiedlichen Strategien kompensiert werden können. Falls jedoch eine solche Interaktion zwischen den verschiedenen Sprachen und verschiedenen Meßmethoden im aphasischen Verhalten nicht beobachtet wird, wohl aber im normalen Verstehensverhalten, so ist der Schluß möglich, daß das Sprachsystem seine interne Struktur in Folge der Hirnschädigung geändert hat.

Eine zweite mögliche Annahme bezüglich der normalen Verarbeitungsprozesse wäre die, daß nicht nur das *off-line* gemessene sondern auch das *on-line* gemessene Sprachverhalten sprachspezifisch ist. Diese Annahme beinhaltet allerdings, daß die zugrundeliegenden Prozeßkomponenten erst im Kontakt mit einer bestimmten Sprache ausgebildet werden. Diese Ausformung der zugrundeliegenden Prozesse geschieht möglicherweise sogar über die anfängliche Benutzung von Strategien, wobei die zugrundeliegenden Prozesse erst im Laufe der Entwicklung ihre Autonomie gewinnen. In diesem Fall wären spezifische Aussagen über die Lokalisation der aphasischen Defizite bezüglich der zugrundeliegenden Prozesse einerseits oder der Strategien andererseits unabhängig von der Sprachspezifität möglich. Die Lokalisation der Defizite wäre wieder allein abhängig von dem Nachweis einer Interaktion zwischen Aphasietyp und Meßmethode.

Diese Erörterung macht deutlich, daß die Einführung des Faktors der Sprache für die Lokalisation und die Beschreibung aphasischer Defizite nur dann von erklärendem Wert ist, wenn wir genaue Informationen über den Einfluß dieses Faktors auf normales Verstehensverhalten haben. Der cross-linguistische Ansatz erweist sich jedoch da als sinnvoll, wo es darum geht, zu untersuchen, ob die Sprachprozesse selbst durch die linguistische Form oder aber die linguistische Funktion bestimmt sind. Die Einbeziehung aphasischer Verhaltensdaten erlaubt darüberhinaus Aussagen darüber, ob das Gehirn die Sprache eher nach formalen Aspekten der Sprachstruktur organisiert, oder ob es vielmehr den funktionalen Aspekten der Sprache Rechnung trägt.

IV. Schluß

Mit diesem Buch wurde versucht, einen Beitrag zur Spezifizierung des natürlichen Sprachverstehensmechanismus zu liefern. Es wurde dabei von der Vorstellung ausgegangen, daß der Prozeß des Sprachverstehens insgesamt als eine Integration von sprachlichen und einer Reihe von nicht-sprachlichen bzw. metasprachlichen Prozessen beschrieben werden kann. Im Fokus stand zunächst die Analyse der sprachlichen Verarbeitungsprozesse. Als Arbeitshypothese für die Beschreibung der sprachlichen Prozesse wurde ein Sprachverarbeitungssystem angenommen, das für die Verarbeitung unterschiedlicher linguistischer Informationen relativ autonome Subkomponenten vorsieht, die beim erwachsenen Hörer obligatorisch, automatisiert und unabhängig vom generellen kognitiven System arbeiten.

Solche Prozesse, die auf der Basis autonomer Komponenten und deshalb besonders effektiv und störungsunanfällig arbeiten, sind vor allem für die Verarbeitung von elementaren und zugleich häufig wiederkehrenden Informationen sinnvoll. Die strukturelle Information eines Satzes wird je nach Sprache hauptsächlich von der begrenzten Klasse der grammatischen Nebenkategorien (Funktionswörter und gebundene Flexionsmorpheme) sowie der Anordnung der Wörter im Satz getragen. Die schnelle und autonome Verarbeitung dieser Elemente erlaubt dem Hörer schon früh im Erkennungsprozeß, die zugrundeliegende syntaktische Struktur des Satzes zu erkennen und somit die hereinkommende Information schon während des Wahrnehmungsprozesses zu strukturieren.

Daten aus den Bereichen des normalen wie des pathologischen Sprachverstehens haben diese Annahme zum Teil bestätigen und spezifizieren können. Es zeigte sich, daß im normalen Sprachverstehen syntaktische und semantische Informationen eines Elementes unterschiedlich verarbeitet werden, und zwar unabhängig davon, welcher linguistischen Klasse ein Element zugehört. Die syntaktische Information wird im ausgereiften System obligatorisch und unabhängig von anderen linguistischen Faktoren verarbeitet. Hinsichtlich der semantischen Verarbeitungsprozesse werden aufgrund der dargestellten Ergebnisse modell-theoretisch lexikalisch-semantische und interpretative Prozesse voneinander unterschieden.

Die Daten legen ein Modell nahe, das wir das Parallel-Interface-Modell genannt haben. Es nimmt an, daß die linguistische Verarbeitung der sprachlichen Information weitgehend unbeeinflußt von anderen kognitiven Variablen geschieht. Die hereinkommende Information durchläuft in obligatorischer Weise die unterschiedlichen Verarbeitungsebenen des Sprachsystems. Dieses Sprachsystem steht in einseitiger Verbindung mit dem generellen kognitiven System. Jede der Komponenten des Sprachsystems gibt Informationen an das generelle kognitive System; das Sprachsystem selbst jedoch arbeitet unabhängig vom diesem. Die Autonomie des Sprachverarbeitungssystems bringt für den Verstehensprozeß folgende Vorteile: es garantiert eine relativ störungsfreie und schnelle Verarbeitung, die primäre Verarbeitung sprachlicher Einheiten wird nicht durch außersprachliche Faktoren beeinflußt. Das Sprachsystem, das selbst keine Beurteilung des Gesamten vornimmt, läuft somit auch nicht Gefahr, neue Informationen falsch zu analysieren und im Zweifelsfall eine zeitaufwendige Reanalyse vornehmen zu müssen. Solche Beurteilungen werden erst vom generellen kognitiven System vorgenommen, das auf der Basis von Weltwissen arbeitet.

Die einzelnen Komponenten des unabhängig arbeitenden Sprachsystems, als da sind die Worterkennung, die Ebene der syntaktischen und der lexikalisch-semantischen Repräsentation, haben den Status einer relativen Autonomie. Die Worterkennung kann von höheren Verarbeitungsebenen nur insofern beeinflußt werden, als es die Ebenen-interne Information betrifft. Das heißt, vorausgehende semantische Information kann nur Einfluß auf die Erkennung der semantischen Aspekte eines Wortes nehmen, die Verarbeitung der syntaktischen Aspekte kann - wenn überhaupt - nur durch die vorausgehenden syntaktischen Informationen beeinflußt werden. Die letzte Ebene des Sprachsystems liefert die jeweilige semantische Repräsentation der gehörten Äußerung. Diese wird dem generellen kognitiven System zur Benutzung zur Verfügung gestellt. Im Falle der idealen Kommunikation zwischen Sprecher und Hörer kann das Sprachsystem des Hörers eine vollständige semantische Repräsentation bereitstellen. Oft genug aber muß die Repräsentation wegen mangelnder Inputbedingungen unvollständig bleiben. Unter diesen Umständen „repariert" das generelle kognitive System mittels einer Reihe von Interpretationsstrategien die fehlende Information. Um schneller eine adäquate Interpretation zur Verfügung stellen zu können, arbeitet das kognitive System so weit wie möglich parallel mit dem Sprachsystem. Sobald erste Informationen primären Sprachverarbeitungsschritten zur Verfügung stehen, kann das generelle kognitive System seine strategische Arbeit aufnehmen. Basis dieser Interpretationen ist das generellen Wissen über die Welt, das unter anderem auch metalinguistisches Wissen über bestimmte Sprachen beinhaltet, so zum Beispiel das Wissen darüber, inwieweit die sequentielle Anordnung der Wörter im Satz Hinweise für die Zuweisung von thematischen Rollen liefert.

Das kognitive System, das seine Arbeit allerdings erst aufnehmen kann, wenn das Sprachsystem erste Informationen zur Verfügung gestellt hat, erarbeitet mit einer gewissen Verzögerung mögliche Interpretationen der gehörten Äußerung. Ist die semantische Repräsentation, die das Sprachsystem liefert, vollständig und stimmt sie mit den vom Weltwissen und Situationswissen geleiteten Erwartungen überein, so kann diese problemlos in das vorhandene Wissen integriert werden. Ist eine solche Integration aufgrund von unvollständigen linguistischen Repräsentationen nicht möglich, werden die vom linguistischen System bereitgestellten Repräsentationen mit den vom kognitiven System erarbeiteten möglichen und plausiblen Interpretationen verglichen. Je unvollständiger die vom Sprachsystem bereitgestellte semantische Repräsentation ist, desto größer der Einfluß dieser Interpretationsstrategien. Ist eine Integration einer vollständigen linguistischen Repräsentation in das allgemeine Wissen aufgrund von fehlendem Hintergrundswissen nicht möglich, so ist Verstehen im eigentlichen Sinne nicht möglich.

Dieses Modell der Sprachverarbeitung erhielt in einigen wesentlichen Punkten empirische Unterstützung. Die Befunde der normalen erwachsenen Hörer aus einer Reihe von Experimenten haben gezeigt, daß die Verarbeitung von semantischer und syntaktischer Information unabhängig voneinander geschieht. Es wurde deutlich, daß die syntaktischen Prozesse - belegt durch die Verarbeitung von Elementen der geschlossenen Klasse - autonom und unabhängig von anderen Variablen ablaufen. Inwieweit Worterkennung generell - also auch die der Elemente der offenen Klasse - als autonom angesehen werden kann, bleibt fraglich. Die Hypothese von der generellen Autonomie des Worterkennungsprozesses kann nur dann aufrecht erhalten werden, wenn sich die gefundenen Kontexteffekte als inter-lexikalische erweisen würden. Auch wenn die lexikalisch-semantische Komponente durch zukünftige Forschung möglicherweise ihren Status als autonomes Subsystem verliert, so kann doch die Autonomie der syntaktischen Komponente durch die vorliegenden Daten als weitgehend bewiesen gelten.

Die Daten aus der Sprachentwicklung machen deutlich, daß die syntaktische Informationsverarbeitung nicht von Anfang an automatisch und unabhängig von semantisch-interpretativen Faktoren ist. Es wurde dargelegt, daß die syntaktischen Prozesse erst im Laufe der Entwicklung ihre Autonomie von anderen Prozessen gewinnen und erst relativ spät, wenn der Spracherwerb im engeren Sinne abgeschlossen ist, zu automatischen und unabhängigen Prozessen werden.

Hat sich die syntaktische Komponente einmal als autonom etabliert, so scheint sich diese Struktur mental festzuschreiben und neuronal zu verankern. Die Daten aus dem Bereich des pathologischen Sprachverstehens lassen den Schluß zu, daß das Sprachsystem in seiner modularen Architektur erhalten bleibt, auch wenn die mit ihm verbundenen Prozesse ihre Automatizität verloren haben. Darüberhinaus wurde durch den Vergleich von zeitgebundenen und zeitungebundenen Meßverfahren versucht, jene Prozesse, die innerhalb des Sprachsystems ablaufen, von jenen zu differenzieren, die Teil des allgemeinen kognitiven System sind und auf der Basis von Weltwissen, Situationswissen und nicht zuletzt metalinguistischem Wissen mögliche Interpretationen liefern. Diese Interpretationsstrategien können zum Teil die Defizite in den zugrundeliegenden linguistischen Prozessen kompensieren. Daß die verwendeten Interpretationsstrategien nicht nur auf generellem Weltwissen beruhen, sondern auch metalinguistisches Wissen über spezifische Konfigurationen einer Sprache einbringen, wurde durch den Vergleich strategischen Sprachverhaltens in verschiedenen Sprachen deutlich.

Die vorgestellten Daten sind in ihrer Gesamtheit in einem Modell beschreibbar, bei dem linguistisches und kognitives System parallel arbeiten, und das Interface zwischen den Systemen Informationsweitergabe nur in eine Richtung zuläßt. In welchen Punkten das vorgestellte Parallel-Interface Modell der Modifizierung bedarf, werden zukünftige Forschungen zeigen müssen.

Literaturverzeichnis

Abrams, K. & Bever, T.G. (1969) Syntactic structure modifies attention during speech perception and recognition. *Quarterly Journal of Experimental Psychology*, *21*, 280-290.

Bates, E., Friederici, A., Miceli, G., Smith, S., Wulfeck, B. & Zurif, E. (1984) Cross-linguistic studies of aphasia. Symposium gehalten auf dem 23sten Jahrestreffen der Academy of Aphasia, Santa Monica.

Bates, E., McNew, S., MacWhinney, B., de Vescovi, A. & Smith, S. (1982) Functional constraints on sentence processing: A cross-linguistic study. *Cognition*, *11*, 245-299.

Bates, E. & MacWhinney, B. (1982) Functionalist approaches to grammar. In E. Wanner & L.R. Gleitman (Hrsg.) *Language Acquisition. The State of the Art*. Cambridge: Cambridge University Press.

Bates, E., MacWhinney, B., Caselli, C., Descovi, A., Natale, F. & Venza, V. (1984) A crosslinguistic study of the development of sentence interpretation strategies. *Child Development*, *55*, 341-354.

Bellugi, U. (1983) *Language Structure and Breakdown in American Sign Language*. Cambridge,Mass.: MIT Press.

Berndt, R.S. & Caramazza, A. (1980) A redefinition of the syndrome of Broca's aphasia: Implications for a neuropsychological model of language. *Applied Psycholinguistics*, *1*, 225-278.

Bever, T.G. (1970) The cognitive basis of linguistic structures. In J.R. Hayes (Hrsg.) *Cognition and the Development of Language*. New York: Wiley.

Bever, T.G. & Mehler, J. (1967) The coding hypothesis and short-term memory. *AF Technical Report*, Cambridge, Mass., Harvard Center for Cognitive Studies.

Bever, T.G., Lackner, J. & Kirk, R. (1969) The underlying structures of sentences are the primary units of immediate speech processing. *Perception and Psychophysics*, *5*, 225-234.

Bever, T.G., Garrett, M.F. & Hurtig, R. (1973) Ambiguity increases complexity of perceptually incomplete clauses. *Memory and Cognition*, *1*, 279-286.

Bloom, L. (1970) *Language Development - Form and Function in Emerging Grammars*. Cambridge, Mass.: MIT Press.

Bloom, L. (1973) *One Word at a Time: The Use of Single Word Utterances Before Syntax*. The Hague: Mouton.

Blumstein, S.E., Milberg, W. & Shrier, R. (1982) Semantic processing in aphasia: Evidence from an auditory lexical decision task. *Brain and Language*, *18*, 301-315.

Blumstein, S.E., Goodglass, H., Statlender, S. & Biber, C. (1983) Comprehension strategies determining reference in aphasia: A study of reflexivation. *Brain and Language, 18*, 115-125.

Bock, K.J. (1982) Towards a cognitive psychology of syntax. Information processing contributions to sentence formulation. *Psychological Review, 89*, 1-47.

Bowerman, M. (1973) *Early Syntactic Development: A Cross-linguistic Study with Special Reference to Finnish*. Cambridge: Cambridge University Press.

Bowerman, M. (1975) Commentary. In L. Bloom, P. Lightbrown & L. Hood (Hrsg.) Structure and variation in child language. *Monographs of the Society for Research in Child Development, 40*, 80-90.

Bradley, D.C. (1978) Computational distinctions of vocabulary type. Dissertation, MIT, Cambridge.

Bradley, D.C. (1980) Lexical representation of derivational relation. In M. Aronoff & M.-L. Kean (Hrsg.) *Juncture. A Collection of Original Papers*. AMNA Libri.

Bradley, D.C. & Garrett, M.F. (1980) *Computational Distinctions of Vocabulary Types*. Occasional Paper No. 12, MIT Center for Cognitive Science.

Bradley, D.C & Garrett, M.F. (1983) Hemispheric differences in the recognition of closed and open class words. *Neuropsychologia, 21*, 155-159.

Bradley, D.C., Garrett, M.F. & Zurif, E.B. (1980) Syntactic deficits in Broca's aphasia. In D. Caplan (Hrsg.) *Biological Studies of Mental Processes*. Cambridge, Mass.: MIT Press.

Brown, R. (1973) *A First Language: The Early Stages*. Cambridge, Mass.: Harvard University Press.

Brown, C.M., Marslen-Wilson, W. & Tyler, L.-K. (1984) Sensory and contextual factors in spoken word recognition. Doctoraalscriptie, Psychologische Funktieleer, K.U. Nijmegen.

Cairns, H.S., Cowart, W. & Jablon, A.D. (1981) Effect of prior context upon the integration of lexical information during sentence processing. *Journal of Verbal Learning and Verbal Behavior, 20*, 445-453.

Caplan, D. (1972) Clause boundaries and recognition latencies for words in sentences. *Perception and Psychophysics, 12*, 73-76.

Caplan, D. (1983) A note on the "word order problem" in agrammatism. *Brain and Language, 3*, 155-165.

Caramazza, A. & Zurif, E.B. (1976) Dissociation of algorithmic and heuristic processes in language comprehension. Evidence from aphasia. *Brain and Language, 3*, 572-582.

Caramazza, A., Miceli, G., Silveri, M.C. & Laudanna, A. (1985) Reading mechanisms and the organization of the lexicon: Evidence from acquired dyslexia. *Cognitive Neuropsychology, 2*, 81-114.

Caroll, J.M. & Bever, T.G. (1976) Sentence comprehension: A case study in the relation of knowledge and perception. *Handbook of Perception, Bd. VII: Language and Speech*. New York: Academic Press.

Chomsky, N. (1957) *Syntactic Structures*. The Hague: Mouton.

Chomsky, N. (1965) *Aspects of the Theory of Syntax*. Cambridge, Mass.: MIT Press.

Chomsky, N. (1980) *Rules and Representations*. New York: Columbia Univ. Press.

Chomsky, N. (1981) *Lectures on Government and Binding*. Dordrecht: Foris.

Chomsky, N. & Halle, M. (1968) *The Sound Pattern of English*. New York: Harper & Row.

Clark, E.V. (1983) Meaning and Concepts. In: P.H. Mussen (Hrsg), *Handbook of Child Psychology, Bd. 3*, New York: Wiley.

Clark, H.H. & Clark, E.V. (1977) *Psychology and Language. An Introduction to Psycholinguistics*. New York: Harcourt Brace Jovanovich.

Clark, H.H. & Wilkes-Gibbs, D.L. (1983) Three processes in referential agreements. Vortrag gehalten beim Max-Planck-Workshop "Dealing with trouble in language", Max-Planck-Institut für Psycholinguistik, Nijmegen.

Cowart, W. (1982) Autonomy and interaction in the language processing system: A reply to Marslen-Wilson and Tyler. *Cognition, 12*, 109-117.

Curtiss, S., Fromkin V., Krashen, S., Rigler, D. & Rigler, M. (1974) The linguistic development of Genie. *Language, 50*, 528-555.

Cutler, A., Mehler, J., Norris, D. & Segui, J. (1983) A language- specific comprehension strategy. *Nature, 304*, 159-160.

De Bleser, R. (1983) Akense Afasie Test. Vorläufige Fassung. RWTH Aachen.

De Groot, A. (1983) The range of automatic spreading activation in word priming. *Journal of Verbal Learning and Verbal Behavior, 22*, 417-436.

Dell, G.S. & Reich, P.A. (1981) Stages in sentence production: An analysis of speech error data. *Journal of Verbal Learning and Verbal Behavior, 20*, 611-629.

De Langen, E.G. (1983) Wortkategorielle Aspekte und Fehlerspezifik der Tiefenalexie auf Wort- und Satzebene. Dissertation, Universität München.

Deutsch, W. (1981) *The Child's Construction of Language*. London: Academic Press.

Egido, C. (1983) The functional role of the closed class vocabulary in children's language processing. Dissertation, MIT, Cambridge.

Engelkamp, J. (1984) *Psychologische Aspekte des Verstehens*. Berlin: Springer.

Fischler, I. & Bloom, R.A. (1979) Automatic and attentional processes in the effects of sentence contexts on word recognition. *Journal of Verbal Learning and Verbal Behavior, 18*, 1-20.

Flores d'Arcais, G.B. (1981) The acquisition of meaning of connectives. In W. Deutsch (Hrsg.) *The Child's Construction of Language*. London: Academic Press.

Flores d'Arcais, G.B. (1982) Automatic syntactic computation and use of semantic information during sentence comprehension. *Psychological Research*, *44*, 231-242.

Flores d'Arcais, G.B. (1983) Children's recognition of function words. *Leiden Psychological Reports*, *EP-83-3*, Universität Leiden.

Fodor, J.A. (1983) *The Modularity of Mind*. Cambridge, Mass.: MIT Press.

Fodor, J.A. (1985) Precis of the Modularity of Mind. *The Behavioral and Brain Sciences*, *8*, 1-12, 33-39.

Fodor, J.A. & Bever, T.G. (1965) The psychological reality of linguistic segments. *Journal of Verbal Learning and Verbal Behavior*, *4*, 414-420.

Fodor, J.A., Bever, T.G. & Garrett, M.F. (1974) *The Psychology of Language*. New York: McGraw-Hill.

Forster, K.I. (1974) The role of semantic hypotheses in sentence processing. In F. Bresson & J. Mehler (Hrsg.) *Current Problems in Psycholinguistics*. Paris: Editions du CNRS.

Forster, K.I. (1976) Accessing the mental lexicon. In R. Wales & E.C.T. Walker (Hrsg.) *New Approaches in Language Mechanisms*. Amsterdam: North-Holland.

Forster, K.I. (1979) Levels of processing and the structure of the language processor. In W.E. Coopers & E.C.T. Walker (Hrsg.) *Sentence Processing: Psycholinguistic Studies Presented to Merrill Garrett*. Hillsdale, NJ: Erlbaum.

Forster, K.I. (1981) Priming and the effects of sentence and lexical contexts on naming time: Evidence for autonomous lexical processing. *Quarterly Journal of Experimental Psychology*, *33A*, 465-495.

Forster, K.I. & Chambers, S.M. (1973) Lexical access and naming time. *Journal of Verbal Learning and Verbal Behavior*, *12*, 627-639.

Fowler, A. (1981) Language learning in Downs Syndrome children. Manuskript, University of Pennsylvania.

Frazier, L. & Fodor, J.D. (1978) The Sausage Machine: A new two stage parsing model. *Cognition*, *6*, 291-325.

Frazier, L. & Rayner, K. (1982) Making and correcting errors during sentence comprehension: eye movements in the analysis of structurally ambiguous sentences. *Cognitive Psychology*, *14*, 178-210.

Friederici, A.D. (1982) Syntactic and semantic processes in aphasic deficits: The availability of prepositions. *Brain and Language*, *15*, 249-258.

Friederici, A.D. (1983a) Aphasics' perception of words in sentential context: Some real-time processing evidence. *Neuropsychologia*, *21*, 351-358.

Friederici, A.D. (1983b) Children's sensitivity to function words during sentence comprehension. *Linguistics*, *21*, 717-739.

Friederici, A.D. (1983c) Repräsentation und Verarbeitung lexikalischer und syntaktischer Information: Psycholinguistische und neurolinguistische Evidenz. *Linguistische Berichte*, *85*, 49-63.

Friederici, A.D. (1984) *Neuropsychologie der Sprache*. Stuttgart: Kohlhammer.

Friederici, A.D. (1984b) Developing sentence comprehension: Learning how to use structural cues. Vortrag gehalten auf der Ninth Annual Boston University Conference on Language Development, Boston.

Friederici, A.D. (1985a) Levels of processing and vocabulary types: Evidence from on-line comprehension in normals and agrammatics. *Cognition*, *19*, 133-166.

Friederici, A.D. (1985b) Vom Umgang mit Funktionswörtern während des Spracherwerbs. *Unterrichtswissenschaft*, *1*, 17-29.

Friederici, A.D. (1985c) Autonomy and automaticity: Accessing function words during sentence comprehension. In: G. Denes, C. Semenza, P. Bisiacchi & E. Andreewsky (Hrsg.) *Perspectives in Cognitive Neuropsychology*. Hillsdale, N.J.: Lawrence Erlbaum, im Druck.

Friederici, A.D. & Graetz, P. (1984) Processing passive sentences in aphasia: Deficits and strategies. Vortrag gehalten auf der 7th INS European Conference, Aachen.

Friederici, A.D. & Heeschen, C. (1983) Lexical decision of inflected open class items and inflected closed class words. Vortrag gehalten auf dem 21th Annual Meeting of the Academy of Aphasia, Minneapolis, USA.

Friederici, A.D. & Kolk, H.H.J. (1983) Sensitivity to word order and case in agrammatism. Vortrag gehalten auf dem First European Workshop On Cognitive Neuropsychology, Bressanone, Italien.

Friederici, A.D., Schönle, P.W. & Garrett, M.F. (1982) Syntactically versus semantically based computations: Processing of prepositions in agrammatism. *Cortex*, *18*, 525-534.

Friederici, A.D., Weissenborn, J. & Kail, M. (1984) Die Rolle des Inputs beim Verstehen von klitischen und nicht-klitischen Pronomen: Eine sprachvergleichende Studie bei Aphasikern. Vortrag gehalten auf der 6. Jahrestagung der Deutschen Gesellschaft für Sprachwissenschaft, Bielefeld.

Fromkin, V. (Hrsg.) (1973) *Speech errors as linguistic evidence*. The Hague: Mouton.

Garrett, M.F. (1975) The analysis of sentence production. In G. Bower (Hrsg.) *The Psychology of Learning and Motivation: Advances in Research and Theory. Bd. 9*. New York: Academic Press.

Garrett, M.F. (1978) Word and sentence perception. In R. Held, H.W. Leibovitz & H.-L. Teuber (Hrsg.) *Handbook of Sensory Physiology, Bd. III: Perception*. Berlin: Springer.

Garrett, M.F. (1980) Levels of processing in sentence production. In B. Butterworth (Hrsg.) *Language Production*. London: Academic Press.

Garrett, M.F., Bever, T.G. & Fodor, J.A. (1966) The active use of grammar in speech perception. *Perception and Psychophysics, 1*, 30-32.

Garrett, M.F. & Kean, M.-L. (1980) Levels of representation and the analysis of speech errors. In M.-L. Kean & M. Aronoff (Hrsg.) *Juncture*. San Francisco: AMNI Libri.

Gleitman, L.R. & Wanner, E. (1982) Language acquisition: The state of the art. In E. Wanner & L.R. Gleitman (Hrsg.) *Language Acquisition: The State of the Art*. Cambridge: Cambridge University Press.

Goldfarb, R. & Halpern, H. (1981) Word association in time-altered auditory and visual stimuli in aphasia. *Journal of Speech and Hearing Research, 24*, 233-246.

Goodman, G.O., McClelland, J.L. & Gibbs, R.W., Jr. (1981) The role of syntactic context in word recognition. *Memory and Cognition*, *9*, 580-586.

Gordon, B. & Caramazza, A. (1982) Lexical decision for open and closed class items: Failure to replicate differential frequency sensitivity. *Brain and Language*, *15*, 143-180.

Gordon, B. & Caramazza, A. (1983) Closed and open class lexical access in agrammatic and fluent aphasia. *Brain and Language*, *19*, 335-345.

Grimm, H. (1977) *Psychologie der Sprachentwicklung*. Bd. I und II. Stuttgart: Kohlhammer.

Grober, E. & Kellar, L. (1981) Semantic influences on pronoun assignment in aphasia. *Applied Psycholinguistics*, *2*, 253-268.

Grodzinsky, Y. (1984) The syntactic characterization of agrammatism. *Cognition*, *16*, 99-120.

Grosjean, F. (1980) Spoken word recognition processes and the gating paradigm. *Perception and Psychophysics*, *28*, 267-283.

Hakuta, K. (1982) Interaction between particles and word order in the comprehension of simple sentences in Japanese children. *Developmental Psychology*, *18*, 62-76.

Heeschen, C. (1980) Strategies of decoding actor-object-relations by aphasic patients. *Cortex*, *16*, 5-19.

Heeschen, C. (1985) Agrammatism: A fictitious opposition. In M.-L. Kean (Hrsg.) *Agrammatism*. New York: Academic Press.

Heeschen, C., Friederici, A.D. & Drews, E. (1984) Lexical access in agrammatism: An inflected language as a testing ground. Vortrag gehalten auf dem 22nd Annual Meeting of the Academy of Aphasia, Los Angeles, Ca.

Herrmann, Th. (1982) *Sprechen und Situation*. Berlin/Heidelberg: Springer Verlag.

Herrmann, Th. (1985) *Allgemeine Sprachpsychologie: Grundlagen und Probleme*. München: Urban & Schwarzenberg.

Holmes, V.M. & Forster, K.I. (1970) Detection of extraneous signals during sentence processing. *Perception and Psychophysics*, *7*, 297-301.

Holmes, V.M., Arwas, R. & Garrett, M. (1978) Prior context and the perception of lexically ambiguous sentences. *Memory and Cognition*, *5*, 103-110.

Huber, W., Stachowiak, F.J., Poeck, K. & Kerschensteiner, M. (1975) Die Wernike-Aphasie. *Journal of Neurology*, *210*, 77-97.

Huber, W., Poeck, F., Weniger, D. & Wilmes, K. (1983) *Aachener Aphasie Test*. Göttingen: Hogrefe.

Hurtig, R.R. (1978) The validity of clausal processing strategies at the discourse level. *Discourse Processes*, *1*, 195-205.

Jarvella, R. (1971) Syntactic processing of connected speech. *Journal of Verbal Learning and Verbal Behavior*, *10*, 409-416.

Kail, M. & Leveillé, M. (1977) Comprehension de la coreference des pronoms personnels chez l'enfant et l'adulte. *Année Psychologique*, *77*, 79-94.

Karmiloff-Smith, A. (1979) *A Functional Approach to Child Language*. Cambridge: Cambridge University Press.

Karmiloff-Smith, A. (1983) Language development as a problem-solving process. *Papers and Reports on child language development*. Stanford.

Karmiloff-Smith, A. (1984) Cross-domain generalities versus modularity: Are they mutually exclusive? Vortrag gehalten am MPI für Psycholinguistik, Nijmegen, Dezember 1984.

Kean, M.-L. (1979) Agrammatism: A phonological deficit? *Cognition*, *7*, 69-83.

Kean, M.-L. (1980) Grammatical representation and the description of language processing. In D. Caplan (Hrsg.) *Biological studies of mental processes*. Cambridge, Mass.: MIT Press.

Kean, M.-L. (1981) Explanations in neurolinguistics. In N. Hornstein und D. Lightfoot (Hrsg.) *Explanations in Linguistics*. London: Longman Group Ltd.

Keeney, T. & Wolfe, J. (1972) The acquisition of agreement in English. *Journal of Verbal Learning and Verbal Behavior*, *11*, 698-705.

Kempen, G. & Huijbers, P. (1982) The lexicalization process in sentence production on naming: Indirect election of words. *Cognition*, *14*, 185-209.

Kempley, S.T. & Morton, J. (1982) The effects of priming with regularly and irregularly related words in auditory word recognition. *British Journal of Psychology, 73*, 441-454.

Kerschensteiner, M., Poeck, K., Huber, W., Stachowiack, F.-J. & Weniger, D. (1978) Die Broca-Aphasie. *Journal of Neurology, 217*, 223-242.

Klosek, J. (1979) Two unargued linguistic assumptions in Kean's "phonological" interpretation of agrammatism. *Cognition, 7*, 61-68.

Kolk, H.H.J. & Blomert, L. (1985) On the Bradley-hypothesis concerning agrammatism: The non-word interference effect. *Brain and Language, 21*, 47 - 67

Kolk, H.H.J. & Friederici, A.D. (1985) Strategy and impairment in sentence understanding by Broca's and Wernicke's aphasics. *Cortex*, im Druck.

Kolk, H.H.J., van Grunsven, M.J.F. & Keyser, A. (1985) On paralellism in production and comprehension in agrammatism. In M.-L. Kean (ed.) *Agrammatism*. New York: Academic Press.

Krashen, S. (1978) The neurological correlates of language acquisition: Current research. *SPEAQJ, 2*, 21-35.

Leischner, A. (1979) *Aphasien und Sprachentwicklungsstörungen*. Stuttgart: Thieme.

Lempert, H. (1978) Extrasyntactic factors affecting passive sentence comprehension by young children. *Child Development, 49*, 694-699.

Lempert, H. & Kinsbourne, M. (1983) Children's comprehension of word order. A developmental investigation. *Child Development, 49*, 1235-1238.

Lenneberg, E. (1967) *Biological Foundations of Language*. New York: Wiley.

Levelt, W.J.M. (1978) A survey of studies in sentence perception: 1970-1976. In W.J.M. Levelt & G.B. Flores d'Arcais (Hrsg.) *Studies in the Perception of Language*. New York: Wiley.

Levelt, W.J.M. (1983) Monitoring and self repair in speech. *Cognition, 14*, 41-104.

Lukatela, G., Kostič, A., Feldman, L.B. & Turvey, M.T. (1983) Grammatical priming of inflected nouns. *Memory and Cognition, 11*, 59-63.

Luria, A.R. (1973) *The Working Brain. An Introduction to Neuropsychology*. New York: Penguin Book Ltd.

MacWhinney, B., Bates, E. & Kliegl, R. (1984) Cue validity and sentence interpretation in English, German, and Italian. *Journal of Verbal Learning and Verbal Behavior, 23*, 127-150.

Manelis, L. & Tharp, D.A. (1977) The processing of affixed words. *Memory and Cognition, 5*, 690-695.

Maratsos, M.P. (1973) The effect of stress on the understanding of pronominal coreference in children. *Journal of Psycholinguistic Research, 2*, 1-8.

Maratsos, M.P. (1974) Children who get worse at understanding the passive. A replication of Bever. *Journal of Psycholinguistic Research*, *3*, 65-74.

Maratsos, M.P. (1983) Some current issues in the study of the acquisition of grammar. In P. Mussen (Hrsg.) *Handbook of Child Psychology. Bd. 3*. New York: Wiley.

Marshall, J.C. & Newcombe, F. (1973) Syntactic and semantic errors in paralexia. *Journal of Psycholinguistic Research*, *2*, 175-199.

Marshall, J.C. & Newcombe, F. (1983) The conceptual status of deep dyslexia: An historical perspective. In M. Coltheart, K. Patterson & J.C. Marshall (Hrsg.) *Deep Dyslexia*. London: Routledge and Kegan Paul.

Marslen-Wilson, W.D. (1973) Linguistic structure and speech shadowing at very short latencies. *Nature*, *244*, 522-523.

Marslen-Wilson, W.-D. (1975) Sentence perception as an interactive parallel process. *Science*, *189*, 226-228.

Marslen-Wilson, W.-D. (1976) Linguistic descriptions and psychological assumptions in the study of sentence perception. In R.J. Wales & E.C.T. Walker (Hrsg.) *New Approaches to Language Mechanisms*. Amsterdam: North-Holland.

Marslen-Wilson, W.D. (1980) Speech recognition as a psychological process. In J.L. Simon (Hrsg.) *Spoken Language Generation and Understanding*. Dordrecht: Reidel.

Marslen-Wilson, W.-D. (1984) Function and process in spoken word recognition. In H. Bouma & D.G. Douwhuis (Hrsg.) *Attention and Performance X: Control of Language Processes*. Hillsdale, N.J.: Erlbaum.

Marslen-Wilson, W.D. & Tylor, L. K. (1975) Processing structures of sentence perception. *Nature*, *257*, 784-785.

Marslen-Wilson, W.D. & Tyler, L.-K. (1980) The temporal structure of spoken language understanding. *Cognition*, *8*, 1-71.

Marslen-Wilson, W.D. & Tyler, L.-K. (1983) Reply to Cowart. *Cognition*, *15*, 227-235.

McClelland, J. & Rumelhart, D. (1981) An interactive activation model of context effects in letter perception. Part 1. *Psychological Review*, *88*, 375-402.

Mehler, J. (1963) Some effects of grammatical transformations on the recall of English sentences. *Journal of Verbal Learning and Verbal Behavior*, *2*, 346-351.

Meyer, D.E. & Schvaneveldt, R.W. (1971) Facilitation in recognizing pairs of words: Evidence of a dependence between retrieval operations. *Journal of Experimental Psychology*, *90*, 227-234.

Milberg, W. & Blumstein, S.F. (1981) Lexical decision and aphasia: Evidence for semantic processing. *Brain and Language*, *14*, 371-385.

Miller, G.A. (1962) Some psychological studies of grammar. *American Psychologist*, *17*, 748-762.

Miller, G.A. & McKean, K. (1964) A chronometric study of some relations between sentences. *Quarterly Journal of Experimental Psychology*, *16*, 297-308.

Morton, J. (1969) Interaction of information in word recognition. *Psychological Review*, *76*, 165-178.

Morton, J. (1970) A functional model for memory. In D.A. Norman (Hrsg.) *Models for human memory*. New York: Academic Press.

Morton, J. & Long, J. (1976) Effect of word transitional probability on phoneme identification. *Journal of Verbal Learning and Verbal Behavior*, *15*, 43-51.

Neely, J.H. (1977) Semantic priming over retrieval from lexical memory: Roles of inhibitionless spreading activation and limited capacity of attention. *Journal of Experimental Psychology*, *106*, 226-254.

Newbigging, P.L. (1961) The perceptual reintegration of frequent and infrequent words. *Canadian Journal of Experimental Psychology*, *15*, 123-132.

Newcombe, F. & Marshall, J.C. (1981) On psycholinguistic classifications of the acquired dyslexias. *Bulletin of the Orton Society*, *31*, 29-46.

Newport, E.L. & Supalla, T. (1980) The structuring of language: Clues from the acquisition of signed and spoken language. In: U. Bellugi & M. Studdert-Kennedy (Hrsg.), *Signed and Spoken Language: Biological Constraints on Linguistic Form*. Weinheim: Verlag Chemie.

Norris, D. (1982) Autonomous processes in comprehension: A reply to Marslen-Wilson and Tyler. *Cognition*, *11*, 97-101.

Onifer, W. & Swinney, D.A. (1981) Accessing lexical ambiguities during sentence comprehension: Effects of frequency of meaning and contextual bias. *Memory and Cognition*, *9*, 225-236.

Parisi, D. & Pizzamiglio, L. (1970) Syntactic comprehension in aphasia. *Cortex*, *6*, 204-215.

Peuser, G. (1978) *Aphasie. Eine Einführung in die Patholinguistik*. München: Fink.

Piaget, J. & Inhelder, B. (1966) *La Psychologie de l'Enfant*. Paris: Presses Universitaires.

Piatelli-Palmarini, M. (Hrsg.) (1980) *Language and Learning: The debate between Jean Piaget and Noam Chomsky*. London: Routledge & Kegan Paul.

Pinker, S. (1981) On the acquisition of grammatical morphemes. *Journal of Child Language*, *8*, 477-484.

Pylyshyn, Z.W. (1981) The imagery debate: Analogue media versus tacit knowledge. *Psychological Review*, *88*, 16-45.

Poeck, K. (Hrsg.) (1983) *Klinische Neuropsychologie*. Stuttgart: Thieme.

Rayner, K., Carlson, M. & Frazier, L. (1983) The interaction of syntax and semantics during sentence processing: eye movements in the analysis of semantically biased sentences. *Journal of Verbal Learning and Verbal Behavior*, *22*, 358-374.

Rumelhart, D. & McClelland, J. (1982) An interactive activation model of context effects on letter perception. Part 2: The contextual enhancement effect and some tests and extensions of the model. *Psychological Review*, *89*, 60-94.

Schlesinger, I.M. (1977) Components of a production model. In Sh. Rosenberg (Hrsg.) *Sentence production: Developments in Research and Theory*. Hillsdale, N.J.: Lawrence Erlbaum.

Schubert, R.E. & Eimas, R.D. (1977) Effects of context and the classification of words and nonwords. *Journal of Experimental Psychology: Human Perception Performance*, *3*, 27-36.

Schwartz, M.F., Saffran, E.M. & Marin, O.S.M. (1980) The word order problem in agrammatism I. Comprehension. *Brain and Language*, *12*, 249-262.

Schwartz, M.F. & Schwartz, B. (1984) In defense of organology: Jerry Fodor's Modularity of Mind. *Cognitive Neuropsychology*, *1*, 25-42.

Segui, J., Mehler, J., Frauenfelder, U., & Morton, J. (1982) Word frequency effect and lexical access. *Neuropsychologia*, *20*, 615-627.

Segui, J. & Zubizarreta, M.-L. (1984) Mental representation of morphologically complex words and lexical access. Manuskript, Université René Descartes, Paris.

Seidenberg, M.S., Tanenhaus, M.K., Leiman, J.M. & Bienkowski, M. (1982) Automatic access of the meaning of ambiguous words in context: Some limitations of knowledge-based processing. *Cognitive Psychology*, *14*, 489-537.

Seidenberg, M.S., Waters, G.S., Sanders, M. & Langer, R. (1984) Pre- and postlexical loci of contextual effects on word recognition. *Memory and Cognition*, *12*, 315-328.

Seron, X. & Deloche, G. (1981) Processing of locatives "in", "on", "under" by aphasic patients: An analysis of the regression hypothesis. *Brain and Language*, *14*, 70-80.

Shallice, T. & Warrington, E.K. (1980) Single and multiple component central dyslexic syndromes. In H. Coltheart, K. Patterson & J.C. Marshall (Hrsg.) *Deep Dyslexia*. London: Routledge and Kegan Paul.

Shiffrin, R.M. & Schneider, W. (1977) Controlled and automatic human information processing II. Perceptual learning, automatic attending and a general theory. *Psychological Review*, *84*, 127-190.

Singer, W. (1983) Learning to see: mechanisms in experience-dependent development. In P. Marker & H.S. Terrace (Hrsg.) *The Biology of Learning*. Berlin: Springer.

Skinner, B.F. (1957) *Verbal Behavior*. New York: Appleton-Country- Crofts.

Slobin, D.I. (1966) Grammatical transformations and sentence comprehension in childhood and adulthood. *Journal of Verbal Learning and Verbal Behavior*, *5*, 219-227.

Slobin, D.I. & Bever, T.G. (1982) Children's use of canonical sentence schemas: A crosslinguistic study of word order and case inflections. *Cognition*, *12*, 29-265.

Stanners, R.F., Neiser, J.J., Hernon, W.P. & Hall, R. (1979) Memory representation for morphologically related words. *Journal of Verbal Learning and Verbal Behavior*, *8*, 399-412,

Stanovich, K.E. & West, R.F. (1983) On priming by a sentence context. *Journal of Experimental Psychology: General*, *112*, 1-36.

Stern, W. & Stern, Cl. (1907) *Die Kindersprache*. Leipzig: Barth.

Sternberg, R.J. (1985) Controlled versus automatic processing. *The Behavioral and Brain Sciences*, *8*, 32-33.

Strohner, H. & Nelson, K.E. (1974) The young child's development of sentence comprehension: Influence of event probability, nonverbal context, syntactic form, and strategies. *Child Development*, *45*, 567-576.

Swinney, D.A. (1979) Lexical access during sentence comprehension: (Re)consideration of context effects. *Journal of Verbal Learning and Verbal Behavior*, *18*, 645-659.

Swinney, D.A. & Cutler, A. (1979) Effects on sentential stress and word type upon children's comprehension. Vortrag gehalten vor der Midwestern Psychological Association, Chicago.

Swinney, D.A., Zurif, E.B. & Cutler, A. (1980) Effects of sentential stress and word class upon comprehension in Broca's aphasics. *Brain and Language*, *10*, 132-144.

Taft, M. (1979) Recognition of affixed words and the word frequency effect. *Memory and Cognition*, *7*, 263-272.

Taft, M. & Forster, K.I. (1975) Lexical storage and retrieval of prefixed words. *Journal of Verbal Learning and Verbal Behavior*, *14*, 638- 647.

Tanenhaus, M.K., Leiman, J.M. & Seidenberg, M.S. (1979) Evidence for multiple stages in the processes of ambiguous words in syntactic contexts. *Journal of Verbal Learning and Verbal Behavior*, *18*, 427-440.

Tanenhaus, M.K., Carlson, G.N. & Seidenberg, M.S. (1984) Do listeners compute linguistic representations? In A. Zwicky, L. Karttunen & D. Dowty (Hrsg.) *Natural language parsing: Psycholinguistic, theoretical and computational perspectives*. Cambridge: Cambridge University Press.

Tyler, L.K. (1981) Serial and interactive-parallel theories of sentence processing. *Theoretical Linguistics*, *8*, 30-65.

Tyler, L.K. (1983) The development of discourse-mapping processes: The on-line interpretation of anaphoric expressions. *Cognition*, *13*, 309-341.

Tyler, L.K. & Marslen-Wilson, W.D. (1977) The on-line effects of semantic context on sentence processing. *Journal of Verbal Learning and Verbal Behavior*, *16*, 683-692.

Tyler, L.K. & Marslen-Wilson, W.D. (1981) Children's Processing of spoken language. *Journal of Verbal Learning and Verbal Behavior*, *20*, 400-416.

Tyler, L.K. & Wessels, J. (1983) Quantifying contextual conributions to word-recognition processes. *Perception and Psychophysics*, *34*, 409-420.

Tyler, L.K. & Wessels, J. (1985) Is gating an on-line task? Evidence from naming latency data. *Perception and Psychophysics*, *38*, 217-222.

Weisenburg, T. & McBride, K. (1935) *A clinical and psychological study*. New York: The Commonwealth Fund. Nachdruck 1964, New York: Hafner.

Weissenborn, J., Friederici, A.D. & Kail, M. (1984) Zur Rolle sprachspezifischer Faktoren bei der Verarbeitung von Pronomina: Eine ontogenetische Studie. Vortrag gehalten auf dem 34. Kongreß der Deutschen Gesellschaft für Psychologie, Wien.

Weist, R.M. (1983) The word order myth. *Journal of Child Language*, *10*, 97-106.

Wernicke, C. (1874) *Der aphasische Symptomenkomplex*. Breslau: Cohn & Weigert.

West, R.F. & Stanovich, K.E. (1978) Automatic contextual facilitation in readers of three ages. *Child Development*, *49*, 717-727.

West, R.F. & Stanovich, K.E. (1982) Source of inhibition in experiments on the effect of sentence context on word recognition. *Journal of Experimental Psychology*, *8*, 385-399.

Wright, B. & Garrett, M. (1984) Lexical decision in sentences: Effects of syntactic structure. *Memory and Cognition*, *12*, 31-45.

Zurif, E.B. (1980) Language mechanisms: A neuropsychological perspective. *American Scientist*, *68*, 305-311.

Zurif, E.B. & Caramazza, A. (1976) Psycholinguistic structures in aphasia: Studies in syntax and semantics. In H. Whitaker & H.A. Whitaker (Hrsg.) *Studies in Neurolinguistics*. New York: Academic Press.

Zurif, E. B., Caramazza, A. & Myerson, R. (1972) Grammatical judgments of agrammatic aphasics. *Neuropsychologia*, *10*, 405-417.

Zurif, E.B., Green, E., Caramazza, A. & Goodenough, C. (1976) Grammatical intuitions of aphasic patients: Sensitivity to functors. *Cortex*, *12*, 183-186.

Zwitserlood, P. (1985) Activation of word candidates during spoken word recognition. Vortrag gehalten auf dem 23th Annual Meeting of the Psychonomic Society, Boston, Mass..

Personenregister

Sachregister